高校思想政治理论课研究性教学改革

中国近现代史纲要

研究性教学导引

主编◎曹　峻　张树新

南京大学出版社

图书在版编目(CIP)数据

中国近现代史纲要研究性教学导引 / 曹峻，张树新
主编. — 南京：南京大学出版社，2017.6(2022.8 重印)
(高校思想政治理论课研究性教学改革成果)
ISBN 978-7-305-18689-9

Ⅰ. ①中... Ⅱ. ①曹... ②张... Ⅲ. ①中国历史—近
现代—教学研究—高等学校 Ⅳ. ①K25

中国版本图书馆 CIP 数据核字(2017)第 109775 号

出版发行　南京大学出版社
社　　址　南京市汉口路 22 号　　　邮　编　210093
出 版 人　金鑫荣

书　　名　**中国近现代史纲要研究性教学导引**
主　　编　曹　峻　张树新
责任编辑　王小兰　　　　　　　　编辑热线　(025)83305645

照　　排　江苏圣师印刷有限公司
印　　刷　江苏唐邦彩印包装有限公司
开　　本　718×960　1/16　印张 17.75　字数 319 千
版　　次　2017 年 6 月第 1 版　2022 年 8 月第 7 次印刷
ISBN　978-7-305-18689-9
定　　价　45.00 元

网址：http://www.njupco.com
官方微博：http://weibo.com/njupco
官方微信号：njupress
销售咨询热线：(025)84461646

编 委 会

全面推进研究性教学
着力提升高校思想政治理论课针对性和亲和力
（代序）

扬州大学马克思主义学院院长　佘远富

　　高校是知识荟萃的殿堂，人才成长的摇篮。"培养什么人，怎样培养人"，不仅关乎下一代的素质，而且关乎国家的前途命运和现代化建设的全局。加强和改进大学生思想政治教育，提高他们的思想政治素质，把他们培养成中国特色社会主义事业的合格建设者和可靠接班人，对于全面实施科教兴国和人才强国战略，确保我国在激烈的国家竞争中始终立于不败之地，确保全面建成小康社会，加快实现中华民族伟大复兴的中国梦，确保中国特色社会主义事业兴旺发达，后继有人，具有极为重大而深远的意义。

　　高校思想政治理论课是巩固马克思主义在高校意识形态领域指导地位、坚持社会主义办学方向的重要阵地，是全面贯彻落实党的教育方针、培养中国特色社会主义事业合格建设者和可靠接班人、落实立德树人根本任务的主干渠道，是进行社会主义核心价值观教育、帮助大学生树立正确世界观人生观价值观的核心课程，是大学生的必修课。办好思想政治理论课，事关意识形态工作大局，事关中国特色社会主义事业后继有人，事关实现中华民族伟大复兴的中国梦，事关学校高水平研究型大学建设和事业发展，必须始终摆在突出位置，持之以恒、常抓不懈。习近平总书记高度重视高校思想政治理论课教学工作，他在全国高校思想政治工作会议上指出："要坚持不懈传播马克思主义科学理论，抓好马克思主义理论教育，为学生一生成长奠定科学的思想基础。""要用好课堂教学这个主渠道，思想政治理论课要坚持在改进中加强，提升思想政治理论教育亲和力和针对性,满足学生成长发展需求和期待。"习近平总书记的重要讲话,高屋建瓴,内涵丰富,为把握高校思想政治理论课教学改革正确方向,推进高校思想政治理论课教学改革深入,提升高校思想政治理论课的实效性和亲和力,具有重大而深远的战略意义。

晦涩难懂的理论、空洞无趣的灌输、乏味冗长的说教,针对性不强、吸引力不大、抬头率不高……这是对高校思想政治理论课教学的固有看法和传统评价。高校思想政治理论课如何在坚定正确的政治方向基础上,进一步提高教学说服力吸引力感染力、提升亲和力和针对性、增强学生的获得感,既是党和国家关注的核心问题,也是加强和改进高校思想政治理论课建设的突破点。当前,国内外形势正经历重大而深刻的变化。一方面,中国经济持续快速增长,中国日益崛起;另一方面,世界范围内各种思想文化交流交融交锋更加频繁,大量西方文化思潮和价值观念冲击大学校园。如何发挥正能量,增强对重大理论和现实问题的阐释力,在多元中确立主导,给思想政治理论课提出新的挑战。社会思想意识更加多元多样多变,面对各种思潮和复杂的社会现象,如何运用马克思主义的立场观点方法在多样中求得共识,给高校思想政治理论课提出新的要求。

努力提升教学针对性和亲和力是加强高校思想政治理论课建设的核心目标和永恒主题,其根本出路在于不断深化高校思想政治理论课教学改革。研究性教学改革是建设创新型国家和创新型经济对高等教育人才培养的时代要求,是提高高等教育质量,办人民满意教育的需要。推进研究性教学改革既是一次全新教育理念的改革,也是一次全新教学方法的改革,是根本改变高校传统教学模式、提高教学质量、培养创新人才的必然要求。然而,由于多种因素的制约,研究性教学在地方高校仍然处于部分教师、少数课程的"单打"状态,从学校层面整体推进研究性教学改革的研究不多、进展不快、成效不大。因此,研究探索推进研究性教学的基本策略与实践路径、积极推进研究性教学的深入开展,已成为地方高校当前和今后一段时期深化教学改革、培养高素质创新性人才的一项紧迫任务。

扬州大学是在全国全省高校率先全面推进研究性教学的高校之一。

早在 2007 年,学校就制定出台了《扬州大学关于推进研究性教学的若干意见》(扬大教〔2007〕1 号),在全校范围内全面推进研究性教学。首先,进一步明确指导思想,提高对研究性教学重要性的认识。学校在广大教师中加强研究性教学改革重要性的宣传力度,组织教师学习有关研究性教学的系统理论,营造研究性教学改革的学习实践氛围。其次,进一步加强制度建设,有针对性地制定改革方案,确保研究性教学改革的具体落实。学校将卓越人才培养计划、精品课程建设、示范课程建设、优秀教学团队建设等与研究性教学统筹协调、统一实施,规定卓越人才培养计划应该成为研究性教学的示范课程,优秀教学团队、人才培养模式实验示范区、实验示范中心、品牌特色专业和"优秀教学奖"的负责人和获得者必须坚持开展研究性教学。学校将研究性教学列入各学院年度量化考核指标内容中,要求各学院根据学科特点和学生特点制定相应的教学改革方案和较为科学、具有可操作性的教学方法框架,具体课程由具体教师在方法框架内自主设计每节课的实施方案,保证研究性教学的有效开展。第三,加强研究性教学的政策引导和经验推广,为教学改革营造有利的校园环境。开展研究性教学改革的交流活动,要求各学院每学期至少开设 2 次研究性教学公开课,拍摄至少 2 次研究性教学示范课录像,组织所有教师进行研究性教学理论学习、比赛观摩、经验推广,及时总结,不断提高,利用各种机会、采取多种形式加强教师和学生之间的交流,让更多师生尽可能早地分享改革经验,扩大改革成果,促进研究性教学改革又好又快发展。经过几年的探索与实践,研究性教学改革取得了明显成效和丰硕成果,学校全面推进研究性教学改革的经验与做法先后获得江苏省教学成果奖特等奖和国家级教学成果奖二等奖。

作为我校从事大学生思想政治理论课教学与研究主要基地的马克思主义学院,是学校全面推进研究性教学改革的试点单位。近年来,在学校党委的坚强领导下,各学院、各部门齐抓共管、协同建设思想政治理论课,取得了显著成效。学校全面推进思想政治理论课教学改革,优化教学内容,创新课堂教学形式,推广了一批行之有效的教学方法。建成马克思主义理论博士后科研流动站、马克思主义理论江苏省重点学科、思想政治教育江苏省重点专业、江苏省中国特色社会主义理论体系研究基地和江苏省高校示范马克思主义学院,为思想政治理论课建设提供了坚实的学科支撑。思想政治理论课教师队伍综合素质不断提高,课堂秩序和教学效果明显改善,大学生对思想政治理论课的学习兴趣和满意程度得到提升,思想政治理论课建设的良好局面已经形成,为加强和改进大学生思想政治教育、维护学校改革发展稳定大局作出了重要贡献。

几年来,马克思主义学院以大力推进研究性教学为主要抓手,在深入研究高校思想政治理论课教学面临的新情况与新问题的基础上,从教材体系、教学体系、认知体系等方面,积极探索思想政治理论课教学的改革与创新。这既是一次教学方法、学习方式、教学内容和教学手段的改革,更是教学理念的变革和传统文化的创新。学院深知改革的艰巨性和持久性,对推进思想政治理论课研究性教学改革进行了整体设计分步实施。第一步,组织学习、宣传、动员,开设示范课程。学院印发了研究性教学的理论学习材料,组织广大教师进行学习,同时选择研究性教学试点比较成功的教师开设观摩示范课。让广大教师从组织上重视,从理论上认识,从实际上感受。第二步,编写和推广研究性教学案例,鼓励更多的教师开展研究性教学的实践探索,交流教师之间相互学习交流的平台。第三步,通过集体备课,制定与研究性教学相对应的考核与评价体系,形成研究性教学实施方案,整体推进。经过整体推进思想政治理论课研究性教学改革,广大教师和学生对先进的教学理念和教学思想的认识不断深入,教学的实效性和亲和力不断提高。学院教学改革的经验与做法《以提升亲和力为导向的高校思想政治理论课教学创新与实践》先后获得扬州大学教学成果奖一等奖和江苏省教学成果奖二等奖。

我校思想政治理论课研究性教学改革已经走过了近十年的历程,我们遇到过困难,不少教师也遇到过这样那样的挫折,但我们积极探索,取得了一系列包括国家级省部级在内的教学改革成果。在全面推进研究性教学改革进程中,我们形成了以下几点共识:

第一,推进研究性教学改革,必须正确处理教师与学生的关系。教师是教学的主导,学生是教学的主体,研究性教学首先要提高学生学习的兴趣,培养学生自主学习的能力。研究性教学需要教师与学生都要投入更多的时间与精力,开展研究性教学之初,教师的主导作用有着不可或缺的作用。如何引导和启发学生，如何转变大学生的学习方式，需要广大教师认真研究，不断探索。既要营造平等的师生环境、自由民主的学术环境，又要坚持原则严谨治学。

第二，推进研究性教学改革，必须正确处理课内与课外的关系。与传统的教学模式相比，研究性教学更加注重学生课外的学习。这就要求研究性教学改革必须重新审视课内与课外的关系，不仅要改变教师独"霸"课堂的做法，还要重新组织课堂教学内容。精讲、少讲是研究性教学的基本要求，同时要抓好学生的课外学习，尤其是在改革之初，教师要做好学生课外学什么、如何学的指导工作，不能仅仅依靠布置几道有现成答案的作业题或背诵若干书本内容应付了事。要充分发挥学生的聪明才智，充分利用学校教学资源等条件，培养学生独立思考、创新思维及合作学习的能力。

第三，推进研究性教学改革，必须正确处理理论与实践的关系。理论知识的学习需要一定的理论体系作支撑，但理论离不开实践，研究性教学要更加重视理论联系实际，加强学生的实践能力的培养。思想政治理论课教学更需要有实践能力的要求，包括基本的写作能力、口头表达能力、交流能力、合作能力、组织管理能力以及解决社会经济发展与社会实践中实际问题的能力等等。研究性教学要贴近学生、贴近生产实际、贴近生活，尽量减少教师纯理论的讲授，多一些让学生亲自动手、动脑的教学环节，提倡"做中学"、"练中学"，减少验证性或者有唯一答案的实践内容，多一些综合性、设计性或者有多样性答案的实践内容。

第四，推进研究性教学改革，必须正确处理统一与灵活的关系。由于学科、课程、教师与学生等因素的差异和研究性教学本身的特点，学校对研究性教学改革的模式不搞一刀切，对研究性教学在教学管理和教学评价方面实行弹性管理。但研究性教学有着共同的目的，而且就某个学科而言研究性教学也有许多的共同性。因此，研究性教学应该坚持统一性与灵活性相结合的原则，具体教学应该给教师们充分的自由，但基本要求必须统一。正确处理好统一性与灵活性的关系，确保研究性教学改革的质量。

第五，推进研究性教学改革，必须正确处理过程与结果的关系。研究性教学改革旨在培养学生的学习兴趣、学习能力及综合运用所学知识解决实际问题的能力。改革的重点是教学过程而不是教学结果,改革成效有较强的内稳性和滞后性,评价方式应该由终结性评价转向过程性评价,要遵循育人规律,防止急功近利,扎扎实实地开展研究性教学改革。

此次出版的这套"高校思想政治理论课研究性教学导引"丛书,就是教学改革成果的具体体现。该书较为全面地展示了学院教师在思想政治理论课教学与经验领域的辛勤耕耘历程,以及对于思想政治理论课教学的理念、方法和改革创新等方面的理论思考和实践探索。通读整套丛书,深切体悟到了从事高校思想政治理论课教学与研究一线教师的勤奋与执着,正是由于对党的教育事业的忠诚,对国家的责任和对学生的热爱,才使得众多思想政治理论课教师长年坚守在教学与研究的第一线,并取得丰硕的研究成果。通读整套丛书,深切感受到了思想政治理论课教学是一项富有挑战性的工作。思想政治理论课教学与研究国内外的经济政治社会变迁紧密联系。如何顺应国内外环境的变化,不断创新思想政治理论课的理念、内容和方法,将是思想政治理论课教学工作面临的一项恒久的课题。

也许在一些教育专家看来,这套"高校思想政治理论课研究性教学导引"丛书并不完善,甚至可能还有许多不足,但广大思想政治理论课教师这份改革的勇气和胆识、这份认真和执着是这套丛书本身所不能概括的。我相信,随着全国全省高校思想政治工作会议精神不断深入,马克思主义学院的全体教职员工必将以此为新的起点,始终坚持坚定正确的政治方向和舆论导向,高举中国特色社会主义伟大旗帜,为决胜全面小康社会、实现中华民族伟大复兴的中国梦而奋斗,不断开创我校思想政治理论课教学与研究新局面。

感谢所有开展研究性教学改革的思想政治理论课的教师们!祝愿我校思想政治理论课教学与研究取得更大的成效、更丰硕的成果!

2017 年 6 月写于扬州

目　录

第一章　进入近代后中华民族的磨难与抗争 ⋯⋯⋯⋯⋯⋯⋯⋯⋯ 1

　　一、内容概要 ⋯⋯⋯⋯⋯⋯⋯⋯⋯⋯⋯⋯⋯⋯⋯⋯⋯⋯⋯⋯⋯⋯ 1

　　二、教学设计与教学研究 ⋯⋯⋯⋯⋯⋯⋯⋯⋯⋯⋯⋯⋯⋯⋯⋯ 1

　　三、学术动态 ⋯⋯⋯⋯⋯⋯⋯⋯⋯⋯⋯⋯⋯⋯⋯⋯⋯⋯⋯⋯⋯⋯ 8

　　四、应知应会 ⋯⋯⋯⋯⋯⋯⋯⋯⋯⋯⋯⋯⋯⋯⋯⋯⋯⋯⋯⋯⋯⋯ 11

　　五、实践教学 ⋯⋯⋯⋯⋯⋯⋯⋯⋯⋯⋯⋯⋯⋯⋯⋯⋯⋯⋯⋯⋯⋯ 19

　　六、推荐阅读 ⋯⋯⋯⋯⋯⋯⋯⋯⋯⋯⋯⋯⋯⋯⋯⋯⋯⋯⋯⋯⋯⋯ 22

第二章　不同社会力量对国家出路的早期探索 ⋯⋯⋯⋯⋯⋯⋯ 24

　　一、内容概要 ⋯⋯⋯⋯⋯⋯⋯⋯⋯⋯⋯⋯⋯⋯⋯⋯⋯⋯⋯⋯⋯⋯ 24

　　二、教学设计与教学研究 ⋯⋯⋯⋯⋯⋯⋯⋯⋯⋯⋯⋯⋯⋯⋯⋯ 24

　　三、学术动态 ⋯⋯⋯⋯⋯⋯⋯⋯⋯⋯⋯⋯⋯⋯⋯⋯⋯⋯⋯⋯⋯⋯ 32

　　四、应知应会 ⋯⋯⋯⋯⋯⋯⋯⋯⋯⋯⋯⋯⋯⋯⋯⋯⋯⋯⋯⋯⋯⋯ 33

　　五、实践教学 ⋯⋯⋯⋯⋯⋯⋯⋯⋯⋯⋯⋯⋯⋯⋯⋯⋯⋯⋯⋯⋯⋯ 42

　　六、推荐阅读 ⋯⋯⋯⋯⋯⋯⋯⋯⋯⋯⋯⋯⋯⋯⋯⋯⋯⋯⋯⋯⋯⋯ 45

第三章　辛亥革命与君主专制制度的终结 ⋯⋯⋯⋯⋯⋯⋯⋯⋯ 47

　　一、内容概要 ⋯⋯⋯⋯⋯⋯⋯⋯⋯⋯⋯⋯⋯⋯⋯⋯⋯⋯⋯⋯⋯⋯ 47

　　二、教学设计与教学研究 ⋯⋯⋯⋯⋯⋯⋯⋯⋯⋯⋯⋯⋯⋯⋯⋯ 47

　　三、学术动态 ⋯⋯⋯⋯⋯⋯⋯⋯⋯⋯⋯⋯⋯⋯⋯⋯⋯⋯⋯⋯⋯⋯ 53

　　四、应知应会 ⋯⋯⋯⋯⋯⋯⋯⋯⋯⋯⋯⋯⋯⋯⋯⋯⋯⋯⋯⋯⋯⋯ 59

　　五、实践教学 ⋯⋯⋯⋯⋯⋯⋯⋯⋯⋯⋯⋯⋯⋯⋯⋯⋯⋯⋯⋯⋯⋯ 67

　　六、推荐阅读 ⋯⋯⋯⋯⋯⋯⋯⋯⋯⋯⋯⋯⋯⋯⋯⋯⋯⋯⋯⋯⋯⋯ 68

第四章　中国共产党成立和中国革命新局面 ⋯⋯⋯⋯⋯⋯⋯⋯ 71

　　一、内容概要 ⋯⋯⋯⋯⋯⋯⋯⋯⋯⋯⋯⋯⋯⋯⋯⋯⋯⋯⋯⋯⋯⋯ 71

二、教学设计与教学研究 ·· 71

三、学术动态 ·· 78

四、应知应会 ·· 81

五、实践教学 ·· 92

六、推荐阅读 ·· 95

第五章　中国革命的新道路 ·· 97

一、内容概要 ·· 97

二、教学设计与教学研究 ·· 97

三、学术动态 ·· 102

四、应知应会 ·· 106

五、实践教学 ·· 116

六、推荐阅读 ·· 119

第六章　中华民族的抗日战争 ·· 121

一、内容概要 ·· 121

二、教学设计与教学研究 ·· 121

三、学术动态 ·· 127

四、应知应会 ·· 132

五、实践教学 ·· 144

六、推荐阅读 ·· 147

第七章　为建立新中国而奋斗 ·· 149

一、内容概要 ·· 149

二、教学设计与教学研究 ·· 149

三、学术动态 ·· 159

四、应知应会 ·· 161

五、实践教学 ·· 169

六、推荐阅读 ·· 171

第八章　中华人民共和国的成立与中国社会主义建设道路的探索 ·········· 173

一、内容概要 ·· 173

二、教学设计与教学研究 ·· 173

　　三、学术动态 ………………………………………………… 190
　　四、应知应会 ………………………………………………… 195
　　五、实践教学 ………………………………………………… 206
　　六、推荐阅读 ………………………………………………… 208

第九章　改革开放与中国特色社会主义的开创和发展 …………… 212
　　一、内容概要 ………………………………………………… 212
　　二、教学设计与教学研究 …………………………………… 212
　　三、学术动态 ………………………………………………… 219
　　四、应知应会 ………………………………………………… 222
　　五、实践教学 ………………………………………………… 233
　　六、推荐阅读 ………………………………………………… 233

第十章　中国特色社会主义进入新时代 …………………………… 237
　　一、内容概要 ………………………………………………… 237
　　二、教学设计与教学研究 …………………………………… 237
　　三、学术动态 ………………………………………………… 242
　　四、应知应会 ………………………………………………… 245
　　五、实践教学 ………………………………………………… 263
　　六、推荐阅读 ………………………………………………… 264

后记 ………………………………………………………………… 266

第一章

进入近代后中华民族的磨难与抗争

一、内容概要

本章是全课程的开篇。在西方国家工业革命发生前，中国经济、科技、文化长期走在世界的第一方阵之中。近代以后，由于西方列强的入侵，由于封建统治的腐败，中国逐渐成为半殖民地半封建社会，山河破碎，生灵涂炭，中华民族遭受了前所未有的苦难。面对苦难，中国人民没有屈服，而是挺起脊梁、奋起抗争，以百折不挠的精神，进行了一场场气壮山河的斗争，谱写了一曲曲可歌可泣的史诗。

中国近代史，是一部充满磨难、落后挨打的悲惨屈辱史，更是一部中华民族抵抗外来侵略、实现民族独立的伟大斗争史。近代以来，中国人民和志士仁人怀着强烈的忧患意识和变革意识，历尽千辛万苦，不怕流血牺牲，探索挽救中华民族危亡、实现民族复兴的道路。这些斗争和探索，使中华民族燃起了新的希望，标志着中华民族日益觉醒。

二、教学设计与教学研究

（一）教学目标与基本要求

1. 了解西方列强对中国的侵略，使中国沦为半殖民地半封建社会的过程。通过对这一过程的客观分析，了解外国资本—帝国主义入侵中国及其与中国封建势力相结合，给中华民族带来的深重灾难，是认识造成近代中国落后、贫困的根本原因。

2. 掌握中国近代社会的半殖民地半封建社会的性质、基本特征，以及社会阶级关系的变动。了解近代中国人民的反侵略斗争的历史，掌握反侵略斗争的意义。

正确认识近代中国历次反侵略战争的历史作用和失败原因,深刻领会近代中国的沉痛而深刻的教训:腐败就会自我断送,落后就要受欺挨打,提高学生运用辩证发展的观点看待历史的能力。

3. 全面把握近代中国的社会矛盾和历史任务,认识近代革命的必要性、正义性和进步性,增强民族的自尊心、自信心和自豪感。

(二)教学内容与逻辑结构

1. 教学内容

(1) 鸦片战争前的中国与世界。

(2) 西方列强对中国的侵略。

(3) 反抗外国侵略的斗争。

(4) 反侵略战争的失败与民族意识的觉醒。

2. 逻辑结构

近代西方资本主义的发展和殖民扩张,使中国面临极其深刻的生存危机。英国1840年发动侵略中国的鸦片战争,成为中国近代史的起点。

历经两次鸦片战争、甲午中日战争、八国联军侵华战争,中国由一个独立封建的国家逐步沦为半殖民地半封建社会。帝国主义和中国封建主义相结合,把中国变为半殖民地和殖民地的过程,同时也是中国人民反抗帝国主义及其走狗的过程。然而,社会制度的腐败和经济技术的落后,使中国历次反侵略战争都遭到失败。

中国近代社会的发展和演变,是近代社会两对主要矛盾互相交织和交替作用的结果。近代以来伟大的反帝反封建民族民主革命,是在这些主要矛盾及其激化的基础上发生和发展起来的。

(三)教学重点难点与教学方法

1. 教学重点

(1) 中国近代衰落的原因。

(2) 西方列强对中国的侵略历程。

(3) 近代中国社会性质的变化。

2. 教学难点

(1) 如何认识西方列强对中国的侵略给中国带来的深重灾难?

(2) 如何理解近代中国的主要矛盾及其关系,两大历史任务及其关系?

3. 教学方法

主要运用以下四种方法：比较分析的方法、教师主导性与学生主体性相结合的方法、史论结合的方法以及联系现实的方法。为调动学生的主体性，可在教学中采用多种手段，如多媒体教学、课堂讨论与课外阅读。

（四）授课切入与教学案例

授课切入

如何看待资本—帝国主义的侵略，是正确认识近代中国国情以及进行爱国主义教育的重要内容。资本—帝国主义的侵略究竟给我们带来了什么？当前，有几种错误观点：有人说"鸦片战争的一声炮响，给中国带来了近代文明"，也有人说"殖民主义在世界范围内推动了现代化进程"，还有人说"没有西方的殖民侵略，东方将永远沉沦"。面对这些错误观点，我们应如何评价。

教学案例1 总税务司的设立

鸦片战争前，中国是一个小农业和家庭手工业相结合的自给自足的封建国家，实行"闭关锁国"政策，采取的是"逢关纳税，遇卡抽厘"的税则，与外国通商往来限于通商城市公行进行，由该地区地方官吏管理海关行政和关税。第一次鸦片战争，外国侵略者用大炮打开了中国海关紧闭政策。随着《南京条约》《五口通商条约》《虎门条约》《黄埔条约》等一系列不平等条约的签订，废除了公行制度，中国关税自主权从此开始丧失。从此，外国商品像潮水一样涌入中国市场，广大农民和手工业者纷纷破产，丧失生机。

外国侵略者为了确保它们在华利益，加强对中国政治、经济的控制，想方设法攫取中国海关行政和关税支配权，建立起半殖民地的海关制度。1854年，中国被迫与英法美三国在上海设置上海海关总署，并成立关税管理委员会，共同管理上海海关。就这样，上海海关轻而易举地被外国侵略者所控制。

外国侵略者夺取上海海关后，并不感到满足，进一步图谋控制中国全部海关。1858年，英国胁迫清政府签订《中英通商章程善后条约》，要求其他各口岸推行上海海关实行办法，请外国人"帮办税务"。对这种严重侵犯中国主权的无理要求，清政府居然一口答应。1859年，两江总督何桂清受清朝中央之命，撤销上海税务司署，同时任命英国人李泰国为总税务司，并把海关用人权完全交给英国侵略者。

李泰国被任命为总税务司后，一面筹组总税务司机关，一面在各通商口岸积极筹设海关。从1859年10月到1860年，先后在广东、福建成立了广州海关和汕头海关。1861年，总税务司署改隶总理各国事务衙门。1861年4月，李泰国回国养病，指定赫德继任职务。赫德担任总税务司长达48年之久，中国的海关牢牢地控制在英国人手里。

赫德走马上任后，先后在镇江、九江、汉口、宁波、福州、厦门、淡水、基隆、台南、高雄、烟台、牛庄等地设立了海关。经过两次鸦片战争而开放的大部分通商口岸，都设立了由外国人统一管理的海关，形成了半殖民地的中国海关制度。按照这个制度，管中国海关的总税务司署统辖各海关税务司署。

从总税务司署到各海关税务司署组织和人事来看，主要行政官员和高级职员均为外国人所窃取。总税务司署由正副总税务司、税务司四人，副税务司六人担任。下设总务、机要、统计、汉文、铨叙五科和造册、驻外办事、内债基金三处。各科、处设正副主任，还有帮办、供事、文案、供役等人员。除造册处一副主任为华人外，其余各科、处正副主任为洋人充任，机要部门绝不让中国人参与。各海关税务司署各设税务司一人。依据"事繁收旺"的地区，增设副税务司。根据《清史稿》记载："各税务司五十有九人，副税务司三十有七人。"正副税务司全部由洋人充任。在海关高级职员中，英国人占半数以上。所以，中国海关制度具有强烈的半殖民地性质。

总税务司署依照清朝政治体制，名义上向清朝中央政府负责，归总理各国事务衙门领导，管理各口岸海关。各海关税务司是清政府海关监督的助理，实际上各口岸税务司和高级职员人事任免大权都掌握在总税务司手里，他们只对总税务司个人负责，清政府无权过问。这样，中国海关实质上变成了外国侵略中国的工具。1865年，海关总税务司署由上海移到北京，总税务司更加凌驾于清政府各海关监督之上，并成为总理各国事务衙门的最高顾问。总税务司赫德成了各资本主义国家，特别是英国在华的代理人，干涉中国内政、经济、外交、军事，左右清政府。

在内政方面，赫德经常以总税务司的身份向清政府提出"建议"和"忠告"。1867年，清政府先后任命张凯嵩和吴堂为云贵和四川总督，就是出于他的"建议"。赫德的重要助手之一、美国人马士称，总理各国事务衙门"在一切国际问题上，从谈一条约到解决一项土地争端，……总是凭靠北京总税务司的忠告和协助，而(各省)总督、巡抚和道台们则总是征询各口税务司的意见，以便照计而行"。清政府颁布重要法律、法规也必须事前取得赫德的同意，否则便无法在海关行使。可见，外国侵略者通过总税务司对中国内政干涉到何种程度！

在经济方面，清政府财政收入主要来源，在鸦片战争前靠盐税和田赋，经过两次鸦片战争和农民革命的沉重打击，盐税和田赋收入大量减少，而战争中的费用、巨额赔款以及统治者的奢侈挥霍有增无减，关税的收入对清政府显得更加重要，对外借款和赔款也要靠关税作抵押和担保;而海关却掌握在外国人手中。赫德为了进一步把各海关借款抵押权控制在手里,1867 年,他乘左宗棠打算用江苏、浙江、福建等各口岸关税作抵押借外债,以镇压陕西回民起义的机会,取得了清政府的同意,规定"若无总税务司准札,各关税务司均不得印押"。外国侵略者就这样通过控制海关控制了中国的财政经济命脉。

在外交方面,自半殖民地化的中国海关制度确立后,清政府外交大都被总税务司和税务司所左右。1864 年 5 月订立的《中法简明条款》(亦称《天津专约》),就是通过天津海关税务司德催琳的参与,迫使清政府而成的。1885 年 4 月在巴黎订立的《中法停战条件》(亦称《巴黎协定书》),不仅赫德从中参与,而且代表他的税务司金登干还被任命为全权代表,代表清政府在巴黎签字。1867 年 9 月的《中英烟台条约》,赫德以助理身份协助全权代表李鸿章,而李鸿章"一切唯赫德是听"。李鸿章后来坦言,"我不过随同划诺"。可见,清朝外交如何为洋人所支配了。

在军事方面,总税务司和各地税务司不仅为清政府安排购买外国军火的款项,充当贩卖军火的掮客,而且在清朝军事工业部门中进行直接控制。福建海关税务司日意格担任福州船政局的正监督就是其中一例。清政府训练军队,各海关税务司有的积极代清政府聘请教官,有的直接为清政府进行训练,他们甚至阴谋控制中国海防。1879 年,赫德公然提出要清政府设立一个筹建海防的专门机构,自我推荐,担任总海防司职务。由于受各方面的反对,他的阴谋才未能得逞。

由此可见,外国侵略者,通过近代海关制度,把侵略的魔爪伸到了清政府各个领域,"盘踞要津","阴持朝政,显缩外交","阻挠税则,左袒西商",控制清政府,企图变中国为殖民地。

——李进修:《中国近代政治制度史纲》,求实出版社,1988 年版,第 39—47 页

【思考与讨论】

1. 西方列强对中国的侵略,主要的方式是什么?
2. 近代海关制度和租界的设立产生了什么影响?

教学案例 2 义和团运动与美国对华政策

大致在义和团运动时期,帝国主义列强开始在形式上强调"保全中国的领土和主权的完整"。这一措辞与鸦片战争以来列强坚持要求取得并扩大租借地和势力范围的旧扩张方式是有所不同的。美国则是这一改变的代表,它的门户开放政策非常鲜明地成为这一新的帝国主义扩张方式的集中体现。正是义和团运动的反帝力量阻止了各侵略国的瓜分野心,制止了列强扩张的加速化。

甲午战争之前与之后，列强在华的侵略有着量与质的差别。先看列强在华的直接投资，1895 年以前大约为 2 亿—3 亿美元，到义和团时期已猛增到 15 亿美元。随着列强在华势力的不断膨胀，西方的工业品已渗透到中国的偏远乡村。通过不等价交换，中国成为西方列强的工业品倾销地和主要的原材料供给国。但其中最重要的变化还是争夺租借地和势力范围的加速。先是法国凭借 1 亿两白银的借款而把西南三省纳入自己的势力范围，然后是 1896 年各国纷起的扩张热潮。1897 年德国提出租界胶州湾，1898 年德国提出在山东享有修建铁路权和矿山开采权的要求，被视为这一时期列强疯狂瓜分中国的信号弹。这个时候，"瓜分中国之事，被世界各国报纸最喜讨论之题目"。

面对瓜分狂潮，无论中国的统治阶级还是广大民众都在思想认识和行动上有了新的变化。中国的民众更是认识到瓜分危机的严重性，开始寻求维护中国主权和领土完整的道路。义和团认为，危机完全是由列强对中国的侵略所造成，"四十年间，外国人颠倒中国，占领中国的港口，剥夺海关的收入，并侮辱我们的神和圣人"。义和团"最恨和约误国殃民"，所以他们认为保卫中国的方法只能是"驱逐洋寇"，"中国的东西不能让洋鬼子乱抢，中国的地方不能让洋鬼子占了"。义和团断然拒绝"以夷制夷"，认为只有依靠"拳会"才能保护国家和民众的利益。同时，义和团也有一套自己独特的解决问题的方法。他们排斥用外交交涉的途径解决问题，相信只有"男的拿起刀，女的拿起枪"才能抵御列强的凌辱。

在义和团运动兴起之初，美国认为它和一般仇教运动差不多，义和团是"单纯因寒冷和饥饿引起的反叛，愿意的话什么时候都可以镇压"。可是到了 1900 年年初，义和团运动出现了洋人前所未料的局面。其运动中心从山东扩大到了北京、天津地区，并占领了北京城，包围了外国使馆。1900 年以后义和团运动的进程已经使美国无法对它等闲视之了。

其中一大问题就是传教士问题，在义和团运动扩展过程中，传教士受害最多。这是一场彻底的反基督教运动，一开始就表示要"驱逐洋鬼子"，所以是彻底地排斥外国传教士和教徒的。美国教会的传教士就曾遭义和团约 40 名团民的围攻，团民放火焚烧美国公理会的潞州书院。

与义和团破坏教堂和同教民发生冲突相比，使美国人遭受更大冲击的是在华商业的危机。1900 年以前中国稳定的市场状况是比较符合美国人的心愿的。从 1890 到 1900 年 10 年间美国的对华出口总额从 700 多万美元猛增到 2 300 多万美元，输入中国的商品增加了三倍余。正是基于这种情况，美国对中国市场的潜力充满了信心。

早期的义和团运动主要是针对教会的，但到 1900 年以后扩大到对列强在华倾销商品的反对上。义和团民不但反对买卖洋货,而且反对使用洋货,提出"不用洋布,不用洋货"的口号,甚至有"不准有带'洋'字的东西","谁家有个洋铁片也不行"的说法。当时烟台海关税务司就报告说:"这里的群众威胁或者杀害与外国人进行贸易的人。"义和团运动扩展到京津地区后,给美国带来严重的问题。美国在华贸易受到了致命的打击。例如石油输出额 1891 年近 4 000 万两,1894 年增加到 5 000 多万两,而到了 1900 年,则下降到了 3 400 多万两。华北地区的贸易不景气波及上海,从上海输往北方的商运大多停止。到了 6 月初,不但美国在华商业利益遭到损害,就连美国商人的生命也面临危险。另外还有新的危机:义和团开始破坏铁路。驻华公使康格向本国政府报告,义和团运动往往集中于铁路沿线。他们破坏了天津附近的大部分铁路和火车站。美国修筑的铁路再三被破坏,就连派去护路的士兵也不得不撤回。义和团破坏铁路,不仅冲击了帝国主义侵略中国的计划,而且使美国认识到投资铁路、矿山和取得租借地之类的侵略活动受到威胁。

　　义和团运动的力量、组织和意识很快改变了列强原有的认识,使帝国主义不得不改变扩张方式。义和团力量增强,组织壮大,很难压制,而且在他们意识中的爱国主义是排他的,这些都是与美帝国主义的扩张意图相抵触的。这时美国人已察觉到义和团运动的"爱国主义精神"和"民族感情"。美国驻上海领事古纳报告说:"在中国到处都能发现爱国主义精神的滋长……这种民众感情也许是非官方的,却存在于各阶层民众中。"当时的外电评价说:"华人此次甚勇敢,为从来所未见。"亲自经受义和团顽强抗击的八国联军总司令瓦德西承认:"无论欧美、日本皆无此脑力和兵力,可以统治此天下生灵四分之一也","故瓜分一事,实为下策"。英国副外交大臣布路协立克在总结八国联军侵华战争和论及英国将来对华方针时说:"凡有意开通中国之人,应徐小心谨慎,团匪之事,即可取之为鉴。我英亦不能以待印度者待中国也。"所以,"吾英宜确守保全中国,不使瓜分之策"。1900 年年初,美国公理会传教士明恩溥认为义和团运动的主要原因是地方官腐败和皇帝无能,西太后对外国的反感,以及干旱。但是 1901 年他的观点改变了,认为主要原因是列强对中国的瓜分以及由于外国侵占矿山、铁路给中国人民所造成的损害。这一评价的转换正反映了义和团的力量、组织与民族精神的增进。同样经历义和团运动的美国中国协会的会长西曼也持类似观点,认为义和团运动的发生是"为了从外国人手中夺回领土的自主权",如果列强予以镇压的话,"必然会付出重大代价",义和团是强有力的力量和组织,是"在近代发生的爱国主义运动中最灿烂"的新的民众运动。海关总税务司赫德则警告美国,"如果和平方式不能解决问题的话,情况就不一样了,可能会面临一个全副武装的中国"。他认为,"现在中国人大梦初觉,渐'有中国者中国人之中国也'之思想",马上瓜分是不可能的。赫德这一判断对美国的决策者有很大的影响。到 1900 年年末,美国撤回了在华兵力的 60%,到 1901 年就只留下了大使馆的卫兵。

不论义和团运动的成败如何,这个运动遗留下来的民族主义的力量,是使美国放弃对中国领土野心的根本力量。美国在签订《辛丑条约》的过程中一直主张保全中国的领土和主权的完整,认为如果美国表示自己愿意担保中国的统一和独立,那么其他列强也会对此表示认同,这并不是说美国就此放弃了对外扩张,或者它的外交政策有了什么本质上的变化,只是因为中国民众的强硬的民族主义,才迫使美国不得不选择新的侵略方式。

——金希教:《义和团运动与美国对华政策》,《近代史研究》,1998 年第 4 期

【思考与讨论】

1. 义和团运动的背景和作用是什么?
2. 近代中国人民反侵略斗争的意义是什么?

三、学术动态

(一)近代政治史研究

近代政治史研究为学术起点较高的领域,近年成果丰硕且有所创新。在专著方面有茅海建《天朝的崩溃:鸦片战争再研究》、潘崇《清末五大臣出洋考察研究》、彫新春《晚清中国道路》。刘伟等著《清季外官制改革研究》、崔志海《建国以来的国内清末新政史研究》,则是有关晚清政治史的最新专著。李文杰的《中国近代外交官群体的形成(1861—1911)》从职官制度角度梳理了外交官群体的起源和流变。相关晚清政治史研究代表文章有崔志海《清季引入近代文官考试的酝酿与尝试》、戴鞍钢《清末新政与科举停废》、董丛林《晚清教案处置的职能实施主体与决策机制》等。

晚清满汉关系史研究得到加强。中国社科院近代史所政治史研究室主编的《清代满汉关系研究》共收录 41 篇论文,涉及不同时期满汉关系的各个侧面,是国内学术界有关清代满汉关系的第一部学术论集。

(二)近代经济史研究

近代经济史是一个研究热点。代表专著有:史若民《票商与近代中国》、王敏《从土货到国货:近代消费行为政治化与民族主义思潮》、刘增合《财与政:清季财政

改制研究》、吴敏超《国难中的学术与政治：中国经济学界的争鸣》、李爱《白银危机与币制改革》、宋佩玉《近代上海外汇市场研究》等。吴景平《政商博弈视野下的近代中国金融》、黄正林《近代中国农村经济史研究》、朱荫贵《中国早期现代化：与日本的比较》、李金铮《"土货化"经济学：方显廷及其中国经济研究》、朱英《研究近代中国制度变迁史应该注意的若干问题》等，胡政等主编《招商局与中国企业史研究》、马敏主编《中国近代商会通史》，从不同角度探讨了近代经济史研究的诸多问题。

在经济史方面，有些学者注重对政府经济政策、经济团体及外国在华经济及区域经济的关注。如戴鞍钢《上海开埠与江南城镇格局演变》、戴一峰《晚清海关与通商口岸城市调研》、熊月之《略论同光之际铁路问题的复杂性》、朱荫贵《晚清社会经济制度之改变》、马敏《近代中国的商业启蒙》、李光伟《晚清赋税征缴征信系统的建设》、韩祥《晚清灾荒中的银钱比价变动及其影响》、刘增合《咸丰朝中后期联省合筹军饷研究》等。

（三）近代社会文化史研究

社会史研究涉及主题比较广泛，城市史、人口史、社会风俗、会党、土匪、绅士、灾荒、商人团体等，都成为社会史学者的研究对象。代表性著作有：曾越《社会·身体·性别——近代中国女性图像身体的解放与禁锢》、王栋亮《自由的维度：近代中国婚姻文化的嬗变（1860～1930）》、孔飞力（李明欢翻译）《他者中的华人：中国近现代移民史》等。蔡少卿的《中国近代会党史研究》，全面、系统地论述了中国近代会党的产生、发展、影响和作用。王琴《女性职业与近代城市社会》从性别与权力等角度透视了传统城市的性别格局在近代的演变。李长莉等《中国近代社会生活史》、赵晓阳等编《中西交汇中的近代中国都市和乡村》等也相继问世。

20世纪80年代以来，中国学术界最引人注目的现象之一是文化史研究之复兴。学术界对近代中国文化保守主义、近代知识分子、社会风俗风尚等领域的研究逐渐深化，并出版了许多富有特点的研究成果。其中，刘志琴主编三卷本《近代中国社会文化变迁录》，是中国近代社会文化史学科的基础之作。史革新主编的《中国文化通史》（晚清卷）在体例、观点上亦有较大新突破，成为中国近代文化史研究领域较为权威、影响较大的通史性著作。有关社会文化史的资料相继面世，如《近代日常生活文献丛编》《中国近代铁路史资料选辑》《近代教会大学历史文献丛刊》等。经典论文有：吕美颐《中国近代女子服饰的变迁》、李长莉《从"杨月楼案"看晚清社会伦理观念的变动》、梁景时《中国近代不缠足运动始末》、陶飞亚等《近代医学共同体的嬗变:从博医会到中华医学会》、徐永志《晚清婚姻与家庭观念的演变》等。近代中国教育的变革问题最近受到较多关注。张雁《西方大学理念在近代中国的传入与影响》揭示了中国近代大学的变迁。闻曙明的《中国近代高等教育管理思想研究(1912—1937)》探讨了中国近代高等教育理论的发展历程。

(四) 近代思想史研究

近年来近代思想史代表性著作有:马克锋《中国近代文化思与辨》、史全生《近代中国转型与社会思潮》、王艳勤《"士"的幻梦:近代中国自由知识分子的人权想象》、彭春凌《儒教转型与文化新命》等,关注了近代思想社会变迁中的个人与社会的命运与思想变化。

近代民族复兴问题为学界所关注,《近代史研究》及《光明日报》都曾组织学者刊发了"中国近代民族复兴思潮"笔谈,郑大华有《近代"中华民族复兴"之观念形成的历史考察》等文章发表。部分海外学者的名作也被翻译出版或再版,主要有周锡瑞的《叶:百年动荡中的一个中国家庭》、蒲乐安的《骆驼王的故事:清末民变研究》。

(五) 近代中外关系史

近代中外关系史主要著作有:章伯锋《近代中国与日本》、孙立新《近代中德关系史论》及栾景河等主编的《民族主义与近代外交》等。晚清对外关系研究中,代表性文章有郭卫东《两次鸦片战争期间中国外交体制的变迁》、侯中军《庚子赔款筹议方式比较研究》、张志勇《赫德与英德续借款》、王志强《李鸿章对越南问题的认识与策略研究》、尤淑君《甲午战争后的中朝关系》、陶飞亚和李强《晚清国家基督教治理中的官教关系》、杨雄威《舆论与外交——晚清政府媚外形象的形成》、崔志海《柔克义与美国第一次庚款兴学》、葛夫平的《法国与清末政局》、李育民的《中外条约关系与晚清法律的变化》等。

近代不平等条约研究一直是外交史的重要内容。李育民主编的《中外条约与近代中国研究丛书》,分别对条约制度、条约关系、国际公约、特权制度等问题进行了系统梳理,弥补了以往条约研究中的种种缺失和不足。侯中军在《近代中国不平等条约及其评判标准的探讨》一文中对不平等条约进行了比较细致的研究,提出了评判标准,并得出近代中国签订了 343 个不平等条约的判断。

——根据王建朗:《2009—2011 年中国近代史研究综述》,《近代史研究》,2014 年第 3 期;张德明:《2015 年中国近代史研究热点综述》,《团结报》,2016 年 1 月 1 日等整理而成。

四、应知应会

（一）单项选择题

1. 西方列强对中国的侵略，首先和主要的是进行（　　）。

A. 经济掠夺　　　　B. 政治控制　　　　C. 军事侵略　　　　D. 文化渗透

2. 圆明园被烧毁于（　　）。

A. 第二次鸦片战争　　　　　　　　B. 第一次鸦片战争

C. 甲午战争　　　　　　　　　　　D. 八国联军侵华战争

3. 法国强迫清政府签订的第一个不平等条约是（　　）。

A.《中美友好通商航海条约》　　　　B.《虎门条约》

C.《望厦条约》　　　　　　　　　　D.《黄埔条约》

4. 近代中国向西方列强赔款最多的不平等条约是（　　）。

A.《马关条约》　　B.《南京条约》　　C.《天津条约》　　D.《辛丑条约》

5. 担任中国海关总税司，把持中国海关大权达 40 余年之久的外国人是（　　）。

A. 李提摩太　　　　B. 赫德　　　　　C. 华尔　　　　　D. 懿律

6. 允许外国公使进驻北京的条约是（　　）。

A.《天津条约》　　B.《南京条约》　　C.《马关条约》　　D.《望厦条约》

7. 近代中国诞生的被压迫的阶级是（　　）。

A. 工人阶级　　　　B. 资产阶级　　　C. 地主阶级　　　D. 农民阶级

8. 清朝被迫割让台湾全岛及其附属岛屿以及澎湖列岛的不平等条约是（　　）。

A.《北京条约》　　B.《马关条约》　　C.《南京条约》　　D.《辛丑条约》

9. 西方列强在中国设立的第一家银行是（　　）。

A. 俄国华俄道胜银行　　　　　　　B. 英国汇丰银行

C. 美国花旗银行　　　　　　　　　D. 英国丽如银行

10. 俄国强迫清政府割让黑龙江以北 60 万平方公里领土的不平等条约是（　　）。

A.《改订伊犁条约》　　　　　　　　B.《勘分西北界约记》

C.《瑷珲条约》　　　　　　　　　　D.《北京条约》

11. 近代历史上中国人民第一次大规模的反侵略武装斗争是（　　）。

　　A. 义和团抗击八国联军的斗争　　　　B. 台湾人民反割台斗争

　　C. 三元里人民抗英斗争　　　　　　　D. 太平天国反侵略斗争

12. 被誉为"近代睁眼看世界的第一人"是（　　）。

　　A. 魏源　　　　　B. 郑观应　　　　　C. 林则徐　　　　　D. 龚自珍

13. 中法战争中，率众大败法军，取得镇南关大捷的将军是（　　）。

　　A. 冯子材　　　　B. 陈化成　　　　　C. 刘传铭　　　　　D. 海龄

14. 魏源在《海国图志》中提出的救国主张是（　　）。

　　A. 物竞天择适者生存　　　　　　　　B. 君民共主

　　C. 中学为体西学为用　　　　　　　　D. 师夷长技以制夷

15. 鸦片战争后，中国经济逐渐被卷入世界资本主义市场，其对中国的影响不包括（　　）。

　　A. 自给自足的自然经济逐步解体

　　B. 西方的先进生产技术逐步传入中国

　　C. 英国对华输出商品激增

　　D. 封建地主土地所有制瓦解

16. 使西方列强瓜分中国的图谋破产的运动是（　　）。

　　A. 太平天国运动　　　　　　　　　　B. 洋务运动

　　C. 辛亥革命　　　　　　　　　　　　D. 义和团运动

17. 1895 年在《救亡决论》中响亮地喊出"救亡"口号的人是（　　）。

　　A. 康有为　　　　　B. 梁启超　　　　　C. 严复　　　　　D. 孙中山

18. 1907 年，美国时任总统西奥多·罗斯福宣布将退还部分庚子赔款，用于资助中国政府选派留学生赴美留学，史称"庚款兴学"。毛泽东在《"友谊"还是侵略？》一文中指出，"庚款兴学"的实质是（　　）。

　　A. 帝国主义的文化侵略　　　　　　　B. 帝国主义的宗教侵略

　　C. 帝国主义的教育侵略　　　　　　　D. 帝国主义的观念侵略

19. 孙中山在 1894 年喊出这个时代的最强音是（　　）。

　　A. 振兴中华　　　　　　　　　　　　B. 少年强则中国强

　　C. 适者生存　　　　　　　　　　　　D. 救亡图存

20. 中国近代历次反侵略斗争失败的最根本原因是（　　）。

　　A. 社会制度腐败　　　　　　　　　　B. 经济技术落后

　　C. 军事装备落后　　　　　　　　　　D. 思想文化保守

参考答案：

1. C　2. A　3. D　4. D　5. B　6. A　7. A　8. B　9. D　10. C　11. C
12. C　13. A　14. D　15. D　16. D　17. C　18. D　19. A　20. A

（二）多项选择题

1. 鸦片战争成为中国近代史的起点，这是因为随着西方列强的入侵（　　）。
   A. 中国社会主要矛盾的变化
   B. 中国逐步成为半殖民地半封建国家
   C. 中国逐渐开始了反帝反封建的资产阶级民主革命
   D. 中国革命属于世界无产阶级革命的组成部分

2. 19世纪五六十年代，沙皇俄国通过一系列不平等条约，共侵占中国领土150多万平方公里，这些条约是（　　）。
   A. 中俄《改订伊犁条约》　　　　　　　B. 中俄《北京条约》
   C. 中俄《瑷珲条约》　　　　　　　　　D. 中俄《勘分西北界约记》

3. 西方列强通过不平等条约在近代中国享受领事裁判权，这些条约有（　　）。
   A.《北京条约》　　　　　　　　　　　B. 中英《五口通商章程》
   C.《马关条约》　　　　　　　　　　　D. 中美《望厦条约》

4. 第二次鸦片战争期间，清政府被迫与列强签订的不平等条约包括（　　）。
   A.《天津条约》　　B.《瑷珲条约》　　C.《马关条约》　　D.《北京条约》

5. "三国干涉还辽"中的三国指的是（　　）。
   A. 俄国　　　　　　B. 英国　　　　　　C. 法国　　　　　　D. 德国

6. 近代中国社会的主要矛盾是（　　）。
   A. 中华民族和帝国主义的矛盾　　　　B. 无产阶级和资产阶级的矛盾
   C. 封建主义与人民大众的矛盾　　　　D. 资产阶级与地主阶级的矛盾

7. 中国的资产阶级包括（　　）。
   A. 官僚买办资产阶级　　　　　　　　B. 封建资产阶级
   C. 民族资产阶级　　　　　　　　　　D. 小资产阶级

8. 列强对中国进行经济掠夺的是（　　）。
   A. 控制中国通商口岸　　　　　　　　B. 剥夺中国关税自主权
   C. 对华资本输出　　　　　　　　　　D. 操纵中国的经济命脉

9. 第一次鸦片战争中，壮烈殉国的爱国将领有（　　）。
   A. 海龄　　　　　　B. 关天培　　　　　C. 史荣椿　　　　　D. 陈化成

10. 在中国近代史上,放火烧毁圆明园的国家是( )。

A. 美国 　　　　　 B. 法国 　　　　　 C. 俄国 　　　　　 D. 英国

11. 甲午海战中,英勇献身的北洋水师将领有( )。

A. 史荣春 　　　　 B. 邓世昌 　　　　 C. 林永升 　　　　 D. 刘步蟾

12. 中国近代历次反侵略斗争失败的主要原因有( )。

A. 思想文化保守 　　　　　　　　 B. 军事装备落后

C. 经济技术落后 　　　　　　　　 D. 社会制度腐败

13. 19 世纪末,帝国主义列强并未能够实现瓜分中国的图谋,其原因是( )。

A. 帝国主义列强之间的矛盾和相互制约

B. 中国地域过于辽阔

C. 清政府不完全听命于列强

D. 中华民族进行了不屈不挠的反侵略斗争

14. 近代中国出现的新兴阶级是( )。

A. 地主阶级 　　　 B. 农民阶级 　　　 C. 工人阶级 　　　 D. 资产阶级

15. 近代以来,中华民族面临的两大历史任务是( )。

A. 争取民族独立和人民解放 　　　　 B. 反抗封建主义的压迫

C. 实现国家繁荣富强、人民共同富裕 　 D. 反抗帝国主义的侵略

参考答案:

1. ABC　2. BCD　3. BD　4. ABD　5. ACD　6. AC　7. AC　8. ABCD
9. ABD　10. BD　11. BC　12. CD　13. AD　14. CD　15. AC

(三) 简答题

1. 半殖民地半封建社会的特点有哪些?

2. 简述近代中国社会的两对主要矛盾及其之间的关系。

3. 近代中国两大历史任务及其关系是什么?

4. 帝国主义瓜分中国的图谋未能实现的原因是什么?

参考答案:

1. 答:(1) 资本帝国主义掌控中国经济和政治命脉,决定并支配中国。

(2) 中国封建势力与侵略者勾结一体,是列强压迫中国人民的社会基础和统治支柱。

(3) 自然经济虽遭破坏,但地主土地所有制仍然存在。

(4) 中国资本主义虽然产生并有一定发展,但始终软弱,没有成为中国社会经

济的主体。

（5）中国的政治经济发展极不平衡,中国内部不统一。这与资本—帝国主义争斗和间接控制、与中国地方性农业经济基础上的地方割据、中国地域广大等有关。

（6）中国人民政治权力和生活极端贫困化。

2. 答:在半殖民地半封建的中国,帝国主义与中华民族的矛盾、封建主义与人民大众的矛盾是两对主要矛盾。而帝国主义与中华民族的矛盾,乃是各种矛盾中最主要的矛盾。这两对主要矛盾相互交织在一起,贯穿了整个半殖民地半封建社会的始终,并对中国社会的发展变化起着决定性作用。

两对主要矛盾之间的关系,一是当外国列强向中国发动侵略战争时,为避免亡国灭种的危机,中国内部各阶级,除了汉奸、卖国贼外,能够暂时团结起来共同对敌,阶级矛盾降到次要地位,而民族矛盾上升到主要地位。二是当外国侵略者同中国封建政权相勾结,共同镇压中国革命,尤其是封建地主阶级对人民的压迫特别残酷时,中国人民往往用战争的形式反对封建政权,这时阶级矛盾就上升为主要矛盾。三是国内战争发展到直接威胁帝国主义在华利益以及中国封建地主阶级统治时,外国列强甚至直接出兵,镇压中国人民,援助中国反动派,这时帝国主义和国内封建主义完全公开站在一条战线上。

3. 答:（1）近代中国的两大历史任务:第一,争取民族独立,人民解放;第二,实现国家富强,人民富裕。

（2）近代中国的两大历史任务的相互关系:争取民族独立、人民解放和实现国家富强、人民富裕这两个历史任务,是互相区别又互相紧密联系的。第一,争取民族独立和人民解放,是实现国家富强和人民富裕的前提。近代以来的历史表明,争取民族独立和人民解放,必须进行反帝反封建的民主革命。第二,实现国家富强和人民富裕是民族独立、人民解放的最终目的和必然要求。

4. 答:（1）帝国主义列强不能灭亡和瓜分中国,最根本的原因,是中华民族进行的不屈不挠的反侵略斗争。中华民族为反抗侵略所进行的前赴后继、视死如归的战斗,粉碎了帝国主义列强灭亡和瓜分中国的图谋。

（2）帝国主义列强之间的矛盾和互相制约,也是列强不能瓜分中国的一个重要原因,但并非是瓜分中国的阴谋破产的根本原因。

（四）论述题

1. 资本—帝国主义的入侵给中国带来了什么?

2. 反对外国侵略的斗争具有什么意义?

3. 中国近代历次反侵略战争失败的根本原因和教训是什么?

参考答案:

1. 答:近代资本—帝国主义对中国的侵略主要通过军事侵略、政治控制、经济掠夺和文化渗透四种形式。

通过军事侵略,资本—帝国主义迫使中国政府签订不平等条约,侵占中国领土,划分势力范围,勒索巨额赔款,抢劫中国财富,屠杀中国人民。

通过政治控制,控制中国的内政和外交,把持中国海关,镇压中国人民反抗,扶植收买代理人。

通过经济掠夺,控制中国通商口岸,剥夺中国关税自主权,对中国倾销商品和资本输出,逐渐操控中国经济命脉。

通过文化渗透,利用宗教进行侵略活动,鼓吹"种族优劣论",为侵略中国制造舆论。

2. 答:第一,近代资本—帝国主义对中国进行侵略的同时,中国人民进行了顽强的反抗,这些斗争也沉重打击了外国侵略者,具有重大的历史意义。

第二,反侵略斗争也促使中国人的思考、探索和奋起。鸦片战争以后,先进的中国人开始睁眼看世界,甲午中日战争以后,中国人民的民族意识开始普遍觉醒。

第三,民族危机激发了中华民族的觉醒,增强了中华民族的凝聚力。

第四,近代以来中国的志士仁人怀着强烈的忧患意识和变革意识,去探索挽救中华民族危亡、实现民族复兴的道路。

3. 答:第一,近代中国社会制度的腐败是反侵略战争失败的根本原因。由于政治腐败、经济落后和文化保守,清朝统治阶级妄自尊大,昏庸愚昧,不懂御敌之策。清政府尤其害怕人民群众,不敢发动和依靠人民群众的力量。清朝统治集团在对外战争中的妥协退让求和投降,已经使它失去在中国存在的理由,不推翻它是不能取得反侵略战争胜利的。

第二,近代中国经济技术的落后是反侵略战争失败的另一个重要原因。经济技术的落后直接造成军事装备的落后。当然,经济技术落后并不表明就一定在反侵略战争中失败。正是因为当时的中国政府不能很好地组织反侵略战争,不能发动和利用人民群众的力量,甚至压制人民群众,其失败是不可避免的。

中国近代历次反侵略战争失败的教训:中国人民必须把反对帝国主义的民族斗争和反对封建主义的阶级斗争统一起来,才能完成近代中国革命的任务。

（五）材料分析题

材料分析题一

材料 1 "英国的大炮破坏了皇帝的权威,迫使天朝帝国与地上的世界接触。与外界完全隔绝曾是保存旧中国的首要条件,而当这种隔绝状态通过英国而为暴力所打破的时候,接踵而来的必然是解体的过程,正如小心保存在密闭棺材里的木乃伊一接触新鲜空气便必然要解体一样。"

——马克思:《中国革命和欧洲革命》(1853 年 5 月 20 日),《马克思恩格斯选集》(第一卷),人民出版社,1995 年版,第 692 页

材料 2 "帝国主义列强侵略中国,在一方面促使了中国封建社会解体,促使中国发生了资本主义因素,把一个封建社会变成一个半封建的社会;但是在另一方面,它们又残酷地统治了中国,把一个独立的中国变成一个半殖民地半封建的中国。"

——毛泽东:《中国革命与中国共产党》(1939 年 12 月),《毛泽东选集》(第 2 卷),人民出版社,1991 年版,第 630 页

材料 3 "帝国主义侵略中国,反对中国独立,反对中国发展资本主义的历史,就是中国的近代史,历来中国革命的失败,都是被帝国主义绞杀的,无数革命的先烈,为此而抱终天之恨。"

——毛泽东:《新民主主义论》(1940 年 1 月),《毛泽东选集》(第 2 卷),人民出版社,1991 年版,第 679 页

请回答:

1. 请根据材料 1 和所学知识,说明第一次鸦片战争客观上给中国带来了怎样的影响?

2. 请根据材料 2 和材料 3 和所学的知识,说明资本—帝国主义入侵是怎样阻碍中国的经济发展和社会进步的。兼评侵略有功论。

材料分析题二

材料 1　甲午战争以后,列强在华资本扩张的重要方面是工矿企业投资。在矿山方面,到 1913 年,列强在中国所设立的采矿企业 32 家。投资铁路不仅包括修路权,而且还包括对铁路的所有权和经营管理权,甚至还包括了对铁路沿线矿产的开采权。其他工业企业的投资,包括造船、纺织、面粉、烟草等行业。外国银行从 19 世纪 40 年代进入中国,甲午战争又有了进一步的发展。中国关税的征收权、保

管权、支配权均由外国银行控制。

需要特别指明的是,列强在中国的投资,其资金并不主要来自自己国内,而是主要来自中国。其渠道主要有:(1)各种投资的利润。(2)各种贷款利息与回扣。(3)通过货币经营直接积聚资金。

——根据吴承明、许涤新《中国资本主义发展史》第2卷,人民出版社,1990年版;吴承明《帝国主义在中国的投资》,人民出版社,1955年版;刘克详、陈争平《中国近代经济史简编》,浙江人民出版社,1999年版等著作整理而成

材料2 提倡"实业救国"的张謇,创办了大生企业集团,曾经有所发展,但在帝国主义侵略加深的情况下,最终失败了。被认为是中国自己经营最成功的开平煤矿,1900年就在中外合办的名义下,被英国资本吞并。此后,英资又挟其优势,吞并了另一家民族资本经营的滦州煤矿。轻工业中的棉纺织业是发展较迅速的,但在1918年到1927年间,因欠帝国主义债务无力偿还而被拍卖、吞并的中国纱厂就有7家。

——龚书铎:《近代中国的革命和改良》,《思想理论教育导刊》,2006年第10期

请回答:

1. 近代资本—帝国主义在华投资设厂对中国经济有什么影响?

2. 近代资本—帝国主义的对华资本主义输出与今日中国积极引进外资有什么不同?

参考答案:

材料分析题一

1. 答:材料1马克思的这段话的含义表明,这场战争打破了清朝闭关锁国的状态,客观上促进了中国旧制度的解体,有利于中国向近代社会的过度,但这与西方殖民主义者叫嚷的"侵华有功"是截然不同的。

2. 答:材料2、3毛泽东的论断是完全符合客观实际的。资本—帝国主义列强入侵中国的目的绝不是要把封建的中国变成资本主义的中国,而是要把中国变成他们的半殖民地和殖民地。

第一,资本—帝国主义列强通过向中国发动多次侵略战争,并且采取了政治的、经济的和文化的手段,强迫中国政府与之订立丧权辱国的不平等条约,在中国攫取了种种特权,从而使中国变成了一个半殖民地国家。

第二,列强的入侵,使中国在政治上不再拥有完整的主权,而且在经济上也逐步形成了对他们的依附而丧失了自己的独立性。在外国商品倾销的情况下,中国的民族工商业和农业生产的发展,由于得不到应有的保护,受到了严重的打击,直接阻碍了中国生产力的发展。

第三,在半殖民地的中国,列强主要通过他们在中国的代理人即中国的反动统

治集团来实行间接统治。列强和中国执政的军阀互相勾结,前者支持后者,以形成他们在中国的特殊势力,延长中国的内乱,使中国永远不能发展实业,永远成为他们的市场。

上述情况表明,资本—帝国主义是近代中国人民的第一个和最凶恶的敌人。西方列强侵略给中国带来了严重的灾难,阻碍了中国的经济发展和社会进步,而绝不是什么"侵华有功"。某些国外势力为列强侵略制造舆论,大肆宣传"种族优劣论",攻击污蔑中国人是愚昧落后的"劣等民族",应该接受"优等民族"白种人的开导和奴役,企图以论证西方列强侵略中国有理。但是,与他们的主观愿望相反,资本—帝国主义的侵略激起了中国人民的反抗,刺激了中国人民的觉醒,从而掀起了反对西方列强的革命斗争。

材料分析题二

1. 答:近代资本—帝国主义在华投资设厂对中国经济的影响是巨大的。

第一,列强在华投资设厂,修筑铁路,开发矿山,开设银行,直接控制了中国的经济命脉。第二,在外国资本的压迫摧残下,中国民族资本主义无力与之抗衡,许多民族工业逃避不了破产或被兼并的命运。第三,列强在中国的投资,其资金并不主要来自自己国内,其中一部分来自赔偿的利息,这就加重了中国人民的负担。

2. 答:近代资本—帝国主义的对华资本输出与今日中国重视引进外资有根本的不同。

第一,本质不同。近代资本—帝国主义对华资本输出是在中国丧失主权的前提下进行的;而今日中国引进外资是在中国主权完整和坚持主权的前提下进行的。

第二,背景不同。今日中国民族工业具有较强的国际竞争力,并具有一定的比较优势;而近代中国的民族工业无法与外国资本抗衡,双方实力相差悬殊。

第三,目的不同。近代资本—帝国主义对华资本输出,是为了控制中国的经济命脉,对中国进行经济掠夺;中国今天积极利用外资,是对外开放政策的重要组成部分,是为了进一步提高我国的产业实力。

五、实践教学

(一) 实践内容

1. 开展课堂研讨,引导学生多方位考察近代历史,鉴往知来。

(1) 政治议题:资本—帝国主义的侵略究竟给我们带来了什么? 近代中国民

族资本主义的产生与发展。近代中国社会风俗的演变。近代中国妇女解放运动的兴起与发展。

(2) 历史事件评述:虎门销烟、火烧圆明园。

(3) 历史人物点评:林则徐、魏源、李鸿章、慈禧、张謇等。

2. 组织观看电影并写观后感:《鸦片战争》《垂帘听政》《火烧圆明园》和纪录片《大国崛起》《复兴之路》。

3. 指导学生课外阅读相关文献,如胡绳《从鸦片战争到五四运动》、陈旭麓《近代中国八十年》、蒋廷黻《中国近代史》等,拓展知识面,加深对教学内容的理解。

4. 安排学生外出参观:虎门炮台、三元里人民抗英斗争纪念馆、《南京条约》史料陈列馆、镇海口海防遗址、甲午战争纪念馆、圆明园遗址,直观感受近代国耻,激发学生的爱国热情。

(二)实践方案

实践教学本着主体性、开放性和民主性相结合的原则,以激励学生主动参与、自觉思考为目的,使动手实践、自主探究、合作交流成为历史课堂学生有效的学习方式。多元化实践性教学方案的实施,能够让学生自发地了解历史的真相,正确地认识历史,树立正确的历史观。

主要实践方式如下:

1. 研究性学习:将教学班分为若干小组,以小组为单位开展研究探讨。研究性学习要求全员参与,作为学生平时成绩的重要考量依据。选题首先由各小组自行选择,交由任课教师审核并通过。围绕研究主题,小组组长根据各组员的特长、兴趣及活动要求,将论题细化并分配具体任务,开展合作探究。组员们分别负责查阅有关文献和网络资源,开展小组讨论并形成集体智慧。研讨成果以书面、PPT或视频呈现,由各小组代表向全班做汇报讲解。在研讨成果展示过程中,全班同学可以就论题进行相互讨论、即时提问、激烈辩论,教师在旁边记录各组代表所讲内容及同学们间相互提问的问题,最后由教师对论题进行正确引导、归纳总结。研究性学习通过拓展学习资源,能够充分调动全员参与的热情,激发学习历史的兴趣。

2. 任课教师指定研究主题或阅读书目,学生围绕主题开展自主探究,查阅东西方相关资料,收集相关正反观点,并形成个人书面评价报告。同时进行课堂交流互动,引发学生对历史问题的深度思考。

3. 组织学生观看纪录片或历史题材的故事片,激发学习兴趣,结合教学内容安排学生交流具体感受和得到的启示,提高思想觉悟,加深学生对历史文化的了解。

4. 组织学生外出参观爱国主义教育基地，让学生在活动中亲身体验历史，开展爱国主义教育和革命传统教育，增强学生的民族精神、革命精神和历史责任感。

（三）实践成果

以 PPT、视频或文字成果展示。

（四）实践评价

研究性学习小组成果学术评价。

评价项目	8—10分	5—7分	2—4分	0—1分
资料准备	所选资料紧扣主题，充分翔实，条理清晰。	所选材料基本能构成对研究的支撑。	资料偏差或严重不足。	未提供对研究有益的相关资料。
研究深度	研究方向目标准确，研究方法科学合理，并形成了本小组的集体见解。	能基本把握研究主题，研究方向基本正确，研究方法基本适用。	研究方向有偏差，研究方法不恰当，研究不够深入。	完全背离研究主题，或未形成相关研究成果。
展示效果	展示方法运用得当，展示内容做到思想性和科学性的有机结合，语言流畅，重点突出。	展示方法基本恰当，展示内容能简单体现研究成果。	展示方法欠妥，展示内容缺乏逻辑性，不能够清晰说明研究成果。	未能完成成果展示。
研究收获	对研究主题形成了全面、深刻的认识，组员们有了一定的个人见解。	基本掌握了研究课题的主要内容，能作简单的分析和阐述。	对所研究的课题只有初步的理解和认识。	对所研究课题没有形成基本认识。

研究性学习小组成员行为评价。

评价项目	8—10分	5—7分	2—4分	0—1分
活动参与度	主动承担研究任务，积极收集资料，自觉参与讨论，为小组研究做出重要贡献。	基本能参与小组研讨活动，偶尔提出有益见解。	很少参与小组研讨，或讨论内容偏离主题。	从不参与小组活动。
个体独立研究度	独立思考，自主探究，为研讨积极提供研究思路和个人见解。	对研究课题有所了解，能偶尔收集相关材料和提供个人见解。	自主研究意识明显不足，几乎没有个人研究收获。	没有完成相关的研究任务。

评价项目	8—10分	5—7分	2—4分	0—1分
小组配合度	与小组其他成员团结合作,集思广益,积极推动研究活动的顺利开展。	与各组员能基本做到交流与配合,能基本完成自己承担的任务。	态度消极,表现被动,对研讨活动产生了明显干扰。	不尊重他人的想法和成果,严重阻碍研讨活动的正常进行。

六、推荐阅读

(一)著作

1. 毛泽东:《中国革命和中国共产党》(1939年12月)。

2. [美]费正清、刘广京:《剑桥中国晚清史1800—1911》(上下卷),中国社会科学出版社,1985年版。

3. 中国社科院近代史所:《日本侵华七十年史》,中国社会科学出版社,1992年版。

4. 杨念群:《甲午百年祭:多元视野下的中日战争》,知识出版社,1995年版。

5. [英]李约瑟:《中国科学技术史》,科学出版社、上海古籍出版社,1990年版。

6. 陈旭麓:《近代中国八十年》,上海人民出版社,1983年版。

7. 林则徐:《密陈办理禁烟不能歇手片》(节选)(1840年9月24日)。

8. 张海鹏:《中国近代通史》(十卷本),江苏人民出版社,2006年版。

9. 徐中约:《中国近代史:1600—2000中国的奋斗(第6版)》,世界图书出版公司北京公司2008年1月第一版。

10. 蒋士第等:《中国近代史参考资料》,高等教育出版社,1998年版。

11. [美]费正清:《中国:传统与变迁》,张沛等译,世界知识出版社,2002年版。

12. [美]费正清:《伟大的中国革命1800—1985年》,刘尊棋译,世界知识出版社,2003年版。

13. [美]李侃如:《治理中国:从革命到改革》,胡国成、赵梅译,中国社会科学出版社,2010年版。

14. 茅海建:《天朝的崩溃:鸦片战争再研究》,生活·读书·新知三联书店,2005年版。

15. [法]佩雷菲特:《停滞的帝国:两个世界的撞击》,王国卿等译,生活·读书·新知三联书店,2007年版。

（二）论文

1. 陈诗启:《论鸦片战争前的买办和近代买办资产阶级的产生》,载《社会科学战线》,1982年第2期。

2. 林家有:《试论鸦片战争对中华民族自觉意识产生、发展的影响》,载《中山大学学报(社会科学版)》,1991年第1期。

3. 张慧芝:《官僚买办资产阶级与近代中国农村贫困》,载《高校理论战线》,2010年第2期。

4. 杨东梁:《略论甲午战争中的主战与主和》,载《清史研究》,1994年第4期。

5. 詹庆华:《中国近代海关总税务司募用洋员特权问题新论》,载《近代史研究》,1995年第1期。

6. 吴士英:《论租界对近代中国社会的复杂影响》,载《文史哲》,1998年第5期。

7. 路遥:《论近代中国甲午战前的教案与反洋教斗争》,载《山东大学学报(哲学社会科学版)》,1990年第1期。

8. 廖一中:《论义和团运动的爱国主义精神》,载《社会科学研究》,1984年第2期。

9. 景晓萍:《略论近代美国新教传教士在华的教育活动》,载《浙江师范大学学报》,2006年第4期。

10. 王骏:《近代中国社会的科学观之演变》,载《北京大学学报(哲学社会科学版)》,1996年第1期。

11. 陈曼娜、陈伯超:《论近代中国社会结构的转型——以经济结构为透视点》,载《河南大学学报(社会科学版)》,1996年第4期。

12. 朱荫贵:《论近代中国实业界之"中国梦"》,载《安徽史学》,2013年第6期。

13. 杜玲:《近代中国的政治救亡与思想启蒙》,载《北方论丛》,2002年第3期。

14. 黄玮:《再论近代中国的半殖民地半封建化》,载《安徽史学》,2000年第3期。

15. 陈蕴茜、吴敏:《殖民主义文化霸权与近代中国风俗变迁——以近代上海公墓为中心的考察》,载《江海学刊》,2007年第6期。

16. 曾超洪:《论甲午战争后知识分子的心理嬗变》,载《学术论坛》,2005年第7期。

第二章

不同社会力量对国家出路的早期探索

一、内容概要

近代以后，一方面中国的封建统治者夜郎自大、闭关锁国，导致中国被世界快速发展的浪潮甩在了后面；另一方面，西方列强凭着坚船利炮轰开了中国大门，进行野蛮侵略。中华民族陷入内忧外患的悲惨境地，社会各阶级、各阶层都面临着"怎么办"的问题，农民阶级、地主阶级洋务派和资产阶级维新派先后从各自的立场出发，提出和尝试了各自的主张和方案，对国家出路进行探索。但是，太平天国运动、洋务运动、戊戌维新运动等都没有成功，中华民族依然处于日益深化的民族危机和社会危机之中。

在半殖民地半封建的中国社会，太平天国运动显示了农民阶级是一个具有伟大革命精神的阶级，但其阶级局限性使得他们不可能独立领导完成反帝反封建的革命。洋务运动虽然引进了西方先进的技术，为中国民族资本主义发展提供了客观条件，开启了中国早期现代化进程，但他们维护腐朽落后封建统治的目的，注定了失败的命运。戊戌维新运动的失败表明，企图通过统治者走自上而下的改良道路，是根本行不通的，必须用革命的手段，推翻帝国主义、封建主义联合统治的半殖民地半封建的社会制度。

二、教学设计与教学研究

（一）教学目标与基本要求

1. 通过学习太平天国农民战争、洋务运动和戊戌维新运动的发生背景、过程，了解近代不同阶级及其代表人物对国家出路所做的探索和努力。

2. 运用马克思主义立场、观点和方法,对太平天国农民战争、洋务运动、戊戌维新运动做出科学评价,既肯定其历史作用,又要指出其局限性,特别要深入剖析其失败原因。

3. 通过学习近代中国人对国家出路的探索,激发学生的爱国主义情感,增强学生对实现中华民族伟大复兴的历史使命感和民族责任感。

(二) 教学内容与逻辑结构

1. 教学内容

（1）太平天国农民运动的起落。

（2）洋务运动的兴衰。

（3）维新运动的兴起和夭折。

2. 逻辑结构

讲授本章内容,宜采取"贯通"视角,以时间序列为基线,以鸦片战争后中国社会情势变迁对中国社会各阶级的影响及其反应为切入点,从分析太平天国运动、洋务运动、维新变法运动的"社会情境—指导思想—相关措施—历史影响"入手,总结这些早期探索对近代中国社会变迁进程的历史影响,反思其失败教训,进而揭示三次运动间的深层历史关联及历史演化脉络,探寻其中所蕴含的近代中国社会变迁的新陈代谢机理。

(三) 教学重点难点与教学方法

1. 教学重点

（1）太平天国农民起义失败的原因和教训。

（2）洋务运动的历史作用及失败原因。

（3）戊戌维新运动的意义以及失败的原因、教训。

2. 教学难点

（1）怎样客观公正地评价洋务运动?

（2）如何认识百日维新的迅速夭折?

3. 教学方法

采取讲授与观看教学片相结合的方法,以讲授为主。加强对重点、难点和热点问题的讲解与分析,开展启发式与研讨式的教学。其中可以组织学生以课堂小组的形式讨论这三次运动的得与失,为更好地调动学生的主体性,可在教学中采用多种手段,如多媒体教学、课外阅读与历史剧再现等形式。

(四) 授课切入与教学案例

授课切入

上一章最后讲到民族意识的觉醒,就此话题切入:当中国遭遇西方入侵后,几乎从第一次鸦片战争开始,先进的中国人就开始思考如何才能结束这种被动挨打的状态,如何才能拯救中国于水火之中,他们开始了对国家出路的探索。

教学案例1　洪秀全与太平天国运动

洪秀全(1814—1864),原名火秀,族名仁坤,广东花县(今花都区)人。他 7 岁入私塾读书,16 岁因家境贫困失学务农,18 岁受聘为本村私塾教师。他曾经先后四次去广州参加科举考试都没有考中,一次次梦想的破灭,使洪秀全的精神和身体都难以承受。在第三次科考失败之后,他大病一场病了 40 多天,经历了一场奇幻的梦,后来以此创立了开启太平天国运动的拜上帝教。太平天国的文献记载,1837年洪秀全再次落榜后病倒在客栈被人从广州抬回家,他昏迷不醒,半梦半醒之间,忽然觉得眼前是刺目的金光,金光中隐约有一龙一虎一鸡。恍惚中,他随这龙、虎、鸡来到一处光明、华丽的处所,在那里遇见了一位端坐在宝座上的老人。洪秀全说,那就是"上帝""神爷火华"。老人拿出一柄宝剑、一颗印玺交给洪秀全,并对他说奉上天的旨意命,他到人间来斩妖除魔,一连 40 多天洪秀全都时梦时醒。睡着了,他就觉得自己升了天;醒了,他就劝周围的人敬拜神爷火华,别人都说他疯了,他却说:"鸟向晓兮必如我,我今为王事事可。身照金乌灾尽消,龙虎将军都扶佐。"大病初愈之后,他就将名字正式改名为洪秀全,自称天王大道君王权。

因屡试不第,科举失败,洪秀全在 1843 年创立拜上帝教。洪秀全思想的形成很复杂,在他的一些重要文章里能够体现出来,如《原道救世歌》《原道醒世训》《原道觉世训》等这些文章表达了以洪秀全为代表的中国农民千百年来所要求的摆脱封建压迫、封建剥削的强烈愿望,号召人们为实现平等自由、太平一统的大同社会而斗争。同时,他还吸取了基督教中的积极因素,主张信仰上帝并且上帝面前人人平等,但又不同于基督教中死后升入天堂的说法,认为地下也有天国。这些都是洪秀全思想中的重要内容,它奠定了太平天国运动的理论基础,对广大劳动人民具有很大的号召力。

洪秀全自认为受上帝之命下凡诛妖,自认为是上帝的幼子、耶稣的幼弟,并称上帝耶和华为天父,称耶稣为天兄。他抛开了孔孟之书,不再做一名儒生而改信了基督教的教义,索性把家里的孔子牌位换成了上帝的牌位。虽然未曾读过《圣经》,洪秀全却开始逢人便宣传他所理解的基督教教义,称之为拜上帝会。洪秀全说:"人心太坏,政治腐败,天下将有大灾大难,唯信仰上帝入教者可以免难。入教之人,无论男女尊贵一律平等,男曰兄弟,女曰姊妹。"

洪秀全最初在广州附近传教,但未取得很大成功。1844年,洪秀全和冯云山转至广西一代传教,洪秀全不久便返回广东,冯云山留下发展,在当地的信徒日增。

洪秀全的拜上帝会与地方衙门的矛盾日渐加深,洪氏等人在1850年决定反清,会众在下半年间陆续前来金田团营。12月,洪氏聚集会徒宣布揭竿起义,建立太平天国,并以会徒组编建成太平军与清廷兵马开战。金田起义后,太平军由于受到清军围堵,转战至武宣东乡。在此,洪秀全称天王。后太平军北上,1851年9月攻克永安,封王建制,初步建立政权。此时,清军3万余人包围了永安。由于城中粮盐弹药缺乏,太平军陷入困境。1853年年初,太平军攻克武汉三镇,声威大震。附近居民踊跃加入太平军,队伍迅速壮大。在洪秀全、杨秀清指挥下,50万大军从武昌出发,水陆并进,浩浩荡荡,沿江东下。最终攻占南京后,改名天京并且定都在此,正式建立了与清廷对峙的农民政权。洪秀全一面派出军队西征北伐,一面颁布《天朝田亩制度》等政策法规,试图达到"有田同耕,有饭同食,有衣同穿,有钱同使,无处不均匀,无人不饱暖"的理想社会。与此同时,他还致力于确立天朝的政治经济、思想文化体制,力图建立起一个符合其阐释改造了的基督神学精神的新型社会。

就在太平天国政局初安之后,洪秀全却日益追求享乐,沉湎酒色。除一再大兴土木兴建天王府和大选秀女入宫外,倾力于埋头撰写自我神化的宗教著作,军国大计一概推诿东王杨秀清全权处置。由此引发了杨秀清居功自傲,觊觎取代的野心。1856年5月,清军围困南京的江北、江南两大营,但先后被太平军攻破之后,已权倾天京朝野的杨秀清更加权欲膨胀,假托自己是天父下凡,当着文武百官的面下令杖责洪秀全,又强要洪秀全封其为万岁称号,做逼宫之举。洪秀全遂决心铲除杨秀清,密诏北王韦昌辉率兵捕杀杨秀清及其部属两万余人。未久,洪秀全又以韦昌辉滥杀无辜为由,下令诛杀了他。东王、北王等先后被诛。翼王石达开在天京主政一段时间,为洪秀全所猜忌。洪秀全以亲兄弟洪仁发、洪仁达牵制石达开。1857年,石达开带领大军出走,其带走的部属均为拱卫天京的精兵猛将,导致天京的防卫力量大为减弱,由是清兵趁机反攻并得以重建,江北、江南两大营再围南京。洪秀全虽新委任陈玉成、李秀成为各军主帅,以灵活的战术多次攻破清军防线,并一度攻克苏州、常州等地,但由于太平军二次西征失利,未能占领战略重镇武昌,战局又再次转危。其间,洪秀全曾封洪仁玕为干王,以重政朝纲力挽危局,但未能取得如期效果。而洪秀全又滥封王爵,轻信小人,排斥、猜忌李秀成等人,以致朝政日坏,上下均无斗志。

1862年,陈玉成战死,形势急转直下。曾国荃率湘军又紧逼雨花台,围困南京城。洪秀全急调李秀成救援。在激战月余未能解围。李秀成知道天京难以久守,向洪秀全建议弃城出走,被洪秀全斥责。1864年3月,天京遭到包围后,城内粮食不足,洪秀全带头吃"甜露"(草团)充饥,因而致病。1864年6月,洪秀全病逝天京(一说为服毒自尽),南京陷敌,太平天国灭亡。

——简又文:《太平天国典制通考》,简氏猛进书屋,1958年版;简又文:《太平天国全史》,简氏猛进书屋,1962年版;洪秀全:《洪秀全集》,广东人民出版社,1985年版;罗尔纲:《太平天国史》,中华书局,1991年版;茅家琪:《基督教、儒家思想和洪秀全》,《南京大学学报》,1979年第2期;梁发:《劝世良言》,《近代史资料》,1979年第2期;沈渭滨:《洪秀全与基督教论纲》,《学术月刊》,1998年第1期;魏万磊:《近50年来有关洪秀全的心态史学研究综述》,《史学理论研究》,2005年第4期

【思考与讨论】

1. 太平天国农民战争有什么意义?
2. 太平天国农民战争失败的主观原因是什么?

教学案例2　李鸿章与北洋舰队

李鸿章(1823—1901),字子黻、渐甫,号少荃、仪叟,谥文忠,世人多尊称李中堂,亦称李合肥,安徽合肥人。晚晴名臣,淮军、北洋海军的创始人和统帅,洋务运动的领袖。官至直隶总督兼北洋通商大臣,授文华殿学大士,曾经代表清政府签订了《越南条约》《马关条约》《辛丑条约》等。

李鸿章是晚清重臣,建了大批近代企业,并派遣留学生等,开启了中国近代化的浪潮。其一生,也与中国近代史上的诸多军国大事结有不解之缘。可以说,李鸿章是近代中国海军海防事业的积极倡导者。

1874年,日本寻找借口出兵侵犯台湾。此事虽以和议告终而未开启更大战端,却在中国朝野上下引起更强烈的震动,在清朝统治集团内部引发了一场轰轰烈烈的海防大讨论。

此时身任直隶总督兼北洋通商事务大臣的李鸿章呈交了洋洋万言的《筹议海防折》,急切陈述了海军海防大业的重要战略意义,系统提出以定购铁甲舰组建北、

东、南三洋舰队的设想,并辅以沿海陆防,形成了中国近代海防战略。

清朝政府开始较为认真地筹划并采取了兴办海军海防的步骤。但在清政府对刚刚建成的福建、北洋、南洋和广东四支小规模的海军舰队感到欣慰之际,1884年8月,中法战争爆发,法国远征军竟然全歼了最早组建的整个福建海军。清廷鉴于福建船政水师几乎全军覆没,决定"大治水师"。1885年,光绪皇帝下谕设立了总理海军事务衙门(简称海军衙门),醇亲王奕譞总理海军事务,李鸿章为会办。年富力强且比较了解西方情况的李鸿章如鱼得水,立即埋头致力于海军海防建设的庞大系统工程。购船、制械、选将、练兵诸事均由李鸿章一手经办。1888年10月,在李鸿章的苦心营办下,海军衙门上奏朝廷,获准颁发《北洋海军章程》,标志着北洋海军正式组建成军,海军正式成为国家一个十分重要的军种。

成军后的北洋海军,拥有舰队25艘、官兵4 000余人,在当时是亚洲最强大的海上军事力量。(此举使我国东边的邻居日本望而生畏。)与此同时,李鸿章加紧旅顺、大沽、威海等海军基地的建设,以加强海防。但是,清廷文恬武嬉,内耗众生。户部尚书翁同龢迭次以经费支绌为借口,要求停止添船购炮。自此,北洋海军的建设陷于停顿、倒退的困境。更不幸的是1894年中日甲午战争中,北洋海军初受挫于丰岛,继则受创于黄海,最终竟落得一个全军覆灭的悲惨下场。

在许多历史著作中,李鸿章都被写成是他严令北洋海军"避战保船"、驻守威卫军港而直接造成了北洋海军全军覆灭的结局。传统说法常认为李鸿章指示给丁汝昌要"避战保船",但是实际上这是一种偏见和误传,如1894年9月28日他就电令"丁督催修理各船早竣,以后专在北洋各要口巡击"。而末期也曾命令丁汝昌试着突围逃跑,而丁汝昌此时连拼力挣脱漏网的意志都已失去,回电拒绝。时人认为李鸿章对甲午战败的责任,尚存在争议。虽存在分歧,但从整个甲午战争的进程来看,李鸿章在甲午战争中确实将所有淮军主力部队派往前线,从主观上希望全力与日本一战,但双方实力悬殊,同时用人不当导致了战败。梁启超则说"李之失机之处多矣,然不失机亦绝无可胜之理"。

梁启超评价李鸿章:若以中国之失政而尽归于李鸿章一人,李鸿章一人不足惜,而彼执政误国之枢臣,反得有所诿以辞斧钺,而我四万万人放弃国民之责任者,亦且不复自知其罪也。西报有论者曰:日本非与中国战,实与李鸿章一人战耳。其言虽稍过,然亦近之。不见乎各省大吏,徒知画疆自守,视此事若专为直隶满洲之私事者然,其有筹一饷出一旅以相急难者乎?即有之,亦空言而已。乃至最可笑者,刘公岛降舰之役,当事者致书日军,求放还广丙一船。书中谓此舰系属广东,此次战役与广东无涉云云。各国闻者,莫不笑之,而不知此语实代表各省疆臣之思想者也。若是乎,日本果真与李鸿章一人战也。以一人而战一国,合肥合肥,虽败亦豪哉！中国俗儒骂李鸿章为秦桧者最多焉。法越中日两役间，此论极盛矣。出于市井野人之口，犹可言也。士君子而为此言，吾无以名之，名之曰狂吠而已。李鸿章之败绩，既已屡见不一见矣。后此内忧外患之风潮，将有甚于李鸿章时代数倍者。乃今也欲求一如李鸿章其人者，亦渺不可复睹焉。念中国之前途，不禁毛发栗起，而未知其所终极也。

——戚其章：《北洋舰队》，山东人民出版社，1981 年版；梁启超：《李鸿章传》，天津百花文艺出版社，2000 年版；王家俭：《李鸿章与北洋舰队》，生活·读书·新知三联书店，2008 年版；许华：《李鸿章"避战保船"新探》，《福建论坛》，1989 年第 4 期

【思考与讨论】

1. 以案例为中心认识洋务运动的历史作用。
2. 以案例为中心讨论洋务运动失败的原因与教训。

教学案例 3　康有为其人其事

康有为（1858—1927），原名祖诒，字广厦，号长素，广东省南海县（今南海区）人，人称康南海。中国近代史上著名的思想家、政治家、教育家和文学艺术家，资产阶级改良主义的代表人物，清末戊戌变法的主要发起者。

康有为生于官僚家庭，自幼学习儒家思想。他 18 岁时拜南海九江有名的学者朱次琦为师。

1879 年，康有为开始接触西方文化。1880 年冬，初游香港，始知西人治国有法度，开始购买西书，"购地球图，渐收西学之书，为讲西学之基矣"。这一年是康有为从中学转为西学的重要开端。

1882 年，康有为到北京参加顺天乡试，没有考取。南归时途经上海，购买了大量西方书籍，吸取了西方传来的进化论和政治观点，初步形成了维新变法的思想体系。

1894 年，中日甲午战争爆发。1895 年，《马关条约》签订时，康有为正在北京应会试。听到与日本议和，割让辽东半岛及台湾一省的消息，震惊愤慨，于 5 月 2 日联合在北京应试的举人 1 300 余人发动"公车上书"，极陈时局忧危，请求拒和、迁都、练兵、变法，并在政治、经济、文教等各个方面，提出了具体改革措施，初步形成资产阶级改良主义的变法纲领。应试榜发，康得中进士，授工部主事。5 月 29 日，在《上清帝第三书》中，再次阐述变法的理由和步骤，提出富国、养民、养士、练兵的自强雪耻之策。接着，又上"第四书"，正式提出"设议院以通下情"的主张。

1897 年,德国强占胶州湾,康有为再次上书请求变法。次年 1 月,光绪皇帝下令康有为条陈变法意见。他呈上《应诏统筹全局折》,又进呈所著《日本明治变法政考》《俄罗斯大彼得变政记》二书。4 月,他和梁启超组织保国会,号召救国图强。

根据翁同龢、徐致靖、杨深秀等人的建议,光绪帝于 6 月 11 日下诏明定国是,宣布变法。6 月 16 日,光绪帝在颐和园勤政殿召见康有为,任命他为总理衙门章京。在维新变法期间,康有为送上奏折,起草诏令,对政治、经济、军事、文教等方面提出改革建议,与谭嗣同等全力策划新政,期望按照西方资本主义国家模式改变中国的国家制度和社会制度,挽救民族危亡。康有为等维新派人士在光绪帝支持下,联合一部分帝党官僚,虽然力排旧议,锐意维新,但遭到以慈禧太后为首的顽固势力的极力反对,时时准备扑灭新政。9 月 21 日,慈禧太后发动政变,以"结党营私,莠言乱政"为名,将康通缉。慈禧太后宣布"临朝听政",光绪皇帝被软禁,戊戌六君子被杀,康有为流亡海外。

1898 年至 1913 年的 16 年间,康有为四渡太平洋,九涉大西洋,八经印度洋,泛舟北冰洋七日,先后游历美、英、法、意、加拿大、希腊、埃及、巴西、墨西哥、日本、新加坡、印度等 30 多个国家个地区。

1899 年 7 月 20 日,康有为与李福基等创设保皇会。保皇会以保救光绪帝,排除慈禧太后、荣禄、刚毅等顽固势力为宗旨。康有为成为保皇派首领。

辛亥革命成功后,康有为于 1913 年回国,定居上海辛家花园,主编《不忍》杂志,宣扬尊孔复辟。作为保皇党领袖,他反对共和制,一直谋划清废帝溥仪复位。1917 年 6 月 28 日,康有为从天津秘密进京,与效忠前清的北冰洋军阀张勋发动复辟,拥立溥仪登基,不久即在当时北洋政府总理段祺瑞的讨伐下宣告失败。

康有为晚年始终宣称忠于清朝皇帝。1924 年,溥仪被冯玉祥逐出紫禁城后,他曾亲往天津,到溥仪居住的张园觐见探望。1927 年 3 月病逝于青岛。

——麦海建:《戊戌变法史事考》,生活·读书·新知三联书店,2005 年版;马洪林:《康有为评传》,南京大学出版社,2009 年版;张耀鑫、刘媛:《康有为大传》,华中科技大学出版社,2012 年版;茅海建:《戊戌政变的时间、过程与原委:先前研究各说的认知、补证、修正》,《近代史研究》,2002 年第 4、5、6 期;田小燕:《康有为曾篡改"光绪密诏"》,《中国档案报》,2012 年 3 月 19 日

【思考与讨论】

1. 以案例为中心,认识戊戌维新运动的历史作用。

2. 以案例为中心,讨论戊戌维新运动失败的原因和教训。

三、学术动态

(一) 关于太平天国运动的研究

对太平天国史的再认识主要集中在太平天国与中国近代化的关系、太平天国的历史作用、有关政治人物、军事、经济、文化、区域史等方面。在著作方面,主要有:王庆成《太平天国的文献和历史》《太平天国的历史和思想》、罗尔纲《太平天国史》《太平天国对外关系史》、茅家琦《太平天国通史》、史景迁《"天国之子"和他的世俗王朝:洪秀全与太平天国》和夏春涛的《太平天国宗教》等;在论文方面,主要有:夏春涛《洪仁玕的思想特征及其历史地位》、王奎《论洪秀全思想的离异与回归》、陈萍萍《回归传统:洪秀全思想中的儒学情结》、路伟东《1860—1864年天京的粮食供应》、李惠民《太平天国是怎样与北方平民百姓做买卖的》、蔡承桂和黄培棋《论太平天国的道教文化》、张德顺《江南士人群休与太平天国文化冲突述论》、周武《太平军战事与江南社会变迁》、董丛林《有关太平天国的谶谣现象解析》等。

(二) 关于洋务运动的研究

对洋务运动的研究主要集中在洋务运动的目的、洋务运动的性质和作用、洋务运动是不是彻底破产问题、洋务运动与太平天国、戊戌变法和辛亥革命的关系问题、有关洋务派评价等问题。其中主要论著有:戴逸《中国近代史纲》、戚其章《甲午战争史》、苏炳同《中国近代史上的关键人物》、曹德本《中国政治思想史》、萧公权《中国政治思想史》、杨阳《王权的图腾化》、郭双林和王续添《中国近代史读本》。主要论文有:贾小叶《中体西用论不是洋务运动的指导思想》、丁伟志《中体西用论在洋务运动时期的形成与发展》、呼延芳《从洋务运动和明治维新看中日改革之成效》、刘悦斌《中日两国近代化的不同看甲午战争的结局》、沈其新《东方产业革命:洋务运动与明治维新之比较》、廖惠贞《论洋务运动对中国近代化的深刻影响》、彭光成《浅谈洋务运动的性质》、谢世诚《晚清吏治的腐败与洋务运动的失败》、林源《洋务运动发生的原因、矛盾与阶级性质分析》、黄国耀《洋务运动失败内因初探》、张礼恒《中国早期现代化运动的成功与失败——以洋务运动为中心的历史考察》、杨悦《洋务运动现代化尝试失败的原因及反思》、江秀平《洋务运动与明治维新指导思想之比较研究》、卢伯炜《洋务运动与中国近代化》、井上清(日)《中国的洋务运动与日本的明治维新》等。

（三）关于戊戌维新变法的运动的研究

对戊戌维新运动研究的基本概况主要集中在维新派同洋务派的比较研究、戊戌维新与清末"新政"的比较研究、戊戌维新与辛亥革命的比较研究、戊戌维新运动性质的研究、戊戌维新运动在中国近代化进程中的作用或意义、戊戌维新运动兴起与失败原因及影响的研究、关于戊戌维新运动中相关事件、人物的研究等方面。主要著作有：刘越英《明治维新与戊戌变法若干条件之比较研究》、萧功秦《危机中的变革：清末现代化进程中的激进与保守》、汤志钧《戊戌变法史》、麦海建《戊戌变法史事考》、马洪林：《康有为评传》、国家档案局明清档案馆《戊戌变法档案史料》等。主要论文有：陈红波和陈今晓《戊戌时期维新派与洋务派在改革问题上的差异》、刘振岚《梁启超对洋务派的批判》、苏有全和尹明宽《慈禧缘何成为康有为的继承人》、余明侠《戊戌变法运动性质辨析》、翁美琪《戊戌变法与中国现代进程的重要趋向》、仪平策《中国近代史上第一次思想启蒙运动》、冯君《戊戌变法与中国近代社会的构建》、竺柏松《论戊戌百日维新忽起忽落的原因及教训》、王也扬《戊戌变法：近代中国唯一可能成功的改革》、吕明灼《维新悲剧与儒学情结》、孔祥吉《胶州湾危机与维新运动的兴起》、郭双林《晚清驻外使领与维新运动》、孙向中《戊戌变法中康有为的创教努力及其影响》、耿云志《略论梁启超谋救光绪帝的活动》、张华腾《康袁交往与戊戌维新政治格局》、高旭东《戊戌变法与中国的近代文化冲突》、陈永标《论戊戌维新与近代人文精神及文学感悟》、张厉文《论戊戌变法时代精神的精华价值》等。

四、应知应会

（一）单项选择题

1. 太平天国农民战争爆发的标志是（　　）。

A. 金田起义　　　　B. 永安建制　　　　C. 长沙战役　　　　D. 南京定都

2. 作为比较完整的社会改革方案《天朝田亩制度》解决的中心问题是（　　）。

A. 农民问题　　　　B. 土地问题　　　　C. 社会问题　　　　D. 经济问题

3. 太平天国农民战争由兴盛走向衰败的转折点是（　　）。

A. 金田起义　　　　　　　　　　B. 天京事变

C. 永安建制　　　　　　　　　　D.《天朝田亩制度》

4. 中国近代史上第一个带有鲜明的资本主义色彩的改革与建设方案是（　　）。

　　A.《天朝田亩制度》　　　　　　　　B.《资政新篇》

　　C.《十款天条》　　　　　　　　　　D.《劝世良言》

5. 太平天国之所以是农民战争的高峰,最主要是因为（　　）。

　　A. 其规模和延续时间均属空前　　　B. 建立了与清政府对立的政权

　　C. 制定了比较完整的革命纲领　　　D. 对封建王朝的打击空前沉重

6. 太平天国失败的根本原因是（　　）。

　　A. 缺乏先进阶级的领导　　　　　　B. 没有科学理论的指导

　　C. 缺乏理性的认识　　　　　　　　D. 封建等级制度

7. 鸦片战争以后,一股"向西方学习"的新思想萌发,其主要目的是（　　）。

　　A. 重新认识世界,寻求强国御侮之道

　　B. 学习西方先进技术,发展资本主义经济

　　C. 了解西方国家,与之建立平等的外交关系

　　D. 学习西方的先进的政治制度,进行社会改革

8. 洋务派自 19 世纪 60 年代开始举办洋务,其着手点是（　　）。

　　A. 近代军用工业　　　　　　　　　B. 近代民用企业

　　C. 近代商业　　　　　　　　　　　D. 近代农业

9. 洋务派创办的第一个规模较大的近代军事工业是（　　）。

　　A. 江南制造总局　　　　　　　　　B. 福州船政局

　　C. 天津机器局　　　　　　　　　　D. 湖北枪炮厂

10. 洋务运动时期最早创办的翻译学堂是（　　）。

　　A. 同文馆　　　　B. 广方言馆　　　C. 译书局　　　　D. 译书馆

11. 近代中国派遣第一批留学生是在（　　）。

　　A. 洋务运动时期　　　　　　　　　B. 戊戌维新时期

　　C. 清末"新政"时期　　　　　　　　D. 辛亥革命时期

12. 1861 年清政府设立的总理洋务的中央机关是（　　）。

　　A. 外交部　　　　　　　　　　　　B. 总理各国事务衙门

　　C. 商务部　　　　　　　　　　　　D. 总督衙门

13. 洋务派创办的官督商办的民用工业的性质是（　　）。

　　A. 资本主义性质　　　　　　　　　B. 封建主义性质

　　C. 半封建性质　　　　　　　　　　D. 半殖民地性质

14. 严复翻译了英国博物学家赫胥黎的《进化与伦理》的前两篇,汉译名

为（　　）。

A.《变法通议》　　B.《仁学》　　　　C.《天演论》　　　D.《劝学篇》

15. 戊戌维新时期,维新派在上海创办的影响较大的报刊是（　　）。

A.《时务报》　　B.《国闻报》　　　C.《湘报》　　　D.《万国公报》

16. 从 1898 年 6 月 11 日到 9 月 21 日,光绪皇帝颁布了一系列变法上谕,史称（　　）。

A. 公车上书　　　B. 自强求富　　　C. 戊戌政变　　　D. 百日维新

17. 标志着中国民族资产阶级开始登上政治舞台的运动是（　　）。

A. 洋务运动　　　　　　　　　　　B. 戊戌维新运动

C. 国会请愿运动　　　　　　　　　D. 保路运动

18. 在戊戌变法中,主要新政措施均被废弃,唯有保留了（　　）。

A. 京师大学堂和各地新式堂　　　　B. 实行君主立宪

C. 兴民权　　　　　　　　　　　　D. 设立议院

19. 维新变法期间,维新派提出的中国理想整治方案是（　　）。

A. 君主立宪　　B. 民主共和　　　C. 人民民主　　　D. 宪政民主

20. 戊戌维新运动失败的主要原因是（　　）。

A. 中国民族资产阶级力量比较弱小

B. 没有深入发动群众

C. 维新派把希望寄托在一个没有实权有皇帝身上

D. 维新派自身的弱点和以慈禧太后为首的守旧势力强大的反对

参考答案:

1. A　2. B　3. B　4. B　5. C　6. A　7. A　8. A　9. A　10. A　11. A
12. B　13. A　14. C　15. A　16. D　17. B　18. A　19. A　20. D

（二）多项选择题

1. 太平天国领导人希望通过《天朝田亩制度》的实施来达到的理想社会的状态（　　）。

A. 均贫富,等贵贱　　　　　　　B. 有田同耕,有饭同食

C. 有衣同穿,有钱同使　　　　　D. 无处不均匀,无人不饱暖

2. 从 19 世纪 60 年代到 90 年代,洋务派举办的洋务事业有（　　）。

A. 兴办近代军用企业和民用企业　　B. 建立新式海军

C. 创办新式学堂　　　　　　　　　D. 派遣留学生

3. 洋务派兴办的军用工业主要有（   ）。

    A. 江南制造总局　　　　　　　　　B. 金陵机器局

    C. 福州船政局　　　　　　　　　　D. 天津机器局

4. 以下属于洋务运动时期创办的学堂的是（   ）。

    A. 时务学堂　　　　　　　　　　　B. 京师同文馆

    C. 上海广方言馆　　　　　　　　　D. 福州船政学堂

5. 洋务派兴办的民用企业的主要方式（   ）。

    A. 官办　　　　B. 官督商办　　　　C. 官商合办　　　　D. 商办

6. 洋务运动的目标为（   ）。

    A. 自强　　　　B. 求富　　　　C. 民主　　　　D. 独立

7. 洋务运动自身的缺陷限制了洋务运动的发展，最终以失败而告终，其缺陷是（   ）。

    A. 洋务运动具有封建性

    B. 洋务运动对外国具有依赖性

    C. 洋务运动的管理具有腐朽性

    D. 清朝统治集团中的顽固势力多方阻挠

8. 维新派和守旧派之间的论战主要内容有（   ）。

    A. 要不要变法

    B. 要不要兴民权设议院，实行君主立宪

    C. 要不要推翻帝制

    D. 要不要废八股改科举和兴学堂

9. 维新派与守旧派之间的论战产生的影响有（   ）。

    A. 进一步开阔了知识分子的眼界

    B. 开始改变了社会风气

    C. 为维新变法运动作了思想舆论的准备

    D. 使民主共和观念深入人心

10. 维新派办的影响较大的报纸有（   ）。

    A. 上海《时务报》　　　　　　　　B. 天津《国闻报》

    C. 湖南《湘报》　　　　　　　　　D. 东京《民报》

11. 维新派自身的弱点和局限主要有（   ）。

    A. 不敢否定封建主义　　　　　　　B. 对帝国主义抱有幻想

    C. 脱离人民群众　　　　　　　　　D. 维新派自身的局限性

12. 洋务派创办的官督商办民用企业有（   ）。

A. 金陵机器局　　　B. 轮船招商局　　　C. 天津电报局　　　D. 开平矿务局

13. 为了宣传变法维新,康有为著书立说,这些著作主要是(　　)。

A.《新学伪经考》　　　　　　　B.《孔子改制考》

C.《人类公理》　　　　　　　　D.《变法通义》

参考答案:

1. ABCD　2. ABCD　3. ABCD　4. BCD　5. ABC　6. AB　7. ABC

8. ABD　9. ABC　10. ABC　11. ABC　12. BCD　13. AB

(三)简答题

1. 如何全面正确认识《天朝田亩制度》?

2. 如何评价《资政新篇》?

3. 简述洋务运动的主要内容。

4. 如何正确评价洋务运动?

5. 简述维新变法运动产生的历史背景。

参考答案:

1. 答:《天朝田亩制度》是最能体现太平天国社会理想和这次农民起义特色的纲领性文件,突出反映了农民阶级要求废除封建土地所有制的强烈愿望,是几千年农民反封建斗争的思想结晶。它确立了平均分配土地的方案,规定农、副业产品的生产与分配等。

《天朝田亩制度》的主张,从根本上否定了封建社会的基础即封建地主的土地所有制,表现了广大农民要求平均分配土地的强烈愿望,是对以往农民战争中"均贫富""等贵贱"和"均平""均田"思想的发展和超越,具有进步意义。不过,它并没有超出农民小生产者的狭隘眼界。这种社会理想,具有不切实际的空想的性质。正因为如此,《天朝田亩制度》在太平军占领地区从未实行过,也不可能实行。

2. 答:《资政新篇》作为太平天国继续反封建反侵略的纲领,它有强烈的革命性。它是先进的中国人最早提出的在中国发展资本主义的方案,具有鲜明的资本主义性质。它明确提出了学习西方先进的政治制度和先进的科学技术,主张平等的外交等。集中反映了当时先进的中国人向西方寻找真理和探索救国救民道路的迫切愿望,符合中国社会发展方向,具有进步性。

但是,《资政新篇》没有把发展资本主义与消灭封建剥削制度联系起来,既非农民斗争实践的产物,也缺乏实践的社会、经济和阶级基础,因此得不到太平天国广大将士的拥护,对太平天国的现实斗争没有起任何积极作用。

3. 答：洋务运动的主要内容有：

(1) 创办近代军事工业。如安庆内军械所、江南制造总局和福州船政局等。

(2) 创办民用工业。洋务派在后期(19 世纪 70 年代至 90 年代)打出"求富"旗号,兴办民用工业。

(3) 筹划海防。到 19 世纪 80 年代中期,近代海军初步建成,它包括北洋、南洋和福建三支海军。

(4) 创办新式学堂。1862 年成立的京师同文馆是洋务派创办的第一所新式学堂,此外,还在各地相继开办了一些科技学堂和军事学堂。

(5) 为了培养人才,洋务派还有计划地向西方国家派遣留学生。

4. 答：(1) 洋务运动由于没有触及封建制度的根基,因此不可能取得成功并使中国走上富强道路。

(2) 洋务运动也有其积极的一面。主要表现在:第一,引进了西方资本主义国家的一些近代科学技术,使中国出现了第一批近代企业;第二,为中国近代企业积累了生产经验,培养了技术力量;第三,在客观上为中国民族资本主义的产生和发展起到了促进作用。

5. 答：(1) 19 世纪 90 年代以后,中国民族资本主义有了初步发展。为在中国发展资本主义开辟道路。

(2) 甲午战争的惨败,造成了新的民族危机,激发了新的民族觉醒。

(3) 在内忧外患的冲击和中西文化的碰撞过程中,人们逐步形成了一个共识:要救国只有维新,要维新,只有学外国。

在这样的历史条件下,资产阶级的改良思想迅速地高涨起来,逐步形成为变法维新的思潮,并在 1898 年发展成一场变法维新的政治运动。

(四) 论述题

1. 如何认识太平天国农民战争的意义和失败原因、教训?
2. 如何认识洋务运动的性质和失败的原因、教训?
3. 如何认识戊戌维新运动的意义和失败的原因、教训?

参考答案:

1. 答：(1) 历史意义。

太平天国起义虽然失败了,但它具有不可磨灭的历史功绩和重大的历史意义。

第一,太平天国起义沉重打击了封建统治阶级,强烈震撼了清政府的统治根基,加速了清王朝的衰败过程。

第二,太平天国起义是旧式农民战争的最高峰,具有不同以往农民战争的新的历史特点。

第三,太平天国起义还冲击了孔子和儒家经典的正统权威,这在一定程度上削弱了封建统治的精神支柱。

第四,太平天国起义还有力地打击了外国侵略势力,给了侵略者应有的教训。

第五,在19世纪中叶的亚洲民族解放运动中,太平天国起义是其中时间最久、规模最大、影响最深的一次,它和亚洲国家的民族解放运动汇合在一起,冲击了西方殖民主义者在亚洲的统治。

(2)太平天国农民战争失败的原因。

A. 从主观上看:

第一,农民阶级不是新的是生产力和生产关系的代表。无法克服小生产者所固有的阶级局限性,缺乏科学理论思想的指导,没有先进阶级的领导,因而无法从根本上提出完整的正确的政治纲领和社会改革方案。

第二,太平天国后期无法制止和克服领导集团自身腐败现象的滋长,也无法长期保持领导集团的团结,削弱了太平天国的向心力和战斗力。

第三,太平天国在军事战略上出现重大失误。

第四,太平天国是以宗教来组织发动群众的,但是拜上帝教不是科学的思想理论,它不仅不能正确指导战争,而且给农民战争带来了危害。

第五,太平天国也没能正确对待儒学。

第六,太平天国不能把西方国家的侵略者与人民群众区别开来,对西方侵略者还缺乏理性的认识。

B. 从客观上看:

中外反动势力勾结起来,联合镇压太平天国。

(3)太平天国农民战争失败的教训。

太平天国起义及其失败表明,在半殖民地半封建的中国,农民具有伟大的革命潜力。但它自身不能担负起反帝反封建取得胜利的重任,单纯的农民战争不可能完成争取民族独立和人民解放的历史重任。

2. 答:(1)洋务运动是清朝封建统治阶级中的洋务派为了维护清朝的封建统治而实行的一场自救改革运动,即具有进步性,也有落后性。

(2)洋务运动的失败的原因:

第一,洋务运动具有封建性。洋务运动的指导思想是"中学为体""西学为用",洋务派企图在不改变中国固有的制度与道德的前提下,以吸取西方近代生产技术为手段,来达到维护和巩固中国封建统治的目的,这就严重限制了洋务运动的发展。

第二,洋务运动对外国具有依赖性。西方列强依据种种特权,从政治经济等各方面加紧对中国的侵略控制,他们并不希望中国真正富强起来,而洋务派处处依赖外国,企图以此来达到自强求富的目的,无异与虎谋皮。

第三,洋务企业的管理具有腐朽性。洋务企业虽然具有一定的资本主义性质,但其管理确是封建式的。

(3) 洋务运动失败的教训:洋务运动是中国走向近代化的第一步。洋务运动的失败说明在不触动封建专制统治、没有摆脱外国资本—帝国主义的侵略与控制的前提下谋求通过局部的枝节改革发展本国资本主义达到自强求富的目的是行不通的,洋务运动不可能为中国摆脱贫弱找到出路。

3. 答:(1) 意义。

第一,戊戌维新运动是一次爱国救亡运动,是一次具有现代意义的民主运动。维新派在民族存亡的关键时刻,高举民族救亡图存的旗帜,要求通过变法,发展资本主义,使中国走上富强之路。

第二,戊戌维新运动是一场资产阶级性质的政治改良运动。维新派鼓吹民权,主张君主立宪制,并在政治面目、经济、文化教育等领域提出了一系列改革措施,这些措施虽然未能生效,但在一定程度上冲击了 封建制度。

第三,戊戌维新运动也是一场思想启蒙运动。在维新运动期间维新派通过创办报刊、翻译西书、开办学堂,大力传播西方资产阶级的社会政治学说和自然科学知识,宣传自由平等、批封建专权,开阔了人们的视野,解放了人们的思想。

(2) 失败的原因。

A. 客观原因:

维新派的势力非常弱小,而以慈禧太后为首的反对变法的守旧势力却相当强大,新旧势力对比的差距预示着这场运动难以取胜。

B. 主观原因:维新派自身的局限性也是这场运动失败的重要原因。

第一,不敢否定封建主义。他们在政治上不敢根本否定封建君主制度,在经济上却要求发展民族资本主义。

第二,对帝国主义抱有幻想。他们虽然在大声疾呼救亡图存,却又幻想西方列强能帮助自己变法维新。

第三,脱离人民群众。维新派的活动基本上局限于官僚士大夫和知识分子的小圈子。

(3) 教训:戊戌维新运动的失败,不但暴露了中国民族资产阶级的软弱性,同时也说明在半殖民地半封建的中国.企图通过统治者走自上而下的改良道路,是根本行不通的。要想争取国家走上独立、民主、富强的道路,就必须用革命的手段,推翻帝国主义与封建主义联合统治的半殖民地半封建的社会制度。

(五) 材料分析题

材料分析题一

材料 1 "立国之道,尚礼仪不尚权谋;根本之图,在人心不在技艺;奉夷人为师,求一艺之末,变而从夷,正义为之不伸,邪气因而弥炽。数年之后,不尽驱中国之众咸归于夷不止。"

——《筹办夷务始末》

材料 2 "西洋为害之烈,莫甚于鸦片烟。中国士大夫甘心陷溺,恬不为悔。数十年国家之耻,耗竭财力,毒害民生,无一人引发疾心。钟表玩具,家皆有之;呢绒、洋布之属,遍及穷荒僻壤。……一闻修造铁路电报,痛心疾首,群起阻拦。至有以见洋人机器为公愤者。"

——郭嵩焘《上合肥伯相书》

材料 3 "西人立国,自有本末,虽礼乐教化远逊中华,然其驯至富强,亦具体用。育才于学堂,论政于议院,君民一体,上下同心,务实而戒虚,谋定而后定,此其体也。轮船、大炮、洋枪、水雷、铁路、电线,此其用也。中国遗其体而求其用,无论竭蹶趋步,常不相及,就令铁舰成行,铁路四达,果足恃欤!"

——张树生《遗折》

请回答:

1. 据材料 1 和材料 2 面对洋务,主张"立国之道尚礼仪""在人心不在技艺",代表清政府中哪派官员的言论? 他们对洋务所持的态度说明什么问题?

2. 材料 3 中洋务派怎样对待学习"西人立国"的本末? 该材料独具慧眼的见解是什么?

3. 通过上述材料分析洋务运动失败的主要原因有哪些?

材料分析题二

以下是一组维新运动时期的言论:

材料 1 张之洞说:"民权之说,无一益而有百害。""无益者一:将立议院欤? 中国士民至今安于固陋者尚多,环球之大势不知,国家之经制不晓,外国兴学、立政、练兵、制器之要不闻,即聚胶胶扰扰之人于一室,明者一,暗者百,游谈呓语,将焉用之？且外国筹款等事重在下议院,立法等事重在上议院,故必家有中资者乃得举议员。今华商素鲜巨资,华民又无远志,议及大举筹饷,必皆推委默息,议与不议等耳。"

材料2 谭嗣同说:"生民之初,本无所谓君臣,则皆民也。民不能相治,亦不暇治,于是共举一民为君。""夫曰共举之,则因有民而后有君;君末也,民本也。"

材料3 严复说:"国者,斯民之公产也。王侯将相者,通国之公仆隶也。"

请回答:

1. 张之洞为何认为民权无益?

2. 参考材料2、3,说明维新派在政治体制改革方面的立场何在。

3. 结合材料1、2、3,说明维新派和守旧派论战的实质是什么。

参考答案:

材料分析题一

1. 答:反映了清政府中顽固派大臣的言论。他们固守封建纲常名教,故步自封,反对向西方学习。

2. 答:洋务派学习西方的态度是"中学为体,西学为用"。材料中独具慧眼的态度是:"中国遗其体而求其用,无论竭蹶趋步,常不相及,就令铁舰成行,铁路四达,果足恃欤!"

3. 答:洋务派失败的主要原因:洋务运动的封建性、腐朽性和依赖性,坚持中学为体,西学为用,用封建主义的旧瓶去装资本主义的新酒。

材料分析题二

1. 答:张之洞认为国人文化水平低,不了解天下大势,不了解国家政治。华商鲜有巨资,华民无远志,因而不适合设议院。

2. 答:主张兴民权,设立议会。

3. 答:论点的实质是资产阶级思想和封建主义思想的第一次正面交锋。

五、实践教学

(一) 实践内容

1. 洪秀全与太平天国运动。

2. 李鸿章与北洋舰队。

3. 晚清留美幼童悲喜剧。

4. 康有为其人其事。

5. 光绪帝的不幸人生。

（二）实践方案

本着主体性、开放性和民主性的原则，以激励学生主动参与探索、自觉思考实践为目的，开展多元化的实践教学，拓展学习资源，调动全员参与的热情，激发学习历史的兴趣，让学生动手实践和体检、自主探究、合作交流成为历史课堂学生有效的学习方式。

主要实践方式如下：

1. 研究性学习：将学生分为多个小组，以小组为单位各自选择研究主题。围绕选题，小组成员根据自己特长、兴趣及活动要求进行分工，进行合作探究，查阅有关文献和网络资源，开展小组讨论并形成书面、PPT 或视频成果，各小组代表通过研讨成果向大家讲解他们的集体智慧。在研讨成果展示中，各组同学之间可相互讨论、对其他组所讲内容不理解的地方可向对方提问，教师在旁边记录各组代表所讲内容及同学们间相互提问的问题。每位同学必须参加讨论，作为平时考量依据。

2. 任课教师指定研究主题或阅读书目，学生围绕主题自主探究，收集相关正反观点，要求查阅东西方相关资料并形成个人书面评价报告。面对这些正确与错误观点，我们应如何评价进行课堂交流互动，引发学生对历史问题的深度思考。

3. 组织学生观看纪录片或历史题材的故事片，激发学习兴趣，结合教学内容安排学生交流，具体感受和得到的启示，提高思想觉悟，加深学生对历史文化的了解。

4. 组织学生外出参观爱国主义教育基地，开展爱国主义教育和革命传统教育，增强学生的民族精神和革命精神，加强历史和现实的结合，激发学生的历史责任感。让学生在活动中亲身体验历史，感受历史与现实生活的密切联系。

了解历史的真相，正确地认识历史，还能帮助我们树立正确的历史观，通过历史的发展阐明社会的进程，进而给我们个人的努力和发展指明方向。不同研究领域的老师的讲解更容易把历史的细节讲清楚，也更容易讲得具有说服力。在各位任课老师的指导下，学生学会不少分析以及评判历史事件与历史人物的能力。

（三）实践成果

以 PPT、视频或文字成果展示。

（四）实践评价

研究性学习小组成果学术评价。

评价项目	8—10分	5—7分	2—4分	0—1分
资料准备情况	充分，翔实，条理清晰。	基本能构成对研究的支撑。	资料偏差或严重不足。	未提供对研究有益的相关资料
研究深度	能在相关资料基础上提出自己的见解，且研究方向正确，研究方法得当。	能在理解的基础上对相关资料准确把握，且研究方向基本正确，研究方法基本适用。	研究方向有偏差，研究方法不恰当，研究不够深入。	未掌握研究内容，未形成相关研究。
展示效果	展示方法恰当，展示能充分体现研究成果	展示方法基本恰当，展示能简单体现研究成果	展示方法欠妥，不能够清晰展示研究成果。	未能完成相关展示。
研究收获	对研究课题有清晰、深刻的理解，并形成一定的个人见解。	对研究课题所涵盖的内容基本掌握，能简单介绍。	对所研究的课题形成初步的认识，需要进一步消化、理解。	对所研究课题未形成基本认识。

研究性学习小组成员行为评价。

评价项目	8—10分	5—7分	2—4分	0—1分
小组活动参与度	积极思考并参与讨论及相关活动，为小组研究做出重要贡献。	基本能参与小组讨论及相关活动，偶尔提出有益见解。	活动中态度消极，积极性不高，讨论内容偏离话题的轨道。	不主动参与小组活动。
个体独立研究度	能在充分思考的基础上，为讨论主题提供有益的见解。	对研究课题充分了解，能偶尔提供个人见解。	对小组成员的依赖性强，个人研究成果没有显现。	没有完成相关的研究任务。
小组配合度	各成员团结、互相尊重，能自我调节分歧，并使研究活动顺利开展。	成员间基本保持配合态度。意见分歧的调节能力较弱，但未对研究成果产生重大影响。	组员间言语过激，严重影响研究效果。	组员之间不能达成基本的尊重，未获得完整的研究成果。

六、推荐阅读

（一）著作

1. 陈旭麓:《近代中国社会的新陈代谢》,中国人民大学出版社,2012 年版。

2. 姜鸣:《天公不语对枯棋　晚清的政局和人物》,上海三联书店,2006 年版。

3. 萧功秦:《危机中的变革:清末现代化进程中的激进与保守》,上海三联书店,1999 年版。

4. 汤志钧:《戊戌变法史》,上海社科院出版社,2015 年版。

5. 罗尔纲:《太平天国史》,中华书局,2000 年版。

6. 茅家琦:《太平天国通史》,南京大学出版社,1991 年版。

7. 吉尔伯特·罗兹曼:《中国的现代化》,江苏人民出版社,1995 年版。

8. 孔令仁、李德征:《中国近代化与洋务运动》,山东大学出版社,1992 年版。

9. 李泽厚:《中国近代思想史论》,上海三联书店,2008 年版。

10. 王尔敏:《中国近代思想史论》,社会科学文献出版社,2003 年版。

11. 廖一中:《义和团运动史》,人民出版社,1981 年版。

12. 夏东元:《洋务运动史》,华东师范大学出版社,1992 年版。

13. 胡绳:《从鸦片战争到五四运动》,人民出版社,1981 年版。

14. 许纪霖、陈达凯:《中国现代化史》,上海三联书店,1995 年版。

15. 李时岳:《从闭关到开放》,人民出版社,1988 年版。

16. 孔飞力:《中国现代国家的起源》,上海三联书店,2013 年版。

17. 孔飞力:《中华帝国晚期的叛乱及其敌人》,中国社会科学出版社,1990 年版。

18. 蒋廷黻:《中国近代史》,上海古籍出版社,2006 年版。

（二）论文

1. 张玉法:《近代中国社会变迁(1860—1916)》,载《社会科学战线》,2003 年第 1 期。

2. 孟彦弘:《中国从农业文明向工业文明的过渡——对中国资本主义萌芽及相关诸问题研究的反思》,载《史学理论研究》,2002 年第 4 期。

3. 王令金:《中国式近代化的启蒙与浅尝——关于洋务运动历史地位的评

说》,载《山东师大学报(人文社会科学版)》,2001 年第 4 期。

4. 方之光:《太平天国失败内因多维透视领导集团的腐败与政权的自毁完结》,载《南京政治学院学报》,2001 年第 2 期。

5. 马树德:《洋务运动与中西文化交流》,载《中国文化研究》,2001 年第 1 期。

6. 华强:《太平天国与中国近代化的历史轨迹——纪念太平天国起义 150 周年》,载《开放时代》,2001 年第 1 期。

7. 郑剑顺:《关于太平天国史研究的几个问题》,载《史学月刊》,2000 年第 6 期。

8. 李书源、管书合:《洋务派与戊戌维新运动》,载《史学集刊》,1998 年第 4 期。

9. 陈金龙:《"半殖民地半封建"概念形成过程考析》,载《近代史研究》,1996 年第 4 期。

10. 丁伟志:《"中体西用"论在戊戌维新时期的嬗变》,载《历史研究》,1994 年第 1 期。

11. 丁伟志:《"中体西用"论在洋务运动时期的形成与发展》,载《中国社会科学》,1994 年第 1 期。

12. 宋德华:《论"百日维新"》,载《广东社会科学》,1993 年第 3 期。

13. 陈旭麓:《太平天国的悲喜剧》,载《历史研究》,1991 年第 1 期。

14. 张江明、丁宝兰、徐光仁、黄明同:《戊戌维新是中国资本主义近代化的首次尝试》,载《近代史研究》,1989 年第 2 期。

第三章
辛亥革命与君主专制制度的终结

一、内容概要

在旧式的农民战争走到尽头，不触动封建根基的"自强"运动和资产阶级改良主义屡屡碰壁之后，资产阶级革命派领导的革命运动开始走上历史舞台。中国民主革命的伟大先行者孙中山先生发动和领导了辛亥革命，推翻了清王朝统治，结束了统治中国几千年的君主专制制度，开创了完全意义上的近代民族民主革命，以巨大的震撼力和影响力推动了中国社会变革，打开了中国进步的闸门，传播了民主共和理念，极大地推动了中华民族思想解放，点燃了振兴中华的希望。当然，由于历史进程和社会条件的制约，辛亥革命没有改变旧中国半殖民地半封建的社会性质，没有改变中国人民的悲惨命运，没有完成实现民族独立、人民解放的历史任务。

经过辛亥革命，民主共和的思想从此流传广远，人们对革命的追求也绵延不绝。接受过这场革命洗礼的中国先进分子和中国人民继续顽强探索中华民族复兴的道路。辛亥革命之后十年，中国共产党宣告成立。中国共产党人继承和发展了孙中山的革命事业，并把它推进到了新的阶段。

二、教学设计与教学研究

（一）教学目标与基本要求

1. 了解辛亥革命爆发的历史条件，资产阶级革命派的建立及其革命活动，资产阶级革命派和改良派论战的基本情况；说明革命是在当时的历史条件下解决近代中国社会问题最适合的方式。

2. 掌握孙中山的三民主义学说,辛亥革命与建立中华民国的过程以及辛亥革命的历史意义。

3. 了解辛亥革命失败的原因,总结其失败的教训。全面理解辛亥革命是近代中国的一次伟大的历史性巨变,以此增强学生的爱国主义意识和历史使命感。

(二)教学内容与逻辑结构

1. 教学内容

(1)举起近代民族民主革命的旗帜。

(2)辛亥革命与中华民国的建立

(3)北洋军阀统治与旧民主主义革命的失败。

2. 逻辑结构

19 世纪末 20 世纪初,中外反动势力的严重压迫,中国民族资本主义的初步发展,为辛亥革命的爆发提供了历史条件。以孙中山为首的资产阶级革命派举起了近代民族民主革命的旗帜。

以武昌起义为起点,辛亥革命的风暴席卷全国,中华民国临时政府宣告成立,清政府土崩瓦解。辛亥革命是一次完整意义上的资产阶级民主革命,具有伟大的历史意义。

由于中外反动势力的勾结和资产阶级本身的弱点,辛亥革命的胜利果实被袁世凯窃取,辛亥革命宣告失败。为了反对袁世凯以及北洋军阀的反动统治,孙中山及其他的资产阶级革命派先后进行了多次革命斗争,但是都失败了。由此证明以资产阶级领导的旧民主主义革命走到了尽头,由无产阶级领导的新民主主义革命取代旧民主主义革命是历史的必然。

(三)教学重点难点与教学方法

1. 教学重点

(1)辛亥革命爆发的历史背景。

(2)"三民主义"纲领的基本内容、意义和局限性。

(3)辛亥革命的历史意义和失败原因及其教训。

2. 教学难点

(1)如何认识辛亥革命的必然性?

(2)如何理解三民主义的民生主义,尤其是如何理解平均地权?

（3）如何理解武昌起义成功,而辛亥革命却失败了?

（4）如何理解孙中山与袁世凯的斗争与妥协?

3. 教学方法

运用互动教学法、案例分析法组织课堂讨论,突出学生的主体地位。在教学过程中结合 PPT 课件讲授,有条件的可带领学生参观孙中山故居或南京总统府。

（四）授课切入与教学案例

授课切入

展开讨论带出新课内容。组织学生分小组对"告别革命论"的错误观点进行论辩。通过辩论向学生们展示"告别革命论"的错误所在。并指出,近年来,一些历史虚无主义者打着"重新评价"或"理性思考"的旗号,提出了"告别革命论"。他们认为,辛亥革命是人为制造出来的。倘使没有孙中山提倡、发动的暴力革命,而是走康有为、梁启超主张的改良主义路线,"中国早就实现现代化了"。对于这些错误的观点,带领学生进行讨论,应当如何评价辛亥革命? 根据学生们讨论的情况,予以适度的点评,导入新课。我们认为,单凭少数人的情感冲动或某个阶级和政党的意志,是无法发动近代革命的。革命的发生,除去革命阶级主观条件外,必须具有革命形势,换言之,革命的社会需要。列宁说过:"要使革命到来,单是'下层不愿'照旧生活下去通常是不够的,还需要'上层不能'照旧生活下去。"辛亥革命正是如此。由此,导入辛亥革命爆发的历史条件。

教学案例 1　大厦将倾民变四起

20 世纪初,清王朝统治下的中国社会,百业凋敝,民不聊生。江西道监察御史叶蒂棠在给朝廷的奏折中写道:"士为四民之首,近已绝无生路,农、工终岁勤动,难谋一饱,商贾资本缺乏,揭借者多,获利维艰,倒闭相望。城市村落,十室九空,无业游民居其大半,弱者转于沟壑,强者流为盗贼,土匪蠢动,此灭彼兴,民不聊生,何堪搜括。加以各省水旱蝗蝻,哀鸿遍野,徐、海饥民数百万,遮蔽江、淮,困苦流离,生无所赖。万一揭竿并起,滋蔓难图……大患岂堪设想。"民众无法生活下去,抗捐抗税、抢米风潮、会党与农民起义等遍布全国城乡,连绵不断。据不完全统计,1902年到 1911 年,全国各地彼伏此起的大规模民变多达 1300 余起。它削弱了清政府的统治,为辛亥革命的爆发创造了客观的社会环境和群众基础。到辛亥革命前夕,人们对清王朝的这种不满和愤怒愈加发展。这连外国人也看出来了。长沙关税务司伟克非在给总税务司安格联的信中写道:"毫无疑问,大多数老百姓是希望换个政府的,不能就说他们是革命党,但是他们对于推翻清朝的尝试是衷心赞成的。""我看在不久的将来,一场革命是免不了的,现在已经公开鼓吹革命,并且获得普遍的同情,而政府并没有采取任何预防措施,却尽在瞎胡闹。"当时的清政府,正如孙中山所形容的,"可以比作一座即将倒塌的房屋,整个结构已从根本上彻底地腐朽了,难道有人只要用几根小柱子斜撑住外墙就能够使那座房屋免于倾倒吗?"革命形势已经成熟。

——故宫博物院:《清末筹备立宪档案史料》,中华书局,1979年版;中国近代经济史资料丛刊编辑委员会:《中国海关与辛亥革命》,中华书局,1964年版;《孙中山全集》第1卷,中华书局,1981年版

【思考与讨论】

1. 辛亥革命前,中国社会严重的政治、经济危机有哪些具体表现? 如何理解造成这种局面的原因?

2. 如何认识辛亥革命的爆发是历史的必然?

教学案例2　武昌起义

武昌起义是指1911年10月10日(农历辛亥年八月十九)在湖北武昌发生的一场旨在推翻清朝统治的兵变,也是辛亥革命的开端。武昌起义的爆发,有深刻的社会背景。

背景之一,起义前夕,由于中国的各种社会矛盾不断激化,人民群众的反抗斗争持续不断,革命党人不断发动武装起义。1906年,清廷抛出"预备立宪",其实质却是加强了皇族的权力,广大立宪派对此极为不满;1908年慈禧太后与光绪皇帝相继去世,年仅3岁的宣统皇帝爱新觉罗·溥仪即位,其父载沣摄政。1911年5月,清政府公布的内阁名单中满族人有九名(其中七名是皇族),汉族有四名,被人称为"皇族内阁"。立宪派对此大失所望,有少数人参加了革命党。

背景之二,为取得外国的支持,以维护其统治,清廷将广东、四川、湖北、湖南等地的商办铁路收为国有,然后再卖给外国,掀起了全国大规模的人民反抗运动——保路运动,亦称"铁路风潮"。运动在四川省尤其激烈,各地纷纷组织保路同志会,推举立宪党人蒲殿俊、罗纶为正副会长,以"破约保路"为宗旨,参加者数以十万计。清政府下令镇压。1911年9月7日,四川总督赵尔丰逮捕罗纶、蒲殿俊等保路同志会代表,枪杀数百请愿群众。第二天又下令解散各处保路同志会。这激起四川人民更大愤怒,将各处电线捣毁,沿途设卡,断绝官府来往文书。1911年,荣县独立,荣县成为全中国第一个脱离清王朝的政权,把保路运动推向高潮,成为武昌起义的

先声。

清朝廷为扑灭四川的人民起义,派出大臣端方率领部分湖北新军入川镇压,致使清军在湖北防御力量减弱,革命党人决定在武昌发动起义。

1911年9月14日,文学社和共进会在同盟会的推动下,建立了统一的起义领导机关,联合反清。并决定请黄兴、宋教仁或谭人凤来鄂作起义指挥,主持大计。1911年9月24日,两个革命团体召开联席会议,决定10月6日发动起义。各标营党人代表均参加,通过"人事草案"和"起义计划",军事总指挥为蒋翊武,参谋长为孙武,总理为刘公。南湖炮队党人暴动未果。炮队事件后,清湖北当局下令收缴新军部队子弹,同时增强市面军警力量,盘查甚严。当局召集官长会议,决定军队提前过中秋节,八月十五不放假。

1911年9月28日,湖南党人焦达峰函告武昌起义指挥部,10月6日起义湖南准备未足,请展期10天。再加上同盟会的重要领导人黄兴、宋教仁等未能赶到武汉,起义指挥部决定10月16日湘鄂两省同时发难。

1911年10月9日,孙武等人在汉口俄租界配制炸弹时不慎引起爆炸。俄国巡捕闻声而至,搜去革命党人名册、起义文告、旗帜等,秘密泄露;并拘捕刘同等6人,随即引渡湖北当局。湖广总督瑞澂下令关闭四城,四处搜捕革命党人。情急之下,革命党决定立即于10月9日晚12时发动起义。但武昌城内戒备森严,各标营革命党人无法取得联络,当晚的计划落空。新军中的革命党人遂自行联络,约定以枪声为号,在1911年10月10日晚发动起义。

——摘编自胡绳武:《从辛亥革命到五四运动》,山西人民出版社,2010年版

【思考与讨论】

谈谈你对武昌起义的认识。

教学案例3　袁世凯复辟帝制

袁世凯复辟帝制是1915年12月12日发生,结束于1916年2月25日的一场闹剧。

1911年辛亥革命爆发,清廷不得不重新起用袁世凯。1912年2月,袁世凯在帝国主义支持下,采用军事威胁和谈判相结合的反革命两手,窃取了中华民国临时大总统职务。1913年3月,袁世凯派人在上海暗杀宋教仁,又向帝国主义乞求借款,发动反革命内战,用不到两个月的时间,镇压了国民党人发动的"二次革命"。袁世凯在镇压"二次革命"后,一方面竭力破坏辛亥革命的民主成果,加紧专制独裁统治的建立;另一方面大肆出卖国家的主权,极力寻求帝国主义的支

持，为复辟帝制积极做准备。袁世凯强迫国会改变先订宪法、后选总统的立法程序。1913年10月6日先进行正式大总统的选举。当天，被袁世凯所收买的便衣军警、地痞流氓数千人，打着"公民团"的旗帜包围了国会，高喊"今天不选出我们中意的大总统，你们就休想出院"，在会场外面捣乱。议员们从早上8时到晚上10时，忍饥挨饿，连选三次，最后屈服于袁世凯的武力，将袁世凯捧上正式大总统的宝座。

11月4日，袁世凯过河拆桥，下令解散国民党，收缴438名国民党议员的证书、证章，使国会不足法定人数无法开会而名存实亡。

1914年1月10日，袁世凯正式下令解散了国会。2月，他授意成立的"约法会议"，草草炮制出一个"字字皆袁氏手定"的所谓《中华民国约法》，于5月1日公布施行，以取代《临时约法》。新《约法》规定，"大总统总揽统治权"，凡一切内政、外交、军事、制定宪法和官制、任免大权，统由袁世凯独揽。12月，"约法会议"通过《总统选举法》修正案，规定大总统无限期连任，大总统的继承人由大总统推荐。这样，袁世凯不仅可以终身独揽统治权，而且还可以传之子孙。袁世凯的头上除了剩下一块"中华民国"的空招牌以外，其他一切已和专制皇帝没有区别。为了去掉"民国"这一牌号，袁世凯对外积极投靠帝国主义，大肆出卖国家主权。据不完全统计，在袁世凯当权的几年里，和帝国主义侵略者先后签订过100多个不平等的合同、协定和条约。

特别严重的是1915年5月9日接受了日本灭亡中国的《二十一条》。经过长期准备，袁世凯认为条件已经成熟，遂即着手帝制复辟活动。

1915年8月，首先由袁世凯的外国顾问古德诺（美）和有贺长雄（日）出面，先后发表《新约法论》《共和与君主论》等，鼓吹"中国如用君主制，较共和制为宜"，公开叫嚷让袁世凯当皇帝。袁世凯又指使杨度（袁死后转变，参加革命，并加入了中国共产党）纠合立宪党人和革命派的叛徒在北京成立"筹安会"，公开策划复辟活动。为了盗用"民意"，袁世凯又授意梁士诒等于9月19日成立"全国请愿联合会"，两次请愿尽快决定国体。10月到11月，在袁世凯的统一指挥下，在各省长官监督下，各省选出国民代表1993人，进行国体投票，结果全部拥护君主制，并于2月11日一致上"推戴书"："谨以国民公意，恭戴今大总统袁世凯为中华帝国皇帝。"袁世凯装腔作势表示推让，当天下午再上"推戴书"，袁世凯遂于12月12日发表接受帝位申令，高唱"民之所欲，天必从之"的滥调，正式接受推戴。13日在居仁堂接受百官朝贺，封黎元洪等128人爵位，成立"帝制大典筹备处"，下令改1916年为"洪宪"元年，并在元旦登极。经过3年的精心策划，袁世凯终于抛掉"民国"的招牌，把封建皇帝的皇冠戴到了自己的头上。

——李忠慈:《中国历史人物述评》近现代史部分(上册),天津人民出版社,1992年版,第163-165页

【思考与讨论】

袁世凯为何能窃取辛亥革命胜利的果实?

三、学术动态

(一) 关于辛亥革命的定义与争议

1. 辛亥革命定义之来源

辛亥革命,作为民主革命成功推翻了清朝的统治,结束了中国两千多年来的封建帝制,开启了民主共和新纪元,使共和观念深入社会中上层人士思想中。较早见诸记载的"辛亥革命"一词,出自署名为渤海寿臣者的《辛亥革命始末记》。此书出版于1912年6月,收录了1911年10月11日至1912年2月12日间的各报章事关革命的报道。同年,以"辛亥革命"为书名的,还有署名草莽余生编辑出版的《辛亥革命大事录》,张绍曾为该书作序,指出草莽余生为廖少游。廖少游又名廖宇春,在辛亥革命期间奔走南北议和,阅历广泛,"特就昔日所历之境,所与之役,与夫见闻……抄集成册。始八月十八壬子迄十二月二十六日庚子,凡百有八日"。其起止时间换算成公历为1911年10月9日至1912年2月13日,所述辛亥革命时限与《辛亥革命始末记》基本相合。上述两书所载事实,都发生于农历辛亥年,称之为辛亥革命十分相宜。

但在民国初年,辛亥革命一词使用并不广泛,称呼辛亥年武昌起义至清帝退位这段史事的词汇,名目繁多。民初的报章,如《申报》《大公报》以及政府公报中,"武昌首义""共和成立""民国肇生""辛亥之役"等名词连篇累牍,而"辛亥革命"极为罕见。即便是孙中山先生,在民初言及辛亥革命时所用名词也没有一定之规。就任临时大总统期间,以孙中山名义发布的公文中,有"武汉首义""民国缔造""民国光复""革命"等说法。1917年,孙中山在汕头各界欢迎会上,追述革命历程,称"一次革命,起于武昌,为推翻满清之专制。二次革命,则在南京,为袁世凯暗杀宋教仁而起"。不见直书"辛亥革命",而"二次革命"之说至今仍然沿用。

在19世纪20年代前后,"辛亥革命"的使用开始升温且影响日广。1919年8月,毛泽东在《湘江评论》中连载《民众的大联合》政论长文,使用了"辛亥革命"一词,并就其内涵有过精练的阐述。1921年10月,梁启超以《辛亥革命之意义与十

年双十节之乐观》为题,发表演讲,诠释了辛亥革命内涵。第一次国共合作初始,陈独秀撰写《辛亥革命与国民党》,专门探讨革命失败的原因,"辛亥革命"渐成专有名词。

随着北伐的步步胜利,在有关纪念中,"辛亥革命"字样出现得特别频繁。1927年双十前夕,中国国民党中央制定了宣传大纲,第一条就是"继续辛亥革命的精神,矫正辛亥革命的缺陷"。1930年7月10日,国民党中央执行委员会第100次常务会议通过了《革命纪念日简明表》和《革命纪念日史略及宣传要点》,以制度的形式明确规定了对辛亥革命的纪念,此后"辛亥革命"人所共知,遂成流行词汇,以迄于今。

"辛亥革命"狭义是指从1911年10月10日爆发的武昌起义,到1912年元旦,孙中山就职"中华民国临时大总统"之间这段时间在中国发生的革命事件。此狭义的用法曾被中外很多专著所采纳。广义是指包括辛亥革命的背景及其后果,即包括清末民初,中国一系列以推翻清朝统治为目标的革命运动。

2. 关于辛亥革命评价的争论

有人说,辛亥革命成功了;也有人说,辛亥革命失败了。应该说,辛亥革命又成功,又没有成功。

首先,辛亥革命是成功的革命。辛亥革命是以孙中山为代表的中国民族资产阶级领导的更具有完全意义的民主革命,中国人民"为了建立一个独立的民主主义的社会",在比较完全的意义上开始了这场革命。

由于资产阶级和同盟会的组织和领导,提出了比较完整的革命纲领,在广大工农和其他劳动群众多种方式反抗斗争所汇成的革命怒潮中,赶跑了狗皇帝,推翻了清王朝的260多年的专制统治,从而结束了两千多年的封建君主专制制度,建立了资产阶级共和国,这个共和国产生了一部《中华民国临时约法》,这是中国历史上第一部资产阶级宪法性质的文献。虽然这部文献不久被北洋军阀废弃,但经过这次革命,民主共和国的观念已经深入人心,在政治上打击了封建势力,民主主义思想潮流已不可抗拒。正因为这样,辛亥革命后,袁世凯洪宪帝制,张勋的复辟帝制,都是昙花一现,最终都以失败而告终,辛亥革命也为民主主义革命向新民主主义革命的转变,做了思想准备。

辛亥革命也给帝国主义沉重的一击,虽然资产阶级没有明确提出反帝政治纲领,但正如毛泽东所说:"辛亥革命是革帝国主义的命,中国人所以要革清朝的命,是因为清朝是帝国主义的走狗。"所以列宁把辛亥革命视为"亚洲的觉醒",但帝国主义利用反动的清政府统治来打破中国人民的美梦。自清政府垮台后,帝国主义妄图扶植新走狗,但这些"新走狗"都是短命,一个接一个被中国人民打倒在地,在一定程度上削弱了中外反动势力对中国人民的压迫。

再深入来看,辛亥革命的发生实际上也促进了生产力的发展,虽然革命失败了,但它在一定程度上推动了民族资本主义的发展,民国成立后,国内实业团体纷纷成立,开设工厂、银行都成为风气,民族资本主义经济力量在短短的几年里有了显著的增大,无产阶级队伍也日益壮大。

辛亥革命还打落了亚洲第一个皇冠,具有国际意义。它沉重了打击了帝国主义,推翻两千多年的封建帝制,对于世界人民,特别是东方各国人民的民族解放运动,是个巨大的鼓舞。在中国革命影响下,如1913年荷属爪哇以及其他殖民地,都广泛掀起民主革命运动。中国人民的革命将给亚洲带来解放,使欧洲资产阶级统治遭到破坏。

总之,辛亥革命的伟大功绩为中国的发展趋势铺开了一条金色的道路。

但辛亥革命成功得仓促,得到的乃是不彻底的胜利。孙中山的三民主义只完成了第一项——民族主义,其他民权、民生长期挂着欠账。而且就民族主义一项来说,完成的也仅仅是"驱除鞑虏",各个帝国主义势力原封不动地保存。袁世凯上台后,中国在北洋军阀的反动统治下,三民主义成了纸面上的东西,他们挂羊头卖狗肉,虽有民国之名而无民国之实。就这一点来看,辛亥革命的成功虽然具有重大的历史意义,但是煮了一锅夹生饭。

辛亥革命果实最终被袁世凯窃取,中国反帝反封建任务并没有完成,所以它又是失败了。领导这次革命资产阶级政党同盟会缺乏明确反帝纲领和具体行动,由于资产阶级历史的局限性,以孙中山为首的资产阶级革命派,对帝国主义的本质的认识不清楚。从同盟会到南京临时政府,他们对帝国主义抱有幻想,他们认为建立资产阶级国家,西方是会赞成的,孙中山不仅没有辨明对帝国主义的所谓"中立"的伪装,反而在《告各友邦书》中以承认帝国主义在中国的一切权益为代价,和帝国主义维持友好关系。资产阶级的如此妥协,革命实难继续下去。

资产阶级把革命目标只限于反对清朝皇帝,他们认为"清帝退位"就是专制已除,革命就大功告成了,正因为如此,这恰恰给了那些擅长投机取巧的立宪派和旧官僚以可乘之机。后来袁世凯以清帝退位为交换条件窃取政权,破坏革命,革命派不仅没能识破袁世凯的反革命两面手法,相反竟把袁世凯作为同盟者,这就说明革命派对反对封建主义是不彻底的。

辛亥革命的领导者未能发动广大人民群众,特别是农民群众参加斗争。在同盟会的纲领中,虽然提出"平均地权"口号,但实际上并没有被全体革命党人所接受,也没能找到解决土地问题的措施,因而也未能实行"平均地权",从而失去动员农民群众的作用。革命党既然失掉农民的支持,就把注意力转到新军和会党。正是由于脱离人民群众,革命力量才是显得十分弱小,毛泽东曾指出:"国民革命需要一个大的农村变动,辛亥革命没有这个变动,所以失败了,因而在帝国主义和封建势力勾结下,革命遭到失败是在所难免的。"

革命党人没有建立和掌握一支有组织的革命武装,同盟会发动新军和会党举行起义。这两者毕竟不是革命党人自己建立的武装,况且新军、会党成员复杂,他们中大多数人接受立宪派和旧官僚,因此,在旧势力煽动下往往会变成破坏革命的力量。革命党人缺乏有力的武装队伍,很难应付反动势力的反扑。

中国同盟会也没有建立一条正确的组织路线,因而在组织上是不巩固的。同盟会内部复杂,政治信仰不一致,思想上也存在严重的分歧,所以始终没有形成一个统一的领导核心,一直是一个思想上缺乏信仰,组织上松懈无力,内部矛盾重重的政党。

总而言之,革命中出现了许多的问题,这充分暴露出了资产阶级的软弱性和妥协性。当然,也有许多问题是在当时客观环境下必然会出现的,如封建阶级和外国势力的联合破坏,迫使革命党人将国民政府拱手让给袁世凯;当时农民受封建残余思想很深,不可能迅速接受革命思想;革命党难以建立和掌握一支军队的经济、政治和群众基础等。

革命也是在与时俱进的。辛亥革命最大的功绩应是它对后来历次革命的影响,它的成功同时也是失败的种种原因一直为后来的革命者所借鉴。大胆地说,正是有了辛亥革命开历史之先河,才会有新中国的建立,民主革命的胜利。

所以说,从它本身而言,是成功一半,失败一半。但从它对后来中国革命的指导和影响来看,是值得我们赞扬的,而不是像很多人所说的那样是失败的、不成功的。因此,我认为,辛亥革命是中国近代革命的奠基石,它说明了只要不断地革命下去,胜利终有一天会来临!

辛亥革命是中国近代历史上的一次伟大的资产阶级民主革命,具有深远的历史意义。

首先,辛亥革命给封建专制制度以致命的一击。它推翻了统治中国260多年的清王朝,结束了中国两千多年的封建君主专制制度,建立起资产阶级共和国,推动了历史的前进。辛亥革命使人民获得了一些民主和共和的权利,从此,民主共和的观念深入人心。在以后的历史进程中,无论谁想做皇帝,无论谁想复辟帝制,都在人民的反对下迅速垮台。

其次,辛亥革命推翻了"洋人的朝廷",也就沉重打击了帝国主义的侵略势力。辛亥革命以后,帝国主义不得不一再更换他们的在华代理人,但再也找不到能够控制全局的统治工具,再也无力在中国建立比较稳定的统治秩序。

第三,辛亥革命为民族资本主义的发展创造了有利的条件。民国建立以后,国内实业集团纷纷成立,开工厂、设银行成为风气。民族资本主义的经济力量在短短的几年内就有了显著的增长,无产阶级队伍也迅速壮大起来。

第四,辛亥革命对近代亚洲各国被压迫民族的解放运动,产生了比较广泛的影响,特别是对越南、印度尼西亚等国的反对殖民主义的斗争起了推动作用。这一时期,亚洲出现了民族解放运动的高潮。

资产阶级革命或资产阶级民主革命,很难说有完全彻底的。所谓彻底,只能说是基本彻底。资产阶级革命成功的结果足以使资本主义制度代替封建制度,即以新的剥削制度代替旧的剥削制度,而剥削制度的更替,并不需要新旧完全彻底决裂,他们可以在很多方面妥协、融合、并存。许多发达的资本主义国家至今尚保存君主制和贵族头衔,此即革命不彻底的明显例子。

辛亥革命作为中国的资产阶级民主革命,虽然没有完成反帝反封建的根本任务,其成就远逊于西欧、北美的资产阶级革命,但在彻底铲除封建帝制这一点上,远胜于包括法国在内的欧洲各国。辛亥革命一声炮响,不仅赶跑了清朝皇帝,还使中国绵延两千余年的封建帝制从此永绝。从民元到民六,其间虽经袁世凯帝制自为、张勋复辟,但只不过是两场短暂的闹剧,并没有使民国中断,更没有像法兰西那样出现两次帝国、三次共和国的波折。所以说,辛亥革命在一定程度上是成功的。

(二) 关于孙中山的"三民主义"学说的研究与争论

自 1925 年孙中山提出新三民主义以来,学术界对其研究一直不曾停止。学者们对新三民主义进行了广泛而深入的研究,出版了大量的专著、论文,成果显著。尤其是对新三民主义的思想渊源,学者们关注颇多,都提出了各自的观点。总的来说,学者们认为孙中山新三民主义的思想渊源主要有社会历史根源、中国传统文化、西方现代思想等三个方面。如,在民族主义方面,沈茂俊认为"孙中山民族主义的提出的社会根源是中华民族实难日甚一日,清朝政治腐败不堪和流传会党中的'反清复明'的民族意识"。王力平认为"19 世纪末,民族资产阶级力量日益壮大,政治要求初步确立,民族觉醒日益提高,便是孙中山民族主义产生的阶级基础"。李光灿和赵矢元的《孙中山与中国民主革命》也指出:民族主义思想是在帝国主义侵略和清朝民族压迫的社会条件中产生的,它反映了全国人民反清反侵略的民族革命的要求。王晓春也认为:"孙中山的民族主义从思想渊源上说,中国传统文化影响更多一些,这与孙中山的经历有关,更是当时中国社会的主要矛盾所决定的"。林家有的《孙中山民族主义思想的特征》也强调:"帝国主义的疯狂入侵和清政府走狗面目的彻底暴露,是 20 世纪孙中山提出民族主义的社会原因。"这几位学者,都是从孙中山当时所处的社会环境的角度出发,对民族主义的思想渊源进行阐释的。(参见王鑫:《学界对孙中山"新三民主义思想渊源"的研究综述》)

(三) 关于资产阶级革命派的贡献

资产阶级革命派的贡献与缺陷一直是学界研究的重要问题之一。过去,研究者们在阐述革命派的缺陷时往往指出,革命派在与保皇派的论战中,大力地宣传了革命思想,促进了民主革命高潮的到来,但由于阶级的局限性,也暴露了自己无法克服的许多弱点。

如,在关于要不要以暴力推翻清王朝的论战中,革命派对于改良派提出的革命招致列强干涉的问题,并没有做出中肯的答复。在关于要不要建立资产阶级共和国的论战中,革命派对于改良派提出革命将引起"内乱"以及诬蔑中国人民的反动言论,没有进行有力的批判。在关于要不要改变封建土地制度的论战中,革命派对于改良派提出的"土地国有"为"夺富予贫"的指责,不但不敢予以有力回击,反而极力辩解。他们一致认为"土地国有"是"在富人之田为己有",但根本没有提出彻底废除封建土地所有制的土地革命纲领。近年来,研究者们更多地开始关注资产阶级革命派的贡献,不仅肯定其在破除陋习,改善文化礼仪方面的贡献,还传播了社会主义思想,对中国思想界和中国革命都有非凡的意义。

(四) 关于民主共和观念深入人心

过去,往往认为辛亥革命推翻了统治中国两千多年的君主专制制度,使民主共和观念深入人心。但不久,袁世凯就篡夺了革命胜利的果实,恢复了君主专制制度。此后,张勋又率领辫子军攻入北京城,拥护溥仪复辟。这些,某种程度上反映了民主共和观念并没有"深入人心"。近年来,研究者们逐渐改变了对辛亥革命后,民主共和观念传播与认识的观点。有的学者指出,事实上,资产阶级革命派本身对"民主共和"的认识存在先天的不足,又因为没有相应的经济基础和群众基础,所以,作为上层建筑的"民主共和"就成了空中楼阁,"民主共和观念"不可能为时人所接受、理解,更谈不上深入人心。

四、应知应会

（一）单项选择题

1. 20 世纪中国的第一次历史性巨变是（　　）。

A. 太平天国革命　　B. 义和团运动　　C. 戊戌变法　　　D. 辛亥革命

2. 下列各项中，不属于 1901 年清政府实行的"新政"内容是（　　）。

A. 派遣留学生　　　B. 裁撤军机处　　C. 编练新军　　　D. 奖励实业

3. 中国资产阶级领导的民主革命进入到一个新阶段的标志是（　　）。

A. 兴中会的成立　　　　　　　　B. 华兴会的成立

C. 光复会的成立　　　　　　　　D. 中国同盟会的成立

3. 19 世纪末，以孙中山为首的中国资产阶级领导的旧民主主义革命掀起，并很快进入到一个新阶段，标志是（　　）。

A. 兴中会的成立　　　　　　　　B. 华兴会的成立

C. 光复会的成立　　　　　　　　D. 中国同盟会的成立

4. 中国历史上第一部具有资产阶级共和国宪法性质的法典是（　　）。

A.《钦定宪法大纲》　　　　　　　B.《中华民国临时约法》

C.《中华民国约法》　　　　　　　D.《总统选举法》

5. 20 世纪初，资产阶级革命派与改良派论战的焦点是（　　）。

A. 要不要变法　　　　　　　　　B. 要不要建立民主共和国

C. 要不要社会革命　　　　　　　D. 要不要以革命手段推翻清政府

6. 三民主义是比较完整的资产阶级民主革命纲领，主要是因为它（　　）。

A. 表达了资产阶级在政治和经济上的要求

B. 提出了彻底的反帝反封建的革命要求

C. 适应了近代中国历史发展的要求

D. 提出了平均地权以解决农民土地问题

7. 1911 年 10 月 10 日（农历辛亥年八月十九）在湖北武昌发生的一场旨在推翻清朝统治的兵变，即武昌起义，这次起义的导火线是（　　）。

A. 黄花岗起义　　　B. 萍浏醴起义　　C. 保路运动　　　D. 广州起义

8. 1911 年，在湖北、广东、四川爆发了一场民众爱国运动（　　），成为武昌起义的前奏。

A. 拒俄运动　　　　　　　　　　B. 保路运动

C. 抵制美货运动　　　　　　　　D. 拒法运动

9. 辛亥革命时期,资产阶级革命派的阶级基础是(　　)。

A. 买办资产阶级　　　　　　　　B. 官僚资产阶级

C. 民族资产阶级　　　　　　　　D. 城市小资产阶级

10. 辛亥革命取得的最大成就是(　　)。

A. 推翻了封建帝制　　　　　　　B. 促进了资本主义的发展

C. 使人民获得了一些民主自由权利　　D. 打击了帝国主义的殖民势力

11. 1912 年 8 月,宋教仁为推行政党政治和建立责任内阁制,以同盟会为基础,联合其他党派在北京组成(　　)。

A. 中华革命党　　B. 国民党　　　C. 统一共和党　　D. 国民共进

12. 1914 年 7 月,孙中山在东京成立了(　　),组织武装反袁。

A. 中国同盟会　　B. 国民党　　　C. 兴中会　　　　D. 中华革命党

13. 1915 年 12 月,袁世凯在北京宣布接受帝制,(　　)在云南率先举起反袁护国的旗帜,发动护国战争。

A. 黄兴　　　　　B. 段祺瑞　　　C. 蔡锷　　　　　D. 孙中山

14. 资产阶级革命派开展护国运动的主要原因是(　　)。

A. 袁世凯指使刺杀宋教仁

B. 袁世凯强迫国会选举他为正式大总统

C. 袁世凯解散国会

D. 袁世凯复辟帝制

15. 武昌起义后建立的湖北军政府是一个(　　)。

A. 资产阶级革命派完全掌权的革命政权

B. 资产阶级革命派建立的第一个地方革命政权

C. 包括革命派、立宪派、和旧官僚的联合政权

D. 立宪派占主体的资产阶级政权

16. 章太炎说"长素(康有为)以为'革命之惨,流血成河,死人如麻,而其事卒不可就'。……然则立宪可不以兵刃得耶? 即知英、奥、德、意诸国,数经民变,始得自由议政之权。……公理未明,即以革命明之;旧俗俱在,即以革命去之。"材料说明(　　)。

①康有为主张君主立宪　　　　　②康有为认为立宪可避免流血
③章太炎主张革命　　　　　　　④章太炎认为立宪也须流血斗争

A. ①②③④　　　B. ①②　　　　C. ③④　　　　　D. ①③④

17. "比较"是历史学习和研究的一种重要方法。穿越时空,轻拂史尘,我们不难发现《中华民国临时约法》和美国"1787年宪法"(   )。

    A. 都是民主与封建专制斗争的结果

    B. 都使本国走上了独立自主的发展道路

    C. 都是工业近代化的产物

    D. 都深受法国启蒙思想的影响

18.《二十世纪中国的崛起》指出:"一个民族的觉醒,通常要有两个条件:第一,这个民族面对着或者经历了以往没有遇到过的严重危机,甚至整个民族被逼到生死存亡的关头,旧格局再也无法继续保持下去;第二,还要这个民族能看到出路,燃烧起新的希望,深信只要奋起救亡,勇于变革,就可以改变目前的艰难处境。"下列能够反映20世纪中国"旧格局再也无法继续保持下去"和"奋起救亡,勇于变革"的史实是(   )。

    A.《马关条约》的签订和公车上书   B. 瓜分狂潮和义和团运动

    C.《辛丑条约》的签订和戊戌变法   D.《辛丑条约》的签订和辛亥革命

19. 中国历史上,第一次从法律层面对人民权利和自由实行保护的是(   )。

    A.《资政新篇》   B. 1954年宪法

    C.《中华民国临时约法》   D.《共同纲领》

20. 辛亥革命后,列宁予以高度评价,认为孙中山领导的这场革命"正在破坏欧洲资产阶级的统治"。列宁的这一看法肯定了(   )。

    A. 革命派从此登上中国政治舞台   B. 孙中山防止社会的贫富分化

    C. 孙中山为救国救民而不懈努力   D. 辛亥革命打击了列强在华势力

参考答案:

1. D 2. B 3. D 4. B 5. D 6. A 7. C 8. B 9. C 10. A 11. B 12. D 13. C 14. A 15. C 16. A 17. D 18. D 19. C 20. D

(二) 多项选择题

1. 1904年至1905年,为争夺在华利益而在我国东北进行战争的帝国主义国家是(   )。

    A. 英国   B. 法国   C. 日本   D. 俄国

2. 20世纪初,传播民主革命思想的书籍纷纷涌现,其中包括(   )。

    A.《革命军》   B.《猛回头》《警世钟》

    C.《变法通议》   D.《驳康有为论革命书》

3. 在资产阶级革命思想的传播过程中,陆续成立的革命团体有(　　)。

　　A. 华兴会　　　　　B. 科学补习所　　　　C. 光复会　　　　D. 强国会

4. 清末"新政"(又称庚子新政、庚子后新政,民国称遮羞变法,香港称晚清改革,日本称光绪新政),是清朝末年的一场经济和政治体制改革运动,也是中国现代化的重大事件之一。其主要内容包括(　　)。

　　A. 设立商部、学部、巡警部等中央行政机构

　　B. 裁撤绿营,建立新军

　　C. 颁布商法商律,奖励工商

　　D. 颁布新的学制

5. 1912 年 2 月 14 日,临时大总统孙中山递交辞职咨文,3 月 10 日,袁世凯就任临时大总统职位。为了防范袁世凯的独裁野心,孙中山提出辞职的附加条件是(　　)。

　　A. 袁世凯承认共和　　　　　　　　B. 临时政府设在南京

　　C. 新总统到南京就职　　　　　　　D. 新总统要遵守《中华民国临时约法》

6. 1905 年 8 月 20 日,中国同盟会于在日本东京成立,它将孙中山提出的"驱除鞑虏,恢复中华,创立民国,平均地权"十六字纲领作为根本政治要求。以下对同盟会纲领理解正确的是(　　)。

　　A. 推翻满洲贵族的统治　　　　　　B. 建立资产阶级共和国

　　C. 驱逐占据中国的帝国主义势力　　D. 提出了资本主义的土地纲领

7.《中华民国临时约法》的内容包括(　　)。

　　A. 中华民国主权属于国民全体,国内各民族一律平等

　　B. 参议院对临时大总统有弹劾权

　　C. 实行总统制,总统有行政、立法、司法权

　　D. 国民享有人身、财产、集会、结社、言论、出版等自由,选举与被选举权等民主权利

8. 作为一次比较完整意义上的资产阶级革命,辛亥革命的历史局限性主要是(　　)。

　　A. 没有提出彻底反帝反封建的革命纲领

　　B. 没有坚持长期的武装斗争

　　C. 没有充分发动和依靠民众

　　D. 没有建立坚强的革命政党及其领导核心

9. 1912 年 3 月 10 日,袁世凯在北京就任临时大总统一职,并将临时政府迁往北京,由此窃取了辛亥革命胜利的果实。袁世凯之所以能篡夺辛亥革命胜利果实

的主要原因是(　　)。

  A. 帝国主义和国内封建势力的支持　　B. 袁世凯拥有强大的军事力量

  C. 袁世凯假意赞成共和　　　　　　　D. 资产阶级的软弱性

  10. 1912年1月1日,孙中山在南京组织成立了临时管治机构——南京临时政府。3月8日,南京临时参议院通过《中华民国临时约法》,3月11日公布实施,取代《中华民国临时政府组织大纲》。《中华民国临时约法》公布实施后,存在近3个月的南京中华民国临时政府解散,南京临时政府的局限性表现为(　　)。

  A. 承认清政府与列强所订的一切不平等条约和一切外债有效

  B. 没有提出任何可以满足农民土地要求的政策和措施

  C. 维护封建土地制度以及官僚、地主所占有的土地财产

  D. 主体是资产阶级革命派

  11. 下列运动中,孙中山亲自参加或领导的是(　　)。

  A. 武昌起义　　　B. 二次革命　　　C. 护法运动　　　D. 护国运动

  12. 1905年至1907年间,资产阶级革命派与改良派论战的主要内容是(　　)。

  A. 要不要以革命手段推翻清王朝　　　B. 要不要推翻帝制,实行共和

  C. 要不要社会革命　　　　　　　　　D. 要不要废科举和兴西学

参考答案:

1. CD　2. ABD　3. ABC　4. ABCD　5. BCD　6. ABD　7. ABD　8. ACD

9. ABCD　10. ABC　11. BC　12. ABC

(三) 简答题

  1. 《临时约法》的基本内容是什么?

  2. 怎样看待中华民国临时政府的性质?

  3. 以袁世凯为首的北洋军阀的专制统治的主要表现是什么?

  4. 简述孙中山为挽救共和进行的斗争。

参考答案:

  1. 答:"中华民国之主权属于国民全体",而"以参议院、临时大总统、国务院、法院行使其统治权";设国务总理,作为政府首脑;内阁辅佐临时大总统作为行政机关,行使行政权;设法院,行使司法权;设参议院为立法机关,行使立法权,参议院有弹劾大总统和国务院的权力;中华民国国民一律平等,享有人身、财产、集会、结社、出版、言论等自由,享有请愿、陈述、考试、选举与被选举等民主权利。

2. 答:中华民国临时政府是一个资产阶级共和国性质的革命政权。

(1) 在人员构成上,资产阶级革命派控制着这个政权。

(2) 在实行的各项政治经济文化和社会政策措施上,集中体现了中国民族资产阶级的愿望和利益,也一定程度上符合广大中国人民的利益

(3) 南京临时政府内政外交方面的局限性。一是承认清政府与列强所定的一切不平等条约和所欠的一切外债。二是没有提出可以满足农民土地要求的政策和措施。

3. 答:首先,在政治上,北洋政府实行军阀官僚的专制统治。其次,在经济上,北洋政府竭力维护帝国主义、地主阶级和买办资产阶级的利益。再次,在文化思想方面,尊孔复古思潮猖獗一时。总之,北洋军阀政府从政治上、经济上和文化思想上对辛亥革命进行了全面的反攻倒算,中国重新落入了黑暗的深渊。

4. 答:孙中山为挽救共和进行的斗争主要有:

(1) 1913 年,孙中山发动武装反袁的"二次革命",只坚持了两个月就失败了。

(2) 1914 年,孙中山在日本组织中华革命党,坚持武装反袁斗争。

(3) 1916 年,支持"护国"运动。

(4) 1916 年—1917 年,领导"护法"运动,反对段祺瑞为首的北洋军阀政府的独裁卖国统治。

(5) 1917 年,在广州成立以孙中山为大元帅的护法军政府,并出师北伐。

(四) 论述题

1. 三民主义学说的主要内容和意义是什么?

2. 辛亥革命为什么会失败?它的失败说明什么?

3. 为什么说孙中山领导的辛亥革命引起了近代中国的历史性巨大变化?

参考答案:

1. 答:(1)民族主义,包括"驱除鞑虏,恢复中华"一是要以革命手段推翻清朝政府,改变它一贯推行的民族歧视和民族压迫政策;二是追求独立,建立"民族独立的国家"。但并没有从正面鲜明地提出反对帝国主义的主张。(2)民权主义,内容是"创立民国"即推翻封建君主专制制度。(3)民生主义,建立资产阶级民主共和国民生主义,在当时指的是"平均地权",即孙中山所说的社会革命意义。孙中山的三民主义学说,初步描绘出中国还不曾有过的资产阶级共和国方案,是一个比较完整而明确的资产阶级民主革命纲领,它的提出,对推动革命的发展产生了重大而积极的影响。

2. 答:辛亥革命失败的原因主要有以下几个方面:

从根本上说,是因为在帝国主义时代,在半殖民地半封建的中国,资本主义的建国方案是行不通的。尽管当时先进的中国人真诚地希望把中国建设成为资产阶级共和国,但是,帝国主义决不容许中国建立一个独立、富强的资产阶级共和国,它们用政治、外交、军事、经济、财政等各种手段来破坏、干涉中国革命,扶植并支持它们的代理人袁世凯夺取政权。帝国主义与以袁世凯为代表的大地主大买办势力以及旧官僚、立宪派一齐勾结起来,从外部和内部绞杀了这场革命。

从主观方面来说,在于它的领导者资产阶级革命派本身存在着许多弱点和错误。主要是:

第一,没有提出彻底的反帝反封建的革命纲领。第二,不能充分发动和依靠人民群众。第三,不能建立坚强的革命政党,作为团结一切革命力量的强有力的核心。辛亥革命的失败表明,资产阶级共和国的方案没有能够救中国,先进的中国人需要进行新的探索,为中国谋求新的出路。

3. 答:在近代历史上,辛亥革命是中国人民为救亡图存、振兴中华而奋起革命的一座里程碑,它使中国发生了历史性的巨变,具有伟大的历史意义。第一,辛亥革命推翻了封建势力的政治代表、帝国主义在中国的代理人清王朝的统治,沉重打击了中外反动势力,使中国反动统治者在政治上乱了阵脚。第二,辛亥革命结束了中国延续两千多年的封建君主专制制度,建立了中国历史上第一个资产阶级共和政府,使民主共和的观念开始深入人心,并在中国形成了"敢有帝制自为者,天下共击之"的民主主义观念。第三,辛亥革命推动了中国人民的思想解放。第四,辛亥革命推动了中国的社会变革,促使中国的社会经济、思想习惯和社会风俗等方面发生了新的积极变化。第五,辛亥革命不仅在一定程度上打击了帝国主义的侵略势力,而且推动了亚洲各国民族解放运动的高涨。

(五) 材料分析题

材料分析题一

材料1 "扫除数千年种种之专制政体,脱去数千年种种之奴隶性质,……洗尽二百六十年惨残虐酷之大耻辱,使中国大陆成干净土,黄帝子孙皆华盛顿,则有起死回生,还魂还魄,出十八层地狱,升三十三天堂,郁郁勃勃,莽莽苍苍,至尊极高,独一无二,伟大绝伦之一目的,曰革命。巍巍哉! 革命也。皇皇哉,革命也!……革命者,天演之公例也。革命者,世界之公理也。革命者,争存争亡过渡时代之要义也。革命者,顺乎天而应乎人者也。革命者,去腐败而存良善者也。革命者,由野蛮而进文明者也。革命者,除奴隶而为主人者也。"

——邹容:《革命军》(1903 年)

材料 2 "夫革命非一国之吉祥善事也,就使革命而获成矣,为李自成之入燕京矣,为黄巢之破长安矣,且为刘、项之入关中矣。然以中国土地之大,人民之众,各省各府,语言不相通,各省各府,私会不相通,各怀私心,各私乡土,其未大成也,必州县各起,省府各立,莫肯相下,互相攻击,各自统领,各省并吞,各相屠城,流血成河,死人如麻,秦、隋、唐、元之末季,必复现于今日。加以枪炮之烈,非如古者刀矛也,是使四万万之同胞,死其半也。"

——康有为:《答南北美洲诸华商论中国只可行　立宪不可行革命书》(1902 年)

材料 3 "长素(即康有为——引者注)以为中国今日之人心,公理未明,旧俗俱在,革命以后,必将日寻干戈,偷生不暇,何能变法救民,整顿内治!……然则公理之未明、即以革命明之;旧俗之俱在,即以革命去之。革命非天雄大黄之猛剂,而实补泻兼备之良药矣。"

——章太炎:《驳康有为论革命书》(1903 年)

请回答:

1. 概括这三段材料的大意。
2. 革命党人是如何论证革命的必要性的?

材料分析题二

材料 1　中国反帝反封建的资产阶级民主革命,正规地说起来,是从孙中山先生开始的……五十年来,有它胜利的地方,也有它失败的地方。你们看,辛亥革命把皇帝赶跑,这不是胜利了吗?说它失败,是说辛亥革命只把一个皇帝赶跑,中国仍旧在帝国主义和封建主义的压迫之下,反帝反封建的革命任务并没有完成。

——毛泽东《青年运动的方向》

材料 2　1911 年中国民主革命的先行者孙中山先生领导的辛亥革命,终结了统治中国两千多年的君主专制制度。但是,辛亥革命后试图模仿西方民主制度模式建立的资产阶级共和国,包括议会制、多党制等,并没有实现中国人民要求独立、民主的迫切愿望,很快就在中外各种反动势力的冲击下归于失败。时人悲愤地感叹道:"无量头颅无量血,可怜购得假共和。"中国人民仍然处于被压迫、被奴役、被剥削的悲惨境地。中国的出路在哪里?中国人民在黑暗中思考着、摸索着、奋斗着。

——中华人民共和国国务院新闻办公室:《中国的民主政治建设》(2005年10月19日)

请回答:

1. 说明孙中山领导的辛亥革命的历史意义。

2. 为什么说辛亥革命"没有实现中国人民要求独立、民主的迫切愿望"?

参考答案:

材料分析题一

1. 答:是革命派和改良派围绕中国究竟是采取革命手段还是改良方式问题的论战,革命派主张只有通过革命,才能获得民族独立和社会进步,改良派认为革命会杀人流血、破坏一切而反对激烈革命。

2. 答:革命派在论战中论述了革命的必要性、正义性、进步性。首先,清政府是帝国主义的"鹰犬",因此,爱国必须革命。只有通过革命,才能"免瓜分之祸",获得民族独立和社会进步。其次,进行革命固然有牺牲,但是,不进行革命,而容忍清王朝在中国的统治,中国人民就不能免除痛苦和牺牲。再次,人们在革命过程中所付出的努力,乃至做出的牺牲,是以换取历史进步为补偿的。

材料分析题二

1. 答:辛亥革命是一次比较完整意义的资产阶级革命,是中国近代救亡图存、振兴中华的里程碑。辛亥革命推翻了封建君主专制制度,建立了资产阶级共和国,使民主共和观念深入人心。辛亥革命推翻了清朝统治,沉重地打击了帝国主义的侵略势力。辛亥革命为民族资本主义的发展创造了有利条件,对近代亚洲各国的民族解放运动也产生了广泛的影响。

2. 答:辛亥革命的胜利果实被袁世凯篡取,中国开始进入北洋军阀的黑暗腐朽统治时期,北洋军阀对内图谋武力统一导致军阀混战不休、对外投靠帝国主义。辛亥革命没有完成反帝反封建的革命任务,中国的社会性质没有改变,仍然处于半殖民地半封建社会。因此,辛亥革命没有实现中国人民要求独立民主的愿望。

五、实践教学

(一)实践内容

1. 组织学生观看电影《孙中山》,加深对孙中山及其辛亥革命的感性认识。

2. 赴扬州革命纪念馆和熊成基烈士故居参观,帮助学生更好地了解辛亥革命发生的条件、原因、经过、影响。

3. 指导学生课外选读相关文献以加深对教学内容的理解。主要阅读篇目:

(1) 列宁:《中国的民主主义与民粹主义》;

(2) 毛泽东:《纪念孙中山先生》;

(3) 孙中山:《民报发刊词》;

(4)《中华民国临时约法》。

(二)实践方案

在学校及学院的组织安排下,利用假期时间组织学生前往参观纪念馆和熊成基烈士故居。利用课余时间组织观看电影和阅读相关文献。

(三)实践成果

以 PPT、课堂讨论、写参观感想等方式完成。通过对革命纪念馆和熊成基烈士故居的参观学习,重温辛亥革命的历史,瞻仰革命先辈的光辉事迹,提升学生们的爱国意识与综合素养。

(四)实践评价

能够完成展示及布置的实践作业,得到基本分;在此基础上根据完成效果,以不合格、合格、良好、优秀分四等,根据每等评定,在基本分基础上酌情加减分数。

六、推荐阅读

(一)著作

1. 章开沅、严昌洪:《辛亥革命与中国政治发展》,华中师范大学出版社,2005年版。

2. 朱育和等:《辛亥革命史》,人民出版社,2001 年版。

3. (美)周锡瑞:《改良与革命》,江苏人民出版社,2007 年版。

4. 王浦劬:《政治学基础》,北京大学出版社,2005 年版。

5. 关海庭：《中国近现代政治发展史》，北京大学出版社，2005年版。

6. 童星：《发展社会学与中国现代化》，社会科学文献出版社，2005年版。

7. 张玉法：《民国初年的政党》，岳麓书社，2004年版。

8. 周积明、郭莹等：《震荡与冲突》，商务印书馆，2003年版。

9. 韩秀桃：《司法独立与近代中国》，清华大学出版社，2003年版。

10. 耿云志等：《西方民主在近代中国》，中国青年出版社，2003年版。

11. 关海庭：《20世纪中国政治发展史论》，北京大学出版社，2002年版。

12. 欧阳云梓：《秋瑾评传》，中国社会科学出版社，2011年版。

13. 金冲及：《辛亥革命研究》，上海辞书出版社，2011年版。

14. 金冲及：《辛亥革命史稿》，上海辞书出版社，2011年版。

15. 邹鲁：《中国国民党史稿》，东方出版中心，2011年版。

16. 胡国枢：《陶成章》，团结出版社，2011年版。

17. 刘景泉：《宋教仁》，团结出版社，2011年版。

18. 章开元：《辛亥革命史资料新编》，湖北人民出版，2006年版。

19. 朱庆葆：《邹容、陈天华评传》，南京大学出版社，2006年版。

20. 梁启超：《清代学术概论》，上海古籍出版社，2005年版。

21. 冯天瑜、黄长义：《晚清经世实学》，上海社会科学院出版社，2002年版。

（二）论文

1. 孙中山：《〈民报〉发刊词》（1905年10月20日），《孙中山选集》，人民出版社2011年版。

2. 孙中山：《〈民报〉与〈新民丛报〉辩驳之纲领》，《民报》1906年4月28日，《孙中山选集》。

3. 孙中山：《军政府宣言》（1906年），《孙中山选集》。

4. 《中华民国临时约法》（1912年3月）。

5. 毛泽东：《纪念孙中山先生》（1956年11月12日），《毛泽东选集》第5卷。

6. 胡锦涛：《在孙中山先生诞辰一百四十周年纪念大会上的讲话》（2006年11月12日）。

7. 宋正：《辛亥革命与中国工业化》，载《辽宁经济职业技术学院（辽宁经济管理干部学院学报）》，2009年第5期。

8. 沈渭滨：《论辛亥革命在东南地区社会结构的变迁——兼论中国近代史的开端》，载《复旦学报（社会科学版）》，2002年第2期。

9. 陶用舒:《实业建国　教育兴国　政党治国——论辛亥革命后黄兴的政治主张》,载《安徽史学》,2001 年第 4 期。

10. 谢本书:《近代中国社会与辛亥革命》,载《云南师范大学学报(哲学社会科学版)》,2002 年第 1 期。

11. 郑炳凯:《辛亥革命与中国政治发展的新模式》,载《河南大学学报(社会科学版)》,2007 年第 2 期。

12. 吴爱萍:《从维新变法到辛亥革命:清末民初宪政实践的考量》,载《江西社会科学》,2010 年第 3 期。

13. 马烈:《简论辛亥革命在中国政治制度史上的意义》,载《江苏教育学院学报(社会科学版)》,2001 年第 6 期。

14. 萧云岭:《论会党与辛亥革命的失败》,载《华中师范大学学报(人文社会科学版)》,1981 年第 4 期。

15. 胡维革:《半殖民地意识与辛亥革命的失败》,载《东北师大学报(哲学社会科学版)》,1991 年第 5 期。

16. 张宁:《论辛亥革命失败的经济原因》,载《重庆科技学院学报(社会科学版)》,2009 年第 6 期。

17. 黄少坚:《浅论关税问题与辛亥革命失败》,载《柳州师专学报》,1994 年第 1 期。

18. 施学:《论辛亥革命失败的经济原因》,载《辽宁师范大学学报(社会科学版)》,1991 年第 5 期。

19. 宋新夫:《辛亥革命对国民主体意识觉醒的影响》,载《南昌高专学报》,2002 年第 2 期。

第四章

中国共产党成立和中国革命新局面

一、内容概要

1917 年,列宁领导的俄国十月革命取得胜利,社会主义从理论变为现实,打破了资本主义一统天下的世界格局。俄国十月革命一声炮响,为中国送来了马克思列宁主义,给苦苦探寻救亡图存出路的中国人民指明了前进方向,提供了全新选择。在马克思列宁主义同中国工人运动的紧密结合中,中国共产党应运而生。

中国共产党的成立是中华民族发展史上开天辟地的大事变,从此中国革命的面貌焕然一新。在 1924 年第一次国共合作的基础上,中国掀起了一场推翻北洋军阀统治的大革命。由于国民党右派的背叛和中国共产党内的右倾错误,大革命失败。

二、教学设计与教学研究

(一)教学目标与基本要求

1. 了解五四前后的国际国内背景,理解为什么当时先进的知识分子要选择马克思主义作为改造中国的思想武器。

2. 理解中国共产党的成立是历史的必然,了解共产党成立后中国革命出现的新变化,从而理解为什么说共产党的成立是"开天辟地的大事变"。

3. 使学生进一步提高自己的思想政治素质和历史素养,特别是要使学生充分认识中国共产党的先进性,坚定跟共产党走的信念。

（二）教学内容与逻辑结构

1. 教学内容

（1）新文化运动和五四运动。

（2）马克思主义广泛传播与中国共产党诞生。

（3）中国革命新局面。

2. 逻辑结构

本章共分三节。第一节阐述了新文化运动的内容及评价,十月革命对马克思主义在中国传播的影响,五四运动的爆发及其历史特点,揭示了它为何成为新民主主义革命的开端。第二节论述了早期马克思主义运动的队伍、特点及新文化运动的发展,介绍中国共产党早期组织活动以及与工人运动的结合,介绍中国共产党的成立、特点及意义。第三节阐述了中国共产党制定民主革命纲领,发动工农运动,实行国共合作,开展国民革命,展现了中国革命新面貌。

（三）教学重点难点与教学方法

1. 教学重点

（1）新文化运动和五四运动的历史意义。

（2）中国共产党的成立及其历史意义。

（3）第一次国共合作形成过程以及国民革命的发展。

2. 教学难点

（1）中国的先进知识分子为什么和怎样选择了马克思主义?

（2）为什么是"开天辟地的大事变"?

（3）中国共产党成立后中国革命呈现哪些新面貌?

3. 教学方法

主要运用以下四种方法:比较分析的方法、教师主导性与学生主体性相结合的方法、理论与史实相结合的方法以及史实联系实际的方法。为调动学生的主体性,可在教学中采用多种手段,如多媒体教学、课堂讨论与课外阅读。

（四）授课切入与教学案例

授课切入

自鸦片战争中国开始沦为半殖民地半封建社会以来，自强不息的中国人就不断地进行抗争与探索。社会各阶级都面临"怎么办"的问题。农民阶级、地主阶级洋务派、资产阶级维新派和革命派，他们从各自的阶级立场出发，对国家的出路进行了探索，先后提出了自己的主张和方案。然而历史表明，从洪秀全到孙中山，从《天朝田亩制度》到《中华民国临时约法》都没有找到一条挽救中国社会危机的出路，这些探索无一例外地以失败告终，真可谓"山重水复疑无路"，就在此时，"十月革命一声炮响给中国人民送来了马克思主义"，中国的探索者在漫漫的黑夜中，终于看到了曙光，这又可谓"柳暗花明又一村"。中国革命的道路何在？中国富强的前途何在？先进的知识分子为改造黑暗的旧中国又开始了艰难的探索。

教学案例1 关于"三只兔子"会北大

早在1919年五四运动以前，北京大学作为新文化运动的主要活动基地已经闻名遐迩。胡适曾经说过一句俏皮话："北大是由于三只兔子而成名的。"这"三只兔子"指的是北京大学校长蔡元培、文科学长陈独秀、年轻的名教授胡适。蔡元培生于1868年1月11日（清同治六年十二月十七日），干支纪年为丁卯年；陈独秀生于1879年10月9日（清光绪五年），干支纪年为乙卯年；胡适生于1891年12月17日（清光绪十七年），干支纪年为辛卯年。按十二属相来说，他们三人都是属兔的，这就是胡适戏言的由来。中国人崇拜生辰属相，"三只兔子"之说便相传成诵。

蔡元培是北大改革的领导人物，陈独秀与胡适则是其行政上和学术上的得力助手，他们三个是当时北京大学的灵魂。虽然当时的北大是他们共同的舞台，但由于各自的起点不同，步履不同，在中国历史舞台上扮演的角色也不同。蔡元培一生致力于革命教育事业，作为同盟会员，他在任中华民国第一任教育总长时，就提出要实行军国民教育、实利教育、公民道德教育、美育和世界观教育，进行全面教育培养一代"共和"新人。北大是蔡元培最后的舞台，1917年入主北大后，进行了大刀阔斧的改革，"兼容包并""思想自由"，不拘一格选拔人才，各种思想潮流派竞相传播，使北大由声望欠佳的"官僚养成所"一跃成为当时的学术圣地，成为新文化运动的主要基地,进而成为五四运动的中心。其在香港逝世后,中共中央致电,称其"为革命奋斗四十余年,为发展中国教育文化事业勋劳卓著,培植无数革命青年"。毛泽东更是称之为"学界泰斗,人世楷模"。

陈独秀的一生可谓波澜壮阔,毁誉参半。他曾高举民主和科学的旗帜,发起了被誉为"旧民主主义革命的补课,新民主主义革命的序曲"的新文化运动,不仅动摇了封建正统思想的统治地位,也为马克思主义在中国的传播创造了条件,并抓住时机创立了中国共产党。可惜在国民革命时期犯了右倾机会主义错误,给党和革命事业造成了巨大损失,以致毛泽东在"七大"上评价其"五四运动总司令""创造了党",只可惜"晚年颓唐,浩叹由衷"。

胡适早年,国难频仍,由于戊戌变法的破产、八国联军的侵略,促使热血青年出于民族自爱自强的愿望,积极寻找救国之路。严复翻译的《天演论》一时风靡全国,他将"物竞天择,适者生存"的"适"字作为自己的名字,以"适之"为字。胡适正是在北大这个舞台上走入人们的视野的。1917 年,他在《新青年》上发表了《文学改良刍议》,成为新文化运动的主要人物。随着马克思主义的传播,1919 年发表了《多研究些问题,少谈些主义》,主张改良主义,反对社会革命。他在仕途上一帆风顺,曾任国民政府驻美国大使、北京大学校长、"中央研究院院长"等职。他在学术上影响最大的是提倡"大胆假设、小心求证"的治学方法。

——摘编自伍启元:《中国新文化运动概观》,黄山书社,2008 年版

【思考与讨论】

1. 新文化运动爆发的历史背景是什么?
2. 为什么说蔡元培、陈独秀、胡适等是新文化运动的代表人物?

教学案例 2 《青年杂志》改名为《新青年》出版

1916 年 9 月 1 日,《青年杂志》易名《新青年》出版。陈独秀在改刊后的《新青年》第一期上发表《新青年》一文,号召青年做"新青年"。他提出"新青年"的标准是:生理上身体强壮;心理上是"斩尽涤绝做官发财思想",而"内图个性之发展,外图贡献于其群";以自力创造幸福,而"不以个人幸福损害国家社会"。

李大钊发表《青春》一文,在文中揭露封建制度给中国带来的危害,并强调要寄希望于"青春中国之再生";号召青年"冲决过去历史之网罗,破坏陈腐学说之囹圄","本其理性,加以努力,进前而勿顾后,背黑暗而向光明,为世界文明,为人类造幸福"。

1. 陈独秀在《青年杂志》倡导青年要有个性

1916 年 1 月 15 日,陈独秀在《青年杂志》1 卷 5 号发表《一九一六年》一文,号召国人从头忏悔,改过自新,一新其心血,以新人格,以新国家,以新社会,以新家庭,以新民族。同时批驳了纲常名教,号召青年为三个目标而奋斗:自居征服地位,勿自居被征服地位;尊重个人独立自主之人格,勿为他人之附属品;从事国民运动,勿围于党派运动。

《青年杂志》自第 2 卷(1916 年 9 月)改名《新青年》,自此成为反封建和鼓吹民主革命的中心刊物。

2. 陈独秀著文驳斥康有为"定孔教为国教"论

1916 年 10 月 1 日,陈独秀针对康有为一意要把孔教定为国教的论调,在《新青年》二卷二号上发表《驳康有为致总统总理书》一文。

文章指出孔教和帝制的关系,说"别尊卑、重阶级、事天尊君"这些孔教思想,正为历代帝王所利用。定孔教为国教,不但违反思想自由之原则,而且违反宗教信仰自由之原则。他认为民主国之祀孔,正如主张专制国祀华盛顿、卢梭一样的荒诞不经。

1917 年年初,陈独秀任北京大学文科学长,编辑部也随之从上海移至北京。

3. 李大钊发表《庶民的胜利》

1919 年 1 月,《新青年》刊登了李大钊的演说《庶民的胜利》一文。李大钊针对当时各帝国主义国家和北洋军阀政府宣传第一次世界大战的胜利是"公理战胜强权",指出:"这回战胜的,不是联合国的武力,是全世界人类的新精神。不是为那一国的军阀或资本家的政府,是全世界的庶民,我们庆祝,不是为那一国或那一国的一部分人庆祝,是为全世界的庶民。"我们不是为打败德国人庆祝,是为打败世界的帝国主义庆祝。这回大战,有两个结果:一个是政治的,一个是社会的。政治的结果,是"大……主义"失败,民主主义战胜。社会的结果,是资本主义失败,劳工主义战胜。原来这回战争的原因,乃在于资本主义的发展。民主主义劳工主义既然占了胜利,今后世界人人都成庶民,也就都成了工人。我们对于这等世界的新潮流,应该有几个觉悟:

第一,须知一个新命的诞生,必经一番苦痛,必昌许多危险。有了母亲诞孕的劳苦痛楚,才能有儿子的生命。这新纪元的创造,也是一样的艰难。这等艰难,是进化途中所必须经过的,不要恐怕,不要逃避的。

第二,须知这种潮流,是只能迎,不可拒的。我们应该准备怎么能适应这个潮流,不可抵抗这个潮流。人类的历史,是共同心理表现的记录。一个人心的变动是全世界人心变动的征兆。一个事件的发生,是世界风云发生的先兆。1789年的法国革命,是19世纪中各国革命的先声。1919年的俄国革命,是20世纪中世界革命的先声。

第三,须知此次平和会议中,断不许持"大……主义"的阴谋政治家在那里发言,断不许有带"大……主义"臭味,或伏"大……主义"根蒂的条件成立。即或有之,那种人的提议和那条件,断归无效。这场会议,恐怕必须有主张公道破除国界的人士占列席的多数,才开得成。

第四,须知今后的世界,变成劳工的世界。我们应该用此潮流为使一切人人变成工人的机会,不该用此潮流为使一切人人变成强盗的机会。凡是不做工吃干饭的人,都是强盗。我们中国人贪惰性成,不是强盗,便是乞丐,总是希图自己不做工,抢人家的饭吃,讨人家的饭吃。到了世界成一大工厂,有工大家做,有饭大家吃的时候,如何能有我们这样贪惰的民族立足之地呢?照此说来,我们要想在世界上当一个庶民,应该在世界上当一个工人。

——摘编自 http://www.chtc.edu.cn/s/79/t/68/93/dd/info37853.htm

【思考与讨论】

1.《新青年》的口号是什么?《新青年》早期的宣传思想与后期的宣传思想有什么不同?

2. 评析以《新青年》的创立为标志的新文化运动在中国近代思想发展史上的历史意义。

3. 以新文化运动为理论切入点,谈谈中国近代的先进知识分子为什么以及怎样选择了马克思主义。

教学案例3　五四运动

1919年5月4日,在古都北京爆发了一场轰轰烈烈的反帝爱国群众运动,革命浪潮迅速席卷全国,各界民众同仇敌忾,共同奏起一曲浩气长存的时代壮歌。是年初,第一次世界大战的战胜国在巴黎近郊的凡尔赛宫召开了战后和平会议。会上,中国代表最初提出的取消列强某些特权的七项希望条件及废除二十一条不平等条约的要求均被无理否决,最后和会竟将原德国在山东攫取的一切权益转由日本接管。

消息传入国内,激起全国人民的强烈抗议。5月4日下午,北大等十几所学校3000余名学生聚集天安门广场,喊出了"外争国权,内惩国贼""废除二十一条""誓死力争""还我青岛"等口号。游行队伍到东交民巷使馆区请愿未果,就前往赵家楼胡同曹汝霖的住宅。曹汝霖、章宗祥、陆宗舆是北洋政府与日本具体交涉的亲日派官僚。当时,曹汝霖已吓得躲了起来,愤怒的学生就将在曹宅的章宗祥痛打一顿,并放火焚烧了曹宅。这时,大批军警赶到,当场逮捕了 32 名学生。在广大学生针锋相对的斗争下,在各界的强烈声援下,被捕学生很快被释放了,但运动的目的并未实现。5 月 19 日,北京大中学校 2.5 万多人举行总罢课,并进行大规模的爱国运动。6 月 3、4、5 日,更多的学生走向街头,抗议军阀政府的倒行逆施,800 多名学生被捕入狱,当局甚至用北大校舍做临时监狱来关押学生。

骇人听闻的"六三大拘捕"激起全国各地更强烈的反抗。大江南北、长城内外,群起响应,正义凛然、不畏强暴的爱国斗争从星星之火,渐成燎原之势。据统计,全国有 20 多个省区,100 多个大中城市卷入这场如火如荼的洪流,尤以上海爆发的六三运动规模最大。6 月 5 日,上海工人自动举行罢工,支援学生的反帝爱国斗争。以日商内外棉第三、四、五纱厂工人带头,全市六七万工人罢工。同时,上海商人也举行了罢市。一些地方的工人、商人积极响应,推动了斗争的发展。迅猛扩大的斗争形势给反动当局以极大压力。6 月 7 日,北京政府被迫释放被捕学生。6 月 10 日,下令撤销了曹、章、陆的职务。但是,6 月 17 日,北京政府又电令中国代表,同意在和约上签字。为此,又引发了新的一轮抗争,拒绝和约签字的呼声如潮,全国各地发往巴黎抗议签字的电报就达 7 000 余份,中国代表终于没有出席和约签字仪式。

卖国贼被罢黜,和约被拒签,这场反帝爱国运动取得了初步的胜利。它是中国历史上第一次彻底的不妥协的反对帝国主义和封建势力的伟大斗争。五四运动是中国新民主主义革命的开端,是中国革命史上划时代的事件,是中国旧民主主义革命到新民主主义革命的转折点。

——http://baike.baidu.com/item/五四运动/291670

【思考与讨论】

1. 五四运动的精神核心是什么?
2. 当代青年人应继承什么样的五四精神?

三、学术动态

（一）关于中国共产党创建史研究

中国共产党创建史研究历来是共党史和中国现代史学界高度重视的领域。每逢党的重要纪念日往往就是研究的高峰时期，最近几年在中国共产党史创建史方面更是有了一些新的成果和新进展。

1. 关于马克思主义早期传播研究

关于这方面的最新和最重要成果是 2012 年由湖北大学中共创建史研究中心田子渝教授主持的、由学习出版社出版的《马克思主义在中国初期传播（1918—1922）》，这是一本对马克思主义在中国早期传播进行全景式扫描的著作，其宏大的学术视野、扎实的史料和严谨的结论受到学界广泛关注和好评。

最近几年对马克思主义传播媒介进行个案研究比较盛行，发表文章比较多，如：付冉冉的《〈共产党〉月刊与马克思主义在中国的早期传播》，周凯的《马克思主义在中国早期传播的主要特点——以〈新青年〉月刊为主的文本分析》，赵付科、季正聚的《中共早期报刊视域下马克思主义的传播路径及启示》等。

关于马克思主义的初期传播渠道。学界取得了共识，马克思主义从东、西、北，即东面从日本，西面从西欧，北面从苏俄在中国登陆。其中日本是主渠道，也是研究成果最丰富的地方。这方面，日本学者由于得天独厚的条件，其研究居领先地位，代表作是石川祯浩先生的《中国共产党成立史》，书后附录《日中社会主义文献翻译对照表》，具有极高的史料价值。基本将中国早期马克思主义著作和文章与日本的关系理清楚了。它的成果已被我国学者所利用。

2. 关于中共早期组织研究

2013 年 12 月，中共党史出版社出版了由中共嘉兴市委宣传部、嘉兴市社会科学联合会和嘉兴学院红船研究中心联合著作的《中国共产党早期组织及其成员研究》一书。这是首部出版的研究中共早期组织及其成员的专著，在参考相关研究成果的基础上，本书作者不辞辛苦，多次前往实地进行考察调研和走访，同时做了大量深入、细致的资料收集与整理工作，基本上理清了中共早期组织在上海、北京等地建立的过程，经过考证、甄别，确认了各地党的早期组织成员及其变化过程，并撰写了每个早期组织成员的传记，收齐了所有成员的照片，具有重要的研究参考价值。

2015年,中共党史出版社出版了由中共湖北省委党史研究室编的《中国共产党湖北早期组织》(上下册),全书75万余字,内容包括综述、资料人物、大事记等,史料翔实,是一部研究湖北地区中共创建的重要参考书。

论文方面,田子渝在《论中共湖北早期组织在中共创建史上的地位》一文中,认为中共湖北早期组织在中共创建史上具有重要的历史地位。黄爱军的《对中共早期组织的一点考证》认为以往学术界流行的观点,一般将上海发起组与各地的共产党早期组织统称为共产党早期组织,并认为它们都是后来组成全国统一的中国共产党的地方组织。这一说法贬低了上海发起组在中共创建进程中的领导和核心作用,与历史实际有一定的出入。上海发起组与各地的早期组织不是平行的关系,而是中央与地方的关系。各地的共产党早期组织都是上海发起组建立和发展起来的地方性组织,都应属于在上海创建的"中国共产党"的组织体系和范畴。

3. 关于中共创建人物研究

在中共创建人物的研究中,以往大多聚集在中共创建过程中和后来对中国革命有重要影响的人物上,这几年也不例外,如对党的重要创始人陈独秀、李大钊、毛泽东、李达、李汉俊、恽代英、蔡和森、瞿秋白等的研究还是比较多,对其他具有初步共产主义思想的知识分子研究较少。不过,欣喜的是最近几年党史界对一些党史上的边缘人物,甚至反面人物开始关注,以实事求是的态度,承认他们在建党时期的贡献,如刘仁静、包惠僧、金家凤、袁振英等。

2012年3月,中共一大会址纪念馆举办了"刘仁静与中共创建"学术研讨会,这是国内首次举办关于刘仁静的学术研讨会,来自北京、上海、广州、武汉等地的专家学者参加了研讨会,收到论文20余篇。

2014年9月,中共一大会址纪念馆与上海中共党史学会联合举办了"中共一大代表包惠僧学术研讨会",这是一次开创性的会议,来自上海、北京、湖北、广东、新疆、河北等地专家学者数十人参加了研讨会,收到论文28篇,这些论文从多方面客观论述了包惠僧在中共早期历史中参与建党、参与领导第一次工人运动高潮、参与国共合作的活动和贡献,并对他一生的曲折经历进行了全面科学的剖析。

(二) 第一次国共合作研究中的几个问题

近年来,第一次国共合作研究日趋全面和深入,新资料不断发掘和应用,新的观点时有提出,但仍有一些问题值得做进一步的探讨。

1. 关于第一次国共合作形成的原因

有些学者很理性地评价了共产国际、苏俄在第一次国共合作过程中的角色定位。姚金果、苏杭、杨云若在他们的著作《共产国际、联共(布)与中国大革命》中,认为共产国际、联共(布)在第一次国共合作的过程中确实起到了积极的推动作用。但提到关于实行党内合作的问题时,他们根据俄罗斯公布的新资料认为,中国共产党当时主张实行党外合作,之所以实行党内合作,并非共产党人之所愿,而是当时中国共产党为了尊重共产国际、联共(布)和国际纪律,按照共产国际、联共(布)的意愿行事。黄领霞、强文学在《共产国际和苏俄对第一次国共合作的影响》一文中认为,共产国际在对待国共合作的问题上,一方面它们促进了国共之间的联合,扮演了重要角色;另一方面它们在执行这一政策的时候犯了严重的右倾机会主义倾向,给第一次国共合作的最终失败埋下了隐患。

2. 对于第一次国共合作失败的分析

有学者从党内合作方式来探讨。刘会芳、王秀华认为从"党内合作"方式本身来看,这种合作方式是不稳固的;从国共双方接受"党内合作"方式的动机来看,双方都带有很强的策略考虑;从"党内合作"的动作方式来看,国共双方对"党内合作"始终持抵制和反对的态度,不能求同存异。周绍东在总结第一次国共合作破裂的原因时,也指出由于共产国际强迫中国共产党实行"党内合作"的方式以及在合作过程中斗争策略的失误,是导致国共合作破裂的原因之一。他认为实行"党内合作",使得共产党被置于追随国民党的附属地位,混淆了两党的阶级立场,限制了共产党的独立性;同时这一合作方式也妨碍了共产党人在统一战线中接取领导权的斗争,以至于国民党右派势力不断强大,不断向共产党发动进攻,并最终背叛革命,导致第一次国共合作的失败。

(三)关于国民革命和北伐战争的研究

关于国民革命和北伐问题,学术界已有相当多的研究成果,迄今出版的几部中华民国通史都有论及,如张玉法的《中华民国史稿》(台湾联经 1998 年版)、张宪文主编的《中华民国史》(南京大学出版社 2006 年版)、朱汉国和杨群主编的《中华民国史》(四川人民出版社 2006 年版)、李新主编的《中华民国史》(中华书局 2011 年版)等。此外,还有一大批相关论文发表。由于受海峡两岸不同政治意识形态影响,两岸学者关于国民革命与北伐战争的研究,曾有不同的认知。如关于"联俄""容共"问题的认识,关于新旧三民主义的认识,关于国民党左右派的评价,关于

1926 年北伐和 1928 年北伐的评价,关于共产国际与国民革命关系的研究,关于国民革命成败评价等,至今仍有部分认知上的差异。

对于北伐战争的研究学术界已有一定成果。如曾宪林等人的《北伐战争史》(四川人民出版社 1991 年版)、杨天石主编的《中华民国史·北伐战争与北洋军阀的覆灭》(中华书局 2011 年版)等著作,从总体上对北伐战争的发轫、开展和结局进行了详细的叙述,是关于北伐战争的重要学术著作。特别是杨天石的这篇巨著,收集各方资料,国内、国外,正面、反面,中央、地方,此派、彼派。在此基础上,力求摆脱过去党派斗争的影响,站在新的历史高度,重新审视一切,从而准确、公正地再现当时的历史。这本书出版后,中共中央文献研究室常务副主任金冲及发表评论,认为"这部近 60 万字的巨著,许多方面的研究成果比前人又有新的突破。它是近年来中国近代史研究领域内不可多得的力作"。台湾中国国民党党史会主任李云汉教授也发表评论,认为该书"内容充实,体系完整,能脱出旧窠臼而能运用多方面的史料","除对蒋中正尚是斧钺交加外,其他叙事都甚平实可信"。当然在学界关于北伐战争的概念、战争的性质及其结局等,至今仍有不同的认识。

四、应知应会

(一)单项选择题

1. 新文化运动兴起的标志是(　　)。

A. 陈独秀创办《青年》杂志　　　　B. 鲁迅发表《狂人日记》

C. 李大钊发表《我的马克思主义观》　　D. 蔡元培出任北京大学校长

2. 新文化运动的主要内容是(　　)。

A. "自强""求富"　　　　　　　　B. 传播马克思主义

C. 救国图存　　　　　　　　　　　D. 提倡民主和科学

3. 新文化运动对中国革命产生的最深刻的影响是(　　)。

A. 动摇封建思想的统治地位

B. 弘扬了民主和科学,推动了自然科学发展

C. 对五四运动的爆发起了宣传作用

D. 后期传播社会主义思想,成为知识分子拯救国家改造社会的思想武器

4. 在民主革命时期,知识分子走向社会、与工农群众结合开始于(　　)。

A. 戊戌变法时期   B. 五四运动时期

C. 五卅运动时期   D. 一二·九运动时期

5. 在中国大地上率先举起马克思主义旗帜的是（　　）。

A. 李大钊   B. 陈独秀   C. 张国焘   D. 毛泽东

6. 标志着中国新民主主义革命开端的是（　　）。

A. 新文化运动   B. 五四运动

C. 中国共产党的诞生   D. 辛亥革命

7. 新文化运动的第一篇白话文小说是（　　）。

A.《阿 Q 正传》   B.《庶民的胜利》

C.《法俄革命之比较观》   D.《狂人日记》

8. 五四运动的直接导火线是（　　）。

A. 巴黎和会上中国外交的失败

B. 俄国十月革命的胜利

C. 辛亥革命的失败

D. 工人阶级和民族资产阶级力量的壮大

9. 第一个翻译《共产党宣言》中文全译本的是（　　）。

A. 陈望道   B. 蔡和森   C. 陈独秀   D. 李大钊

10. 李大钊比较全面系统地介绍马克思学说的文献是（　　）。

A.《法俄革命之比较观》   B.《庶民的胜利》

C.《Bolshevism 的胜利》   D.《我的马克思主义观》

11. 中国共产党第一次提出明确的反帝反封建的民主革命纲领是在（　　）。

A.《新青年》创刊号上   B. 党的一大会议上

C. 党的二大会议上   D. 党的三大会议上

12. 中国共产党作出实现第一次国共合作决策的会议是（　　）。

A. 党的一大   B. 党的二大   C. 党的三大   D. 党的四大

13. 以第一次国共合作为基础的革命统一战线正式形成的标志是（　　）。

A. 中共中央西湖特别会议   B. 党的二大

C. 党的三大   D. 中国国民党一大

14. 新三民主义之所以成为第一次国共合作的政治基础，主要原因是（　　）。

A. 它与中国共产党的最高纲领一致

B. 它适应了时代发展的潮流

C. 它与中共的民主革命完全一致

D. 它与中共民主革命纲领若干原则一致

15. 中国工人运动史上前所未有的壮举,对大革命高潮的形成起了重要推动作用的是(　　)。

A. 京汉铁路大罢工　　　　　　B. 香港海员大罢工

C. 安源路矿大罢工　　　　　　D. 省港大罢工

16. 1925 年 5 月,以(　　)为起点,国共两党掀起了全国范围的大革命浪潮。

A. 国民党一大　　　　　　　　B. 成立黄埔军校

C. 广州国民政府成立　　　　　D. 五卅运动

17. 北伐战争对准的军阀是(　　)。

①吴佩孚　②孙传芳　③张作霖　④段祺瑞

A. ①②③　　　B. ②③④　　　C. ①③④　　　D. ①②③④

18. 中国共产党第一次明确提出无产阶级领导权和农民同盟军问题的会议是(　　)。

A. 党的一大　　B. 党的二大　　C. 党的三大　　D. 党的四大

19. 1927 年蒋介石在上海制造了捕杀共产党人和革命群众的(　　)。

A. 中山航事件　　　　　　　　B. 整理党务案事件

C. "四一二"政变　　　　　　D. 七一五政变

20. 大革命的失败,给中共最深刻的教训是(　　)。

A. 无产阶级必须掌握革命领导权和革命武装

B. 要建立巩固的工农联盟

C. 要警惕统一战线内部的野心家

D. 要制定彻底的革命纲领

参考答案:

1. A　2. D　3. D　4. B　5. A　6. B　7. D　8. A　9. A　10. D　11. C　12. C　13. D　14. D　15. D　16. D　17. A　18. C　19. C　20. A

(二)多项选择题

1. 新文化运动的主要阵地有(　　)。

A. 北京大学　　　　　　　　　B. 马克思主义研究会

C.《新青年》编辑部　　　　　D.《每周评论》编辑部

2. 中国共产党历史上有"南陈北李,相约建党"的说法,其中陈、李分别指（　　　）。

  A．陈独秀   B．陈潭秋   C．李大钊   D．李达

  3．五四运动爆发的社会历史背景是（　　　）。

  A．马克思主义在中国的广泛传播

  B．发生在俄国十月革命所开辟的世界无产阶级社会主义革命的新时代

  C．中国产业工人成为一支日益重要的社会力量

  D．新文化运动掀起的思想解放潮流的直接推动

  4．五四运动与以往的民主主义革命的显著区别是（　　　）。

  A．有广泛的群众基础   B．目的为"外争主权，内除国贼"

  C．工人阶级发挥了主力军作用 D．在俄国十月革命影响下发生的

  5．下列说明五四运动是中国新民主主义革命开端的是（　　　）。

  A．无产阶级以独立姿态登上政治舞台

  B．发生在俄国十月社会主义革命之后，属于世界无产阶级革命一部分

  C．是反帝反封建的革命运动

  D．具有初步共产主义思想的知识分子起了领导作用

  6．五四运动后，马克思主义在中国传播的特点是（　　　）。

  A．进步知识分子起了推动作用

  B．马克思主义宣传与工人运动相结合

  C．马克思主义同非马克思主义展开斗争

  D．马克思主义成为新文化运动的主流

  7．中国共产党早期组织的活动有（　　　）。

  A．研究和宣传马克思主义

  B．到工人中去进行宣传和组织工作

  C．进行关于建党问题的讨论和实际组织工作

  D．组织军队和进行议会斗争

  8．2017 年 10 月 31 日，习近平总书记带领新一届中共中央政治局常委到上海拜谒党的一大会址、浙江嘉兴瞻仰南湖红船。在嘉兴南湖，习近平总书记特别重申了"红船精神"是（　　　）。

  A．开天辟地、敢为人先的首创精神 B．坚定理想、百折不挠的奋斗精神

  C．立党为公、忠诚为民的奉献精神 D．不怕艰难、坚韧不拔的拼搏精神

  9．中国共产党成立后，"中国革命的面貌焕然一新"，其"新"主要表现在（　　　）。

  A．以马克思主义为指导

B. 以武装斗争为主要方法

C. 提出彻底的反帝反封建的纲领

D. 以社会主义、共产主义为远大目标

10. 中国共产党的成立,是中华民族发展史上一个开天辟地的大事变。中国共产党的成立( )。

A. 深刻改变了近代以后中华民族发展的方向和进程

B. 深刻改变了中国人民和中华民族的前途和命运

C. 深刻改变了世界发展的趋势和格局

D. 深刻改变了中华民族政治力量的对比

11. 中国共产党的先驱们创建了中国共产党,形成了( )的伟大建党精神,这是中国共产党的精神之源。

A. 坚持真理、坚守理想　　　　　　　B. 践行初心、担当使命

C. 不怕牺牲、英勇斗争　　　　　　　D. 对党忠诚、不负人民

12. 党的二大制定的民主革命纲领包括( )。

A. 打倒军阀　　　　　　　　　　　　B. 推翻帝国主义压迫

C. 实现共产主义　　　　　　　　　　D. 统一中国为真正的民主共和国

13. 第一次国共合作得以实现的条件有( )。

A. 中国共产党需要团结各种力量作为革命同盟军

B. 中国国民党在当时各政党中"比较是革命的民主派"

C. 共产国际提出了实行国共合作的建议

D. "打倒列强除军阀"成为全国人民的共同愿望

14. 改组后的国民党成为几个阶级的革命联盟,这个联盟包括( )。

A. 工人阶级　　　　　　　　　　　　B. 农民阶级

C. 小资产阶级　　　　　　　　　　　D. 民族资产阶级

15. 1927 年,在北伐战争的推动下,中国人民收回英租界的城市是( )。

A. 汉口　　　　B. 上海　　　　C. 南昌　　　　D. 九江

16. 国民革命与近代前期的资产阶级民主革命相比,其突出的新特点是( )。

A. 以国共合作为基础　　　　　　　　B. 采用武装斗争的形式

C. 群众基础扩大　　　　　　　　　　D. 反帝反封建相结合

17. 关于 1927 年大革命失败的主观原因的表述,正确的是( )。

A. 中共在思想理论方面不成熟

B. 中共领导人的错误思想

C. 中共缺乏阶级斗争的经验

D. 无产阶级本身固有属性的必然结果

参考答案：

1. AC　2. AC　3. ABCD　4. ACD　5. ABD　6. ABCD　7. ABC　8. ABC
9. ACD　10. ABC　11. ABCD　12. ABD　13. ABCD　14. ABCD　15. AD　16.
ACD　17. ABC

（三）简答题

1. 简述俄国十月革命给中国先进分子的现实启示。

2. 中国共产党成立后，中国革命出现了哪些新面貌？

3. 简述五四运动的伟大历史意义。

4. 简述五四运动后新文化运动呈现的新趋势。

5. 简述中国共产党早期组织为建党所做的工作。

6. 简述早期马克思主义思想运动的特点。

参考答案：

1. 答：第一，十月革命发生在其国情与中国相同封建压迫严重和近似经济文化落后的俄国，因而对中国先进分子具有特殊吸引力。第二，十月革命诞生的社会主义和国际便以新的平等的态度对待中国，有力推动了社会主义思想在中国的传播，第三世界革命中，俄国工人农民和士兵群众的广泛发动并由此赢得胜利的事实，给予中国先进分子新的革命方法的启示，推动他们去研究这个革命所遵循的主义——马克思主义。

2. 答：中国共产党一经成立，中国革命就展现了新的面貌：

第一，第一次提出了反帝反封建的民主革命纲领，为中国人民指出了明确的斗争目标。

第二，发动工农群众开展革命斗争，在中国掀起了第一次工人运动高潮，同时，中国共产党也开始从事发动农民的工作，农民的运动蓬勃发展。

第三，实行国共合作，并在合作中发挥主导作用，掀起大革命高潮，推翻了北洋军阀的统治。

3. 答：五四运动具有以辛亥革命为代表的旧民主主义革命所不具备的历史特点，具有伟大的意义。第一，五四运动是中国旧民主主义革命走向新民主主义革命的转折点,在近代以来中华民族追求民族独立和发展进步的历史进程中,具有里程碑意义。第二,五四运动孕育了以爱国、进步、民主、科学为主要内容的伟大五四精神,其核心是爱国主义。第三,五四运动,改变了以往只有觉悟的革命者,而缺少觉醒的人民大众的斗争状况,实现了中国人民和中华民族自鸦片战争以来的第一次全面觉醒。总之,五四运动标志着新民主主义革命的开端。

4. 答:五四运动以后的新文化运动发展到一个新阶段,马克思主义开始逐步在思想文化领域发挥指导作用。第一,中国先进分子在接受马克思主义之后并没有抛弃,而是继承了五四运动的科学和民主的精神,并赋予它们新的含义,使它们在更高层次上得到发扬。第二,马克思主义的传播并没有中断或取消五四运动以前开始的反封建的思想启蒙工工作,而是克服以往启蒙者的弱点,有力推动了反封建的启蒙运动。

5. 答:中国共产党早期组织成立后,着重为建党做了以下几方面的工作。第一,研究和宣传马克思主义,研究中国实际问题。第二,到工人中去进行宣传和组织工作。第三,进行关于建党问题的讨论和实际组织工作。

6. 答:第一,重视对马克思主义基本理论的学习,明确的同第二国际的社会民主主义划清界限。第二,注意从中国的实际出发,学习、应用马克思主义。第三,开始提出知识分子应当同劳动群众相结合的思想。

(四) 论述题

1. 中国的先进分子为什么和怎样选择了马克思主义?
2. 为什么说中国共产党的成立是"开天辟地的大事变"?
3. 怎样理解国共合作对中国革命所起的历史作用? 从第一次国共合作中可以吸取什么经验教训?
4. 什么是中国共产党人的初心和使命? 为什么必须"不忘初心,牢记使命"?

参考答案:

1. 答:第一,斗争实践——中国选择马克思主义是近代以来先进中国人向西方探索救国救民真理历史发展的必然结果。农民阶级、洋务派、维新派、革命派的努力先后失败。

第二,思想启蒙——五四新文化运动思想启蒙的结果;三次大论战,最终确立了马克思主义在中国革命的指导思想地位。

第三,阶级基础——五四前后工人阶级的壮大及其斗争为中国选择马克思主义提供了阶级基础和实践需求。

第四,外来影响——第一次世界大战的影响,第一次世界大战充分暴露了资本主义制度的内在矛盾,中国人对资本主义方案产生了怀疑;俄国十月革命的推动,十月革命给陷于彷徨、苦闷的中国人昭示了新的理想目标和建国方案,这就是走俄国人的路,搞社会主义。

2. 答:第一,中国共产党的成立是中国革命有了坚强的领导核心,灾难深重的中国人民有了可以依赖的组织者和领导者,中国革命从此不断向前发展,由民主主义革命向社会主义革命推进。

第二,中国共产党的成立,使中国革命有了科学的指导思想。中国共产党以马克思主义为指导思想,把马克思主义和中国革命的具体实践相结合,制定了正确的革命纲领和斗争策略,为中国人民指明了斗争的目标和走向胜利的道路。

第三,中国共产党的成立,使中国革命有了新的革命方法,并沟通了中国革命和世界无产阶级革命之间的联系,为中国革命获得了广泛的国际援助和避免走资本主义提供了客观可能性。

3. 答:国共合作对中国革命所起的历史作用:它推动了国共两党各自的发展,加强了革命力量,成为国民革命不断发展的组织保证;它推动了黄埔军校和革命武装的建立,统一了广东革命根据地;它促进了工农革命运动的迅速发展,沉重打击了帝国主义和封建势力,极大地动摇了他们统治中国的基础;它发展了革命形势,取得了北伐战争的重大胜利,对摧毁北洋军阀的反动统治起了决定性的作用。

从第一次国共合作中应吸取的经验教训:

第一,国共合作有利于中国革命的发展和中华民族的进步,而国共分裂,则使中国革命遭受重大损失也挫折,给民族带来灾难。

第二,国共合作使国民党获得新生和发展,而国民党右派集团对革命的背叛,不仅破坏了国共合作,也使国民党走上与人民对立的绝路。

第三,国共合作也使共产党获得迅速发展,但由于陈独秀右倾错误的危害,使国共合作破裂,国民革命失败,党组织受到极大摧残。

因此,无产阶级与资产阶级结成统一战线时,必须坚持无产阶级领导权,对资产阶级实行又联合又斗争的政策;必须充分发动农民,把农民作为自己的主要同盟军;必须掌握革命的军队,以武装的革命反对武装的反革命。

4. 答:(1)中国共产党人的初心和使命,就是为中国人民谋幸福,为中华民族谋复兴。这个初心和使命是激励中国共产党人不断前进的根本动力。

(2)不忘初心,是守住本,守住根;牢记使命,是宜任、担当、践行。只有不忘初心、牢记使命,以永不懈怠的精神状态和一往无前的奋斗姿态,创造无愧于新时代的新业绩,我们党才能不负人民重托,无愧历史选择,凝聚起共筑中国梦的磅礴力量。

第一,这个初心和使命是激励我们党不断前进的根本动力。

第二,这个初心和使命是我们党奋斗历程的不变主题。

第三,这个初心和使命是我们党应对挑战的思想武器。

(五) 材料分析题

材料分析题一

1840 年鸦片战争以来中国 170 多年的历史,概括地说就是,我们伟大的祖国经历了刻骨铭心的磨难,我们伟大的民族进行了感天动地的奋斗,我们伟大的人民创造了彪炳史册的伟业。

鸦片战争以后,中国逐步成为半殖民地半封建社会,列强对中国的侵略步步进逼,封建统治日益腐败,祖国山河破碎、战乱不已,人民饥寒交迫、备受奴役。救亡图存的民族使命迫在眉睫。争取民族独立、人民解放,实现国家富强、人民富裕,成为中国人民必须完成的历史任务。

在那个风雨如晦的年代,为改变中华民族的命运,中国人民和无数仁人志士进行了千辛万苦的探索和不屈不挠的斗争。太平天国运动,戊戌变法,义和团运动,不甘屈服的中国人民一次次抗争,但又一次次失败。孙中山先生领导的辛亥革命,结束了统治中国几千年的君主专制制度,对推动中国社会进步具有重大意义,但也未能改变中国半殖民地半封建的社会性质和中国人民的悲惨命运。

事实说明,不触动封建根基的自强运动和改良主义,旧式的农民战争,资产阶级革命派领导的革命,照搬西方资本主义的其他种种方案,都不能完成中华民族救亡图存的民族使命和反帝反封建的历史任务。要解决中国发展进步问题,必须找到能够指导中国人民进行反帝反封建革命的先进理论,必须找到能够领导中国社会变革的先进社会力量。

——摘自《胡锦涛在庆祝中国共产党成立 90 周年大会上的讲话》

请回答:

1. 结合材料,说明中国共产党诞生的历史必然性。

2. 中国共产党成立后,团结带领人民完成和推进了哪些大事?产生了怎样的影响？

材料分析题二

1923年6月，中国共产党第三次全国代表大会，确立了以国共合作为基础建立革命统一战线的基本方针，加快了两党合作的步伐。在孙中山、廖仲恺等国民党人和李大钊、陈独秀等共产党人的共同努力下，在共产国际的帮助下，1924年1月20日至30日，孙中山在广州主持召开了国民党第一次全国代表大会，来自全国各地和海外的165名代表出席了大会，其中有共产党员20多名，李大钊被指定为大会主席团成员之一。大会经过认真讨论与激烈争论，通过了《中国国民党第一次全国代表大会宣言》等重要议案。

这次大会，在政治上重新解释了三民主义，接受了中国共产党反帝反封建的民主革命纲领，制定了联俄、联共、扶助农工的三大政策，成为国共两党和各革命阶级联合的基础；在组织上，承认共产党员和青年团员以个人身份加入国民党，使国民党成为一个工人、农民、小资产阶级和民族资产阶级结成的统一战线的组织形式。大会选举了国民党中央执行委员会，共产党员李大钊、谭平山、于树德、毛泽东、林伯渠、瞿秋白、张国焘、于方舟、韩麟符、沈定一当选为中央执行委员或中央候补执行委员，约占委员总数的四分之一，并有多名共产党员在国民党中央领导机构中担任重要职务。

——《孙中山的三大政策和第一次国共合作》，新华网

请回答：

1. 结合材料，简要说明第一次国共合作建立的原因、政治基础、历史意义、经验教训。

2. 说明新旧三民主义的异同，并对新三民主义与中共二大通过的民主革命纲领进行比较。

参考答案：

材料分析题一

1. 答：中国共产党的诞生是近代中国社会矛盾发展的必然结果，是中国革命发展的客观需要，是马克思主义同中国工人运动相结合的产物。太平天国运动、戊戌变法、义和团运动和辛亥革命的失败证明，中国的农民阶级和民族资产阶级因其历史局限性和阶级局限性，都不能领导民主革命取得胜利。中国期待着新的社会力量寻找先进理论，开创救国救民的道路。

中国工人阶级的成长壮大和中国工人运动的发展，为中国共产党的建立奠定

了阶级基础。中国共产党是在俄国十月革命和我国五四运动的影响下诞生的。马克思列宁主义在中国的广泛传播,为中国共产党的建立奠定了思想基础。1919年爆发的五四运动,中国工人阶级作为先进的社会力量崭露头角,一批先进的知识分子开始在工人运动中传播马克思列宁主义,促进了马克思主义同中国工人运动的结合,为中国共产党的建立作了思想上和干部上的准备。

2.答:中国共产党成立后,团结带领人民在中国这片古老的土地上,书写了人类发展史上惊天地、泣鬼神的壮丽史诗,集中体现为完成和推进了三件大事:第一件大事,我们党紧紧依靠人民完成了新民主主义革命,实现了民族独立、人民解放;第二件大事,我们党紧紧依靠人民完成了社会主义革命,确立了社会主义基本制度;第三件大事,我们党紧紧依靠人民进行了改革开放新的伟大革命,开创、坚持、发展了中国特色社会主义。

这三件大事,从根本上改变了中国人民和中华民族的前途命运,不可逆转地结束了近代以后中国内忧外患、积贫积弱的悲惨命运,不可逆转地开启了中华民族不断发展壮大、走向伟大复兴的历史进军,使具有5 000多年文明历史的中国面貌焕然一新,中华民族伟大复兴展现出前所未有的光明前景。

材料分析题二

1.答:原因:第一,在列强的操纵下,封建军阀割据、混战的局面愈演愈烈,"打倒列强,铲除军阀"成为全国人民的共同愿望。这样的革命形势和历史任务要求国共两党齐心掀起大革命。第二,共产党认为在中国当时的政党中,只有国民党比较是真的民主派。而且孙中山及其领导的国民党在当时人们的心中,有崇高的威望。孙中山在多次革命后也认识到依靠军阀搞革命是不行的。所以国共合作也是两党共同的愿望。第三,共产国际的帮助和推动。

政治基础:新三民主义是第一次国共合作的政治基础。它使国民党第一次明确提出反帝反封建的革命任务。而中国共产党是一个反帝反封建的革命政党,二者目标一致。

历史意义:第一,国共合作的形成,加快了中国革命前进的步伐;第二,北伐战争的迅猛发展,震慑了帝国主义列强;第三,党大大地拓展了成员数量和组织,建立了一定数量的工农武装;第四,合作失败后,使党开始成长成熟,懂得了进行土地革命和掌握革命武装的重要性;第五,国共合作团结了一切可团结的阶级,共同反帝反封,壮大了革命力量。

经验教训:第一,建立国共合作统一战线是必要的、正确的,但必须坚持统一战线中的无产阶级领导权,对资产阶级实行又联合又斗争的政策,这是革命成败的关键;第二,农民是无产阶级的可靠同盟军,农民问题是无产阶级领导的中心问题,必须放手发动农民,坚决依靠农民,建立巩固的工农联盟;第三,武装斗争是中国革命的特点,必须重视武装斗争,建立党和人民直接掌握的革命军队。

2. 答:新三民主义与旧三民主义相比较,既有联系又有区别。一方面,新三民主义是从旧三民主义演变而来,在内容上有很多相通的地方,两者是有联系的;另一方面,新三民主义与旧三民主义相比较,又有了不少新的发展。首先,在内容上,在民族主义中突出了反帝的内容,强调对外实行中华民族的独立,同时主张国内各民族一律平等;在民权主义中强调了民主权利应"为一般平民所共有",不应为"少数人所得而私";把民生主义概括为"平均地权"和"节制资本"两大原则(后来又提出了"耕者有其田"的主张),并提出要改善工农的生活状况。其次,新三民主义以联俄、联共、扶助农工三大革命政策为灵魂,这是旧三民主义所不曾有的。

新三民主义与中国共产党的民主革命纲领在若干基本原则上(如反帝反封建)是一致的,这是国共两党合作的政治基础,对当时中国革命运动的发展起了巨大的推动作用。但是,新三民主义与中国共产党的民主革命纲领还是有原则的区别:共产党的民主革命纲领有彻底实现人民权利、八小时工作制和彻底的土地革命纲领,而新三民主义仍然是以政治内容为主的资产阶级革命纲领,在实现民生主义方面仅限于实行平均地权、节制资本等措施;共产党领导的革命,除民主革命阶段外,还有一个社会主义革命阶段,即实现社会主义和共产主义的最高革命纲领,而新三民主义只有民主革命的纲领,仅限于发展资本主义。

五、实践教学

(一)实践内容

1. 组织学生去上海参观中共一大会址纪念馆,加深了解中国共产党诞生的历史过程以及成立后的革命活动。

2. 参观上海龙华烈士陵园,加深学生对国民革命的认识。

3. 指导有兴趣的学生,调查黄埔陆军军官学校的创立及对近代中国军事发展的影响,并撰写调查报告,学校对所需经费给予支持。

4. 组织学生观看政论片《筑路》(第一集),分类分析中共一大13位代表的迥异人生。

5. 指导学生课外选读相关文献以加深对教学内容的理解。主要阅读篇目：

(1)《中国共产党第二次全国代表大会宣言》《中共党史参考资料》；

(2) 毛泽东：《中国社会各阶级分析》《湖南农民运动考察报告》；

(3)《中国国民党第一次全国代表大会宣言》,《中共党史参考资料》(1)；

(4) 彭明：《五四运动史》；

(5) 耿云志：《从启蒙运动到马克思主义在中国的传播》。

6. 指导学生课后观看电影《开天辟地》《建党伟业》、电视剧《觉醒年代》《凤凰大视野——风雨独秀》等视频以进一步加深对教学内容的理解。

（二）实践方案

本着主体性、开放性和民主性的原则,以激励学生主动参与探索、自觉思考实践为目的,开展多元化的实践教学,拓展学习资源,调动全员参与的热情,激发学习历史的兴趣,让学生动手实践和体验、自主探究、合作交流成为历史课堂学生有效的学习方式。

主要实践方式如下：

1. 研究性学习:将学生分为多个小组,以小组为单位各自选择研究主题。围绕选题,小组成员根据自己的特长、兴趣及活动要求进行分工,进行合作探究,查阅有关文献和网络资源,开展小组讨论并形成书面、PPT 或视频成果,各小组代表通过研讨成果向大家讲解他们的集体智慧。在研讨成果展示过程中,各组同学之间可相互讨论、对其他组所讲内容不理解的地方可向对方提问,教师在旁边记录各组代表所讲内容及同学之间相互提问的问题。每位同学必须参与讨论,作为平时考量依据。

2. 任课教师指定研究主题或阅读书目,学生围绕主题自主探究,收集相关正反观点,要求查阅东西方相关资料并形成个人书面评价报告。面对这些正确与错误观点,我们应如何评价？ 进行课堂交流互动,引发学生对历史问题的深度思考。

3. 组织学生观看纪录片或历史题材的故事片,激发学习兴趣,结合教学内容安排学生交流具体感受和得到的启示,提高思想觉悟,加深学生对历史文化的了解。

4. 组织学生外出参观爱国主义教育基地,开展爱国主义教育和革命传统教育,增强学生的民族精神和革命精神,加强历史和现实的结合,激发学生的历史责任感。让学生在活动中亲身体验历史,感受历史与现实生活的密切联系。

了解历史的真相,正确地认识历史,还能帮助我们树立正确的历史观,通过历史的发展阐明社会的进程,进而给我们个人的努力和发展指明方向。不同研究领域的老师的讲解,更容易把历史的细节讲清楚,也更容易讲得具有说服力。在各位任课老师的指导下,同学们能学会了不少分析以及评判历史事件与历史人物的能力。

(三)实践成果

以 PPT、视频或文字成果展示。

(四)实践评价

研究性学习小组成果学术评价。

评价项目	8—10分	5—7分	2—4分	0—1分
资料准备情况	充分,翔实,条理清晰。	基本能构成对研究的支撑。	资料偏差或严重不足。	未提供对研究有益的资料。
研究深度	能在相关资料基础上提出自己的见解,且研究方向正确,研究方法得当。	能在理解的基础上对相关资料准确把握,且研究方向基本正确,研究方法基本适用。	研究方向有偏差,研究方法不恰当,研究不够深入。	未掌握研究内容,未形成相关研究。
展示效果	展示方法恰当,展示能充分体现研究成果。	展示方法基本恰当,展示能简单体现研究成果。	展示方法欠妥,不能够清晰展示研究成果。	未能完成相关展示。
研究收获	对研究课题有清晰、深刻的理解,并形成一定的个人见解。	对研究课题所涵盖的内容基本掌握,能简单介绍。	对所研究的课题形成初步的认识,需要进一步消化、理解。	对所研究课题未形成基本认识。

研究性学习小组成员行为评价。

评价项目	8—10分	5—7分	2—4分	0—1分
小组活动参与度	积极思考并参与讨论及相关活动,为小组研究做出重要贡献。	基本能参与小组讨论及相关活动,偶尔提出有益见解。	活动中态度消极,积极性不高,讨论内容偏离话题的轨道。	不主动参与小组活动。
个体独立研究度	能在充分思考的基础上,为讨论主题提供有益的见解。	对研究课题充分了解,能偶尔提供个人见解。	对小组成员的依赖性强,个人研究成果没有显现。	没有完成相关的研究任务。
小组配合度	各成员团结、互相尊重,能自我调节分歧,并使研究活动顺利开展。	成员间基本保持配合态度。意见分歧的调节能力较弱,但未对研究成果产生重大影响。	组员间言语过激,严重影响研究效果。	组员之间不能达成基本的尊重,未获得完整的研究成果。

六、推荐阅读

1. 《毛泽东选集》(第二版),人民出版社,1991年版。

2. 《中共中央关于党的百年奋斗重大成就和历史经验的决议》,人民出版社,2021年版。

3. 彭明:《五四运动史》(修订本),人民出版社,1998年版。

4. 邵维正:《中国共产党创建史》,解放军出版社,1991年版。

5. 李新:《国民革命的兴起(1923—1926)》,上海人民出版社,1991年版。

6. 苏仲波、杨振亚:《国共两党关系史》,江苏人民出版社,1990年版。

7. 彭明:《中国现代史资料选辑》(2),中国人民大学出版社,1988年版。

8. 王宗华:《中国大革命(1924—1927)》,人民出版社,1990年版。

9. [美]周策纵:《五四运动史》,岳麓书社,1999年版。

10. 俞可平、王伟光、李慎明:《马克思主义在中国60年》,重庆出版社,2010年版。

11. "从五四运动到人民共和国成立"课题组:《胡绳论"从五四运动到人民共和国成立"》,社会科学文献出版社,2001年版。

12. 朱文华:《陈独秀传》,红旗出版社,2009年版。

13. 沙健孙:《中国共产党与新中国的创建》,中央文献出版社,2009年版。

14. 沙健孙:《二十世纪中国的历史道路》,北京:中国社会科学出版社,2009

年版。

15. 沙健孙：《毛泽东与新中国》，中国社会科学出版社，2009 年版。

16. 王炯华等：《李达评传》，人民出版社，2004 年版。

17. 胡长明：《毛泽东与周恩来》，中共党史出版社，2005 年版。

18. 曹汝霖：《曹汝霖一生之回忆》，北京：中国大百科全书出版社，2009 年版。

19. 《顾维钧回忆录》（1—13 册），中华书局，1994 年版。

20. 陈嗽渝：《五四文坛鳞爪》，中国文史出版社，1998 年版。

21. 唐德刚：《胡适杂忆》，华文出版社，1990 年版。

22. 朱成甲：《李大钊传》（上），中国社会科学出版社，2009 年版。

23. 朱成甲：《李大钊早期思想和近代中国》，河北人民出版社，1989 年版。

24. ［美］丁韪良：《花甲忆记：一位美国传教士眼中的晚清帝国》，广西师大出版社，2004 年版。

25. ［韩］曹世铉：《清末民初无政府派的文化思想》，社会科学文献出版社，2003 年版。

26. ［美］R. 特里尔：《毛泽东传》，刘路新等译，河北人民出版社，1989 年版。

27. ［美］艾格尼斯·史沫特莱：《中国的战歌》，江枫译，作家出版社，1986 年版。

28. ［美］安敏成：《现实主义的限制：革命时代的中国小说》，姜涛译，江苏人民出版社，2001 年版。

29. ［美］裴宜理：《上海罢工：中国工人政治研究》，刘平译，江苏人民出版社，2001 年版。

30. ［日］石川祯浩：《中国共产党成立史》，袁广泉译，中国社会科学出版社，2006 年版。

31. ［日］佐藤慎一：《近代中国的知识分子与文明》，刘岳兵译，江苏人民出版社，2006 年版。

中国革命的新道路

一、内容概要

  1924 年至 1927 年,国共合作掀起了大革命的高潮,帝国主义、封建主义的统治受到沉重打击。然而,由于国民党右派相继叛变,大革命惨遭失败。面对反动派的血腥屠杀,中国共产党和中国人民并没有被吓倒,被征服,被杀绝。他们从地上爬起来,揩干净身上的血迹,掩埋好同伴的尸首,又继续战斗了。中国革命由此进入土地革命战争时期,中国共产党人经过艰难探索,开辟了中国革命的新道路。

  大革命失败后,中国社会依然是一个半殖民地半封建社会。在国民党统治下,中国人民依然挣扎在水深火热之中,过着极端贫困和不自由的生活。中国共产党义无反顾地肩负起领导中国人民,开展反抗国民党反动统治的武装斗争。以毛泽东为主要代表的中国共产党人经过艰辛探索,找到了一条适合中国国情的农村包围城市、武装夺取政权的革命新道路。遵义会议纠正了“左”倾错误,实现了中国革命的历史性转折,确立了以毛泽东为主要代表的马克思主义的正确路线在党中央的领导地位,保证了红军长征的胜利,开创了中国革命的新局面。

二、教学设计与教学研究

(一)教学目标与基本要求

  1. 了解中国共产党开创“农村包围城市,武装夺取政权”革命道路的历史背景和实践过程。

  2. 了解中国革命经历的挫折和坎坷。

  3. 理解马克思主义中国化的过程,以此推动学生坚定对中国共产党的拥护和对毛泽东思想的坚持。

4. 领会毛泽东思想对我们今天探索中国特色的社会主义建设道路的重要指导作用。

（二）教学内容与逻辑结构

（1）中国共产党对革命新道路的探索。

（2）中国革命在曲折中前进。

2. 逻辑结构

本章共分两节。第一节阐述了中国共产党对革命新道路的探索。在白色恐怖笼罩下的革命低潮时期,中国共产党开始了长时间的艰苦探索,形成了农村包围城市武装夺取城市的革命道路理论。第二节阐述土地革命战争的发展及其遭受的严重挫折,红军被迫长征,遵义会议使中国革命发生历史性转折,红军长征取得胜利并总结经验,迎接全国性的抗日战争。

（三）教学重点难点与教学方法

1. 教学重点

（1）认清国民党政权的阶级性质、内外政策及其统治下的社会政治经济状况,懂得推翻国民党一党专政军事独裁统治对中国历史发展的重要性。

（2）分析中国共产党开辟中国革命新道路的艰难历程,理解毛泽东关于农村包围城市,武装夺取政权的革命道路理论,领会把马克思主义普遍原理同中国革命具体实践相结合的极端重要性。

（3）认识中国共产党总结历史经验,推动马克思主义中国化的历史进程,对于加强党的思想理论建设的重要意义。

2. 教学难点

（1）以毛泽东为主要代表的中国共产党人是如何探索和开辟中国革命新道路的?

（2）20世纪20年代后期、30年代前中期,中国共产党内为什么连续出现"左"倾错误?

（3）中国共产党是如何总结历史经验、加强党的思想理论建设的?

3. 教学方法

主要运用以下四种方法:比较分析的方法、教师主导性与学生主体性相结合的方法、史论结合的方法以及联系实际的方法。为调动学生的主体性,可在教学中采用多种手段,如多媒体教学、课堂讨论与课外阅读。

(四) 授课切入与教学案例

授课切入

对中国革命新道路的探索为了坚持中国革命,在当时的条件下,必须进行武装斗争。但是,中国共产党领导的武装斗争的主攻方向究竟是应当指向城市,还是指向农村呢? 这个问题,只有遵循马克思列宁主义与中国实际相结合的原则,依据实际情况,实事求是地回答。

从国际共产主义发展的历史来看,无论是巴黎公社还是十月革命都是走城市中心道路,人们对它的认同既有理论支持又有实践基础,所以在共产国际以及中共的早期领导者都坚持城市中心道路。但在半封建半殖民地的中国,城市中心道路屡次碰壁,实践的发展要求必须寻找一条与中国实际相结合的道路。

教学案例1　《井冈山的斗争》节选

一国之内,在四围白色政权的包围中间,产生一小块或若干小块的红色政权区域,在目前的世界上只有中国有这种事。

我们分析它发生的原因之一,在于中国有买办豪绅阶级间的不断的分裂和战争。只要买办豪绅阶级间的分裂和战争是继续的,则工农武装割据的存在和发展也将是能够继续的。

此外,工农武装割据的存在和发展,还需要具备下列的条件:(1)有很好的群众;(2)有很好的党;(3)有相当力量的红军;(4)有便利于作战的地势;(5)有足够给养的经济力。

各地许多小块红色区域的失败,不是客观上条件不具备,就是主观上策略有错误。至于策略之所以错误,全在未曾把统治阶级政权暂时稳定的时期和破裂的时期这两个不同的时期分别清楚。

有些同志在统治阶级政权暂时稳定的时期,也主张分兵冒进,甚至主张只用赤卫队保卫大块地方,好像完全不知道敌人方面除了挨户之外还有正式军队集中来打的一回事。

在地方工作方面,则完全不注意建立中心区域的坚实的基础,不顾主观力量的可能,只图无限量的推广。如果遇到什么人在军事方面主张采取逐步推广的政策,在地方工作方面主张集中力量建立中心区域的坚实基础,以求自立于不败之地,则谥之曰"保守主义"。

他们的这种错误意见，就是今年(1928年)八月湘赣边界失败以及同时红军第四军在湘南失败的根本原因。

中段的长处：(1)有经营了一年多的群众基础。(2)党的组织有相当的基础。(3)经过一年多的时间，创造了富有斗争经验的地方武装，这是十分难得的；这个地方武装的力量，加上红军第四军的力量，是任凭什么敌人也不能消灭的。(4)有很好的军事根据地——井冈山，地方武装的根据地则各县都有。(5)影响两省，且能影响两省的下游，比较湘南赣南等处只影响一省，且在一省的上游和僻地者，政治意义大不相同。

中央要我们考虑往湘东或往湘南，实行起来都很危险，湘东之议虽未实现，湘南则已有证验。这种痛苦的经验，是值得我们时时记着的。

为边界计，红军若走，则像八月那样的蹂躏，立可重来。赤卫队虽不至完全消灭，党和群众的基础将受到极大的摧残，除山头割据可以保存一些外，平地均将转入秘密状态，如八九月间一样。红军不走，以现在的基础可以逐渐向四周发展，前途的希望是很大的。

为红军计，欲求扩大，只有在有群众基础的井冈山四周即宁冈、永新、鄞县、遂川四县，利用湘赣两敌利害不一致，四面防守，无法集中的情况，和敌人作长期的斗争。利用正确的战术，不战则已，战则必胜，必有俘获，如此可以逐渐扩大红军。

边界的红旗子，也已打了一年，虽然一方面引起了湘鄂赣三省乃至全国豪绅阶级的痛恨，另一方面却渐渐引起了附近省份工农士兵群众的希望。

以士兵论，因军阀们把向边界"剿匪"当作一件大事，"剿匪经年，耗费百万"(鲁涤平)，"人称二万，枪号五千"(王均)，如此等类的话，逐渐引起敌军士兵和无出路的下级官长对我们注意，自拔来归的将日益增多，红军扩充，又是一条来路。

并且边界红旗子始终不倒，不但表示了共产党的力量，而且表示了统治阶级的破产，在全国政治上有重大的意义。所以我们始终认为罗霄山脉中段政权的创造和扩大，是十分必要和十分正确的。

——《毛泽东选集》(第1卷)，中央文献出版社，1991年版

【思考与讨论】

1. 毛泽东对中国革命新道路的探索做出了哪些贡献？

2. 农村包围城市、武装夺取政权道路理论的形成对建设中国特色社会主义有什么启示？

教学案例2 长征:中国献给世界的壮丽史诗

长征是人类历史上罕见的不畏艰难险阻的远征。长征跨越了中国15个省份,转战地域面积的总和比许多欧洲国家的国土面积都大。长征翻越了20多座巨大的山脉,其中的五座位于世界屋脊之上并且终年积雪。长征渡过了30多条河流,包括世界上最汹涌险峻的峡谷大江。长征走过了世界上海拔最高的广袤湿地,那片人迹罕至的湿地面积几乎和法国的面积相等。而更重要的是,在总里程超过两万五千里的长征途中,中国工农红军始终在数十倍于己的敌人的追击、堵截与合围中,遭遇的战斗在四百场以上,平均三天就发生一次激烈的大战。除了在少数地区短暂停留之外,在饥饿、寒冷、伤病和死亡的威胁下,中国工农红军在长征中不但要与重兵"围剿"的敌人作战,还需要平均每天急行军50公里以上。

长征是人类历史上罕见的不畏牺牲的远征。1934年10月,红一方面军作战部队八万六千多人踏上长征之路,1935年10月到达陕北吴起镇时,全军仅为近八千人。1935年4月,红四方面军近十万大军开始西渡嘉陵江,自此踏上万般曲折艰险的长征之路,1936年10月到达甘肃会宁时全军三万三千多人。1935年11月,红二方面军两万一千多人从国民党三十万大军的合围中冲出,踏上了长征之路,1936年6月到达四川甘孜与红四方面军会合时,全军一万五千多人。红二十五军——红四方面军撤离鄂豫皖根据地后留下的一支红军武装——1934年11月踏上长征之路,经过了数月的颠沛流离和艰苦转战,成为中国工农红军中第一支到达陕北的部队,全军兵力最多时不足八千人,最少时兵力只有一千多人。

……

长征是信念不朽的象征。……

世界上从不曾有过像中国工农红军这样的部队:指挥员的平均年龄不足25岁,战斗员的年龄平均不足20岁,14岁至18岁的战士至少占40%——自世界近代文明的潮流猛烈地冲击了这个东方大国之后,生活在中国社会最底层的赤贫的农民、手工业者、失业的产业工人从共产党人的宣传中懂得人可以掌握自己的命运,世间可以有没有剥削和压迫的社会。于是,当那面画着镰刀斧头的红旗突然出现在他们眼前的时候,他们突然觉得阳光原来如此温暖,天空原来如此晴朗,他们随手抓起身边的锄头、铁锤甚至仅仅是一根木棍,为了改变命运跟随着那面红旗一路远去,他们坚信这条道路的尽头就是劳苦大众千百年来所梦想的中国——长征是中国工农红军走向一个崭新的中国的启程。

在长征征途上,武器简陋的中国工农红军所面对的,往往是装备了飞机大炮的数十倍于己的敌人。年轻的红军官兵能在数天未见一粒粮食的情况下,不分昼夜地翻山越岭,然后投入激烈而残酷的战斗,其英勇顽强和不畏牺牲举世无双。在两万五千里的路途上,平均每三百米就有一名红军牺牲。世界不曾有过像中国工农红军这样的部队,官兵军装是一样的,头上的红星是一样的,牺牲时的姿态也是一样的。在中国工农红军中,无论是政治和军事精英,还是不识字的红军战士,官兵如同一人的根本是他们都坚信自己是一个伟大事业的奋斗者,他们都坚信中国革命的队伍"杀了我一个,自有后来人",他们激情万丈、前赴后继、视死如归,决心为每一个红军所认同的理想牺牲生命。

因为付出了太多的牺牲,因为在难以承载的牺牲中始终保有信念,所以一切艰难险阻都成为一种锻造——中国工农红军的长征在人类历史中留下的是:坚定的信念、坚强的意志以及无与伦比的勇敢。这些都是可以创造人间奇迹的精神。

——《长征(修订版)》,人民文学出版社,2016年版

【思考与讨论】

1. 中国工农红军为什么要进行长征?
2. 谈谈你对中国工农红军铸就的长征精神的理解与认识。

三、学术动态

(一)关于农村包围城市道路的选择

20世纪50年代初,麦卡锡主义盛行,这导致了西方学界在此后近20年的苏区史研究中一直秉承"组织武器论"的解释逻辑,在"组织武器"解释下,中共的成功是由于苏联援助,而非所谓"群众基础";而国民党的失败,也并非主要因为政权腐败,而"试图帮助中共夺权的叛徒影响了短视的美国政策制定者",他们应该为"美国失去中国"负主要责任。"组织武器"论所秉持的人为操纵式"精英政治"的模式,否认共产革命中的民众诉求和民众支持,这种观点在19世纪60年代初即遭到了费正清和史华慈等学者的反对,费正清直言"中共并非莫斯科的傀儡","共产主义在美国是不好的,但在中国却是有益的",他认为,中共"紧紧抓住了两个要素,即为小农阶级利益的土地革命及为知识分子民族复兴的情怀",面对着无能的国民党,中共自然走向了胜利;而史华慈也认为,"毛泽东主义"是有异于列宁主义的,毛泽东本人一直力图独立于莫斯科之外发展立足本民族的革命模式,中共走向成功乃基于"农村包围城市"政策和利用了酝酿在农民中的不满情绪。

另一些学者则从社会结构、道义经济及理性选择等方面着手研究中共革命发

生和成功的机制。如斯考切波(Theda Skocpol)认为,世界资本主义的剥削榨取,把农民从传统势力的束缚中解放出来的同时,也使其生存境遇陡然直下,最终引发了20世纪世界范围内的农民起义。而斯科特(Jame Scott)、希尔(Kamel Sheel)、戴瑞福(Ralph Thaxton)等人则认为导致农民革命主要是由于市场经济的环境下,农村传统的道义经济,即地主帮助农民渡过难关的体制被破坏,导致农民在传统自卫组织或团体的领导下进行革命,而在此过程中,党并没有作用。这些观点完全否认中国共产党作为一种"组织"存在的领导作用,使革命胜利的解释逻辑走向了另外一个极端。不过,正是在这一研究的基础上,中共革命史的研究逐渐进入社会史的研究脉络中,而一批在城市中求学返乡的地方革命精英便进入了研究者的视野。基层党组织的发展是离不开城市的,而革命精英在其中扮演了重要的角色,韦思谛、波拉切克、陈永发、陈耀煌等人认为基层共产党组织是由一批在城市求学的农村学生返乡后建立起来的。

大陆学者对于该问题的研究较晚。整体观之,对于农民因解决土地问题而参加革命的传统解释,近些年来的研究均有不同程度的质疑或反辨,更多地强调复杂性与原因的综合性。陈德军在深入分析了赣东北苏区革命精英与农村之间的关系,他认为:"对于洪流中的任何一个农民,要么因为与那些把革命从城市带到农村的共产党知识分子已经存在亲戚、同学或朋友等社会关系,故而成为最初的革命者;要么主动出去寻找接头,从而参加革命;要么革命者到村庄找到他,动员他参加革命。"而黄琨的研究则表明,在农民与中共革命的关系上,贫困并不是农民参加革命的唯一理由,农民革命固然出于对物质利益的渴求,但传统的价值判断和道义准则仍在考虑之列,同时革命所面临的风险也常使他们迈不开革命的脚步。革命固然需要理论的引领和支撑,但理想与理论如果不与农民的个体生存性感受结合,则是无法参加革命的。黄道炫也指出,将土地革命和土地集中必然联系的习惯做法并未得到充足的证据支持,"苏维埃革命为农民提供的平等、权利、尊严、身份感,也是农民投身革命不可忽视的政治、心理原因"。在什么情况下发生革命,在什么地方形成革命中心,并不一定必然和当地的土地占有状况相联系,也不能单纯用贫困加以解说。包括中央苏区在内的中共苏维埃革命形成的关键在于中共对农村的历史性介入,是特殊社会政治态势下各种力量综合作用的结果。张宏卿则强调,分析赣闽农民的商业生活和盈利意识,认为苏区农民"从事的职业绝大部分都具有商业性、流动性的特点,这对作为外来的、新的革命思想的接受与传播,具有极强的推动作用",同时农民被卷入革命的过程,不仅与其营利意识能否获得即时性的满足有关,而且在于革命能否以符合农民习性的方式赢得广泛的认同。何友良尽管坚持"维护和保障农民以土地为中心的切实利益"是农民拥护和参与苏维埃革命的根本原因,但同时也醒目地强调了革命初起之时农民参加暴动最大的原因,是有一批出身富裕家庭、具有知识分子或党政军职务等身份的革命领导群体的鼓动和引领。"农民群众在他们的影响和秘密动员下,比较容易追随参加革命"。此外,关于中央苏区革命的缘起,游海华等学者认为,从社会生态环境变迁的角度探究该地区土地革命的缘起,才有可能准确把握该地区历史发展的多重面相,从而得出较为全面的认识。

(二) 各根据地的具体研究

20 世纪 80 年代以来,随着各地党史资料征集部门的成立,围绕着江西苏区各根据地所涌现的著作逐渐增多,以井冈山革命根据地而言,余伯流和夏道汉等人早已有扎实的研究,余伯流、夏道汉的《井冈山革命根据地研究》和余伯流、陈刚的《井冈山革命根据地全史》是主要研究成果;关于东固革命根据地,黄惠运等人对其发展脉络也做了较为完整的梳理;学界对中央革命根据地的研究最为深入,学者们围绕着苏区社会中的许多具体问题,如根据地的创建与范围、历史贡献、苏区政治建设及组织机构的演变等,从而将大陆苏区史研究推进到一个新阶段。研究成果主要有罗华素、廖平之的《中央革命根据地货币史》,余伯流的《中央苏区经济史》,陈荣华、何友良的《中央苏区史略》,刘勉玉的《中央苏区三年游击战争史》,中共江西省委党史研究室的《中央苏区政权建设研究》等。

不过,纵观这些著述,学者们更倾向于高度宏观地对中央政策指令的颁布与各苏区的贯彻实施加以评析,对于革命如何发生,反而很少论及。当然,这一治学理路也源于马克思对社会主义取代资本主义前景的预见,在他们眼中,革命的发生及成功是必然的,因为国民党统治黑暗,民众处于水深火热之中,中共作为人民利益的代表,顺应时势,领导人民起来革命。而苏区史研究"有待解决的只是共产党如何制定正确的方略和路线以赢得这一胜利"。在这种叙事模式下,地域差异没有受到重视,遑论对具体革命问题进行深入分析。

(三) 关于苏区的社会变迁

20 世纪 90 年代以来,随着研究视角与方法的转移,中共党史研究在研究范式的转型从社会史角度探讨革命氛围下苏区社会的变迁问题,成为学者乐道的话题。

何友良的《中国苏维埃区域社会变动史》首次把这场改变社会、改变人的苏维埃运动放到近代在中国南方广大农村造成的结构流变中考察,力求深入了解苏维埃运动在中国南方广大农村造成的结构性变动,以及各阶级、各阶层的人们在这场社会变动中的观念和行为走向。可以说是在学术实践上进行的革命根据地史研究范式转型的初步尝试。以此为基点,张玉龙、何友良将政权形态与社会变迁结合起来,重点考察了中央苏区的经济建设与发展、社会改造与重建、精神文明与民众物质生活等问题,并试图借此多方位透视中共苏维埃革命的意义与深化对政权形态与社会变迁关系之认识。与上述"革命——效应"式研究相对应,部分学者则更多地关注革命"张力"的"界限"。万振凡从革命、改良与传统乡村社会弹性结构互动的视角,对 1927 年至 1937 年江西传统乡村社会变迁问题进行探讨,指出,传统乡村社会变迁的过程,实质上就是革命与改良——这两种社会变迁基本动力的冲击与传统乡村社会弹性结构互动过程。在革命的冲击之下,一方面,传统乡村社会结构经历了一个由表层结构形变、深层结构内核保留到整体结构反弹的变迁过程;另一方面,"带负号的平衡和发展"是传统乡村社会另一种变迁方式,即传统乡村社会以自身的破坏与倒退的方式,与革命发生联动。李红梅则以宗教改造为例认为,在苏区革命的巨大冲击下,农民的宗教意识并没有因革命而完全消除,宗族势力时隐时现,且苏区沦陷后很快得以恢复,彰显出意识形态等非正式制度的巨大的弹性与苏区革命的限度。

(四) 中共革命成功原因的再阐释

近年来,赣南师范学院中央苏区史研究中心出版了一系列的专著,可谓对这一问题有了较为深入的探讨,其中有张玉龙、何友良《中央苏区政权形态与苏区社会变迁》,朱钦胜《中央苏区反腐倡廉史》,钟日兴《红旗下的乡村——中央苏区政权建设与乡村社会动员》和何朝银《革命与血缘、地缘:由纠葛到消解——以江西石城为个案》尤其值得关注。何友良还在 2012 年出版了其新作《苏区制度、社会和民众研究》。通过这些著作,我们可以发现中国共产党早在苏区革命时期即在政权建设、妇女动员、反腐倡廉以及如何处理血缘地缘与革命的关系方面积累了宝贵而丰富的经验。

黄道炫关于中央苏区革命的"张力"与"限界"的最新研究让我们既看到了中共动员群众进行革命的困难,同时也让我们了解到正是在赣南这块试验田上,中共积累了丰富的经验,如中共在实践中摸索出代表会议的基层政治运作体制、苏维埃政权的监督体系以及妇女动员等策略手段,虽然由于苏区的现实环境、党组织与乡村政权的磨合需要及时局变化等因素未及真正展现和推广,为中共廉洁政治、革新社会提供了成功经验,同时也体现了中国传统乡村政治面貌的充分潜力,这为后来中共乡村革命的胜利汲取经验教训提供了重要可能性。

综合上述研究状况,不难获知,由一般性的涉及专题性研究是近些年来学界有关中共农村道路研究的一般特点,而有关中共苏区革命的缘起、苏区社会动员以及中央苏区社会变迁问题的研究逐渐引起学界的浓郁兴趣,且取得了不少令人瞩目的成果。上述这些卓有成效的工作,无疑为进一步深入研究奠定了坚实的基础。当然,存在的遗憾也比较明显。相关的研究虽围绕"革命"二字展开,然未能从政治学、国家学说的层面对之予以观照。即便有些论著也注意到这个方面缺陷,惜乎因受研究旨向等因素的制约,未能对此做深入全面的探析。因此,有关中共农村道路的选择、农村道路的形成、农村道路作用下中共作为局部执政党自身的建设问题,以及农村道路与苏区社会结构变迁的问题等尚待进一步考察。

四、应知应会

(一)单项选择题

1. 国民党在全国范围内建立起自己统治的标志是(　　)。

　A. 宁、汉合流　　　　　　　　　B. 张学良"改易旗帜"

　C. 皇姑屯事件　　　　　　　　　D. 北伐战争

2. 1928 年国民党在南京建立国民党政权,其政权性质(　　)。

　A. 地主阶级政权　　　　　　　　B. 官僚资产阶级政权

　C. 资产阶级政权　　　　　　　　D. 大地主大资产阶级政权

3. 打响武装反抗国民党反动统治第一枪的起义是(　　)。

　A. 南昌起义　　　　　　　　　　B. 湘赣边界秋收起义

　C. 广州起义　　　　　　　　　　D. 武昌起义

4. 毛泽东提出"须知政权是由枪杆子中取得的"的著名论断的会议是(　　)。

　A. 党的四大　　　B. 党的六大　　　C. 八七会议　　　D. 遵义会议

5. 较之南昌起义,1927 年湘赣边界秋收起义最明显的特征是(　　)。

　A. 不再用国民革命军的名义,而公开打出了工农革命军的旗帜

　B. 不以攻打中心城市为目标,而以建立农村根据地为目标

　C. 不仅是共产党创建人民军队的开端,而且揭开了土地革命战争的序幕

　D. 不再由国共两党合作领导,而是由共产党独立领导

6. 南昌起义、秋收起义、广州起义中得出的深刻教训是(　　)。

　A. 必须武装反抗国民党反动派　　　B. 必须建立党对军队的绝对领导

　C. 必须建立新型的人民军队　　　　D. 走适合中国国情的革命道路

7. 中国共产党开创的第一块农村革命根据地是（   ）。

    A. 晋察冀根据地   B. 井冈山根据地

    C. 湘鄂西根据地   D. 鄂豫皖根据地

8. 毛泽东在《中国的红色政权为什么能够存在》一文中提出了（   ）。

    A. 以农村包围城市,武装夺取政权道路的理论

    B. 工农武装割据的思想

    C. 以乡村为中心的思想

    D. 实行党对军队绝对领导的原则

9. 毛泽东实际上否定了"城市中心论",确立了"以乡村为中心"的思想的文章是（   ）。

    A.《星星之火,可以燎原》

    B.《中国的红色政权为什么能够存在?》

    C.《反对本本主义》

    D.《井冈山的斗争》

10. 1931 年 11 月,中国共产党成立了中华苏维埃共和国临时中央政府,政权性质是（   ）。

    A. 资产阶级专政

    B. 各革命阶级(包括民族资产阶级和小资产阶级)联合专政

    C. 抗日民主政权

    D. 工农民主政权

11. 革命根据地迅速发展的主要原因是（   ）。

    A. 中共的正确领导   B. 开展了土地革命

    C. 得到了人民的支持   D. 根据地进行了经济建设

12. 中国共产党历史上第一个土地法是（   ）。

    A.《井冈山土地法》   B.《兴国土地法》

    C.《苏维埃土地法》   D.《中国土地法》

13. 王明"左"倾冒险主义路线的主要特征是（   ）。

    A. 经验主义   B. 教条主义   C. 宗派主义   D. 主观主义

14. 中国共产党在长征途中召开的遵义会议,集中解决了在当时具有决定意义的（   ）。

    A. 军事问题和组织问题   B. 政治问题和路线问题

    C. 战略问题和战术问题   D. 思想问题和作风问题

15. 毛泽东明确提出"中国革命斗争的胜利要靠中国同志了解中国情况"的著

作是（　　）。

A. 《星星之火,可以燎原》

B. 《中国的红色政权为什么能够存在?》

C. 《井冈山的斗争》

D. 《反对本本主义》

16. 近代中国半殖民地半封建的社会性质决定了中国革命进程的一个主要形式是（　　）。

A. 争取民主　　　　B. 农民运动　　　　C. 武装斗争　　　　D. 工人运动

17. 中国革命的特点和优点是（　　）。

A. 敌强我弱　　　　　　　　　　B. 中国政治经济发展不平衡

C. 农民众多,是革命的主力军　　　D. 武装的革命反对武装的反革命

18. 1931 年 1 月,王明"左"倾冒险主义在中共中央领导机关占据了统治地位的会议是（　　）。

A. 六届二中全会　　　　　　　　B. 六届三中全会

C. 六届四中全会　　　　　　　　D. 六届五中全会

19. 中国革命武装斗争的实质是无产阶级领导下的（　　）。

A. 政治革命　　　　B. 土地革命　　　　C. 农民革命　　　　D. 群众运动

20. 红军最后结束长征是以三大红军主力的会师为结束,这三大主力包括（　　）。

①红一方面军　②红三方面军　③红二方面军　④红四方面军

A. ①②③　　　　　B. ①②④　　　　　C. ①③④　　　　　D. ②③④

参考答案:

1. B　2. D　3. A　4. C　5. A　6. D　7. B　8. B　9. A　10. D　11. A　12. A　13. B　14. A　15. D　16. C　17. D　18. C　19. C　20. C

(二) 多项选择题

1. 为了镇压人民和消灭异己力量,国民党建立了庞大的全国性特务系统。主要有（　　）。

A. "中统"　　　　　B. "军统"　　　　　C. "保甲"　　　　　D. "青帮"

2. 1927 年,毛泽东率领秋收起义部队进军井冈山途中进行了著名的三湾改编,其主要内容有（　　）。

A. 将一个师缩编为一个团　　　　B. 决定将共产党支部建在连上

C. 规定了红军的三大任务　　　　　　D. 规定在部队内部实行民主管理

3. 毛泽东从 1928 年到 1930 年提出和阐述了农村包围城市、武装夺取政权道路理论的主要文章是(　　)。

A.《中国红色政权为什么能够存在?》　B.《井冈山的斗争》

C.《星星之火,可以燎原》　　　　　　D.《反对本本主义》

4. 土地革命战争时期,中国的红色政权能够存在和发展的客观条件有(　　)。

A. 政治经济发展的不平衡,全国革命形势的继续向前发展

B. 相当力量的正式红军存在

C. 第一次国内革命战争的影响

D. 共产党组织的有力量和政策的正确

5. 1927 年国民革命失败后,在共产党进行斗争的同时,积极从事反蒋民主斗争的还有(　　)。

A. 以宋庆龄为代表的爱国民主力量　　B. 以邓演达为首的第三党

C. 以汪精卫为首的改组派　　　　　　D. 以胡汉民为首的两广实力派

6. 20 世纪二三十年代,在国共两党之间的中间派别有(　　)。

A. 中国国民党临时行动委员会　　　　B. 乡村建设派

C. 平民教育派　　　　　　　　　　　D. 中国国民党革命委员会

7. 1931 年,中国共产党在总结土地革命的经验的基础上,逐步形成的一条比较完整的土地革命总路线是(　　)。

A. 依靠贫雇农

B. 联合中农

C. 限制富农

D. 保护中小工商企业者,消灭地主阶级

8. 下面内容中属于王明"左"倾教条主义错误的有(　　)。

A. 在统一战线问题上,排斥和打击中间势力

B. 在土地革命问题上,提出坚决打击富农

C. 在党内斗争和组织问题上,推行"残酷斗争,无情打击"方针

D. 在反"围剿"的军事斗争问题上,实行消极防御的方针

参考答案:

1. AB　2. ABD　3. ABCD　4. ABCD　5. AB　6. ABC　7. ABCD
8. ABCD

（三）简答题

1. 八七会议的主要内容及其历史地位。

2. 古田会议的主要内容及意义。

3. 遵义会议的内容和历史意义是什么?

4. 红军长征胜利的意义。

5. 什么是长征精神?

参考答案:

1. 答:中共中央政治局于 1927 年 8 月 7 日在汉口召开的紧急会议。会议批判和纠正了陈独秀右倾机会主义错误,撤销了他在党内的职务,选出了新的临时中央政治局,确定了土地革命和武装斗争的总方针,决定发动秋收起义。毛泽东出席了这次会议,并提出了著名的"枪杆子里出政权"的论断。

八七会议在我党历史上是一个转折点。它给正处在思想混乱和组织涣散中的中国共产党指明了新的出路,为挽救党和革命做出了巨大贡献。这是由大革命失败到土地革命战争兴起的历史性转变,党的工作重心由城市转向农村。

2. 答:1929 年红军第四军党的第九次代表大会在福建上抗县古田村召开,史称古田会议。

会议通过的毛泽东起草的决议案,确立了思想建党、政治建军的原则,规定红军是应该执行革命的政治任务的武装,必须绝对服从共产党的领导,必须担负打仗、筹款和做群众工作的任务,必须加强政治工作。

古田会议决议创造性地解决了在农村环境中、在党组织和军队以农民为主要成分的环境下,如何从加强思想建设入手,保持党的无产阶级先锋队性质和建设党领导的新型人民军队的问题,对于中国革命新道路的开辟和坚持有重要意义。

3. 答:(1) 内容:1935 年 1 月,党中央在贵州遵义召开了政治局扩大会议,会议集中解决了党当时最为紧迫的军事问题和组织问题,批判了第五次反"围剿"和长征以来中央在军事领导上的"左"倾错误。

(2) 历史意义:遵义会议结束了王明"左"倾错误在中央的统治,在事实上确立了以毛泽东为核心的新的党中央的正确领导。这是中国共产党第一次独立自主地运用马克思主义原理解决自己的路线、方针和政策问题,妥善地处理了党内长期存在的分歧和矛盾,是中国共产党从幼稚走向成熟的标志。这次会议在极其危急的情况下,挽救了党,挽救了红军,挽救了革命,成为党的历史上一个生死攸关的转折点。

4. 答:1936年,随着红军三大主力的会师,红军长征胜利结束。

红军长征的胜利是中国革命转危为安的关键。红军的长征是一部伟大的革命英雄主义史诗。它向全中国和全世界宣告,中国共产党及其领导的人民军队,是一支不可战胜的力量。

长征一结束,中国革命的新局面就开始了。

5. 答:红军长征,铸就了伟大的长征精神。

长征精神,就是把全国人民和中华民族的根本利益看得高于一切,坚定革命的理想和信念,坚信正义事业必然胜利的精神;就是为了救国救民,不怕任何艰难险阻,不惜付出一切牺牲的精神;就是坚持独立自主、实事求是、一切从实际出发的精神;就是顾全大局、严守纪律、紧密团结的精神;就是紧紧依靠人民群众,同人民生死相依、患难与共、艰苦奋斗的精神。

长征精神为中国革命不断从胜利走向胜利提供了强大的精神动力。

(四)论述题

1. 以毛泽东为代表的中国共产党人是如何探索和开辟中国革命新道路的?

2. 20世纪20年代后期至30年代前期,中国共产党为什么连续出现"左"倾错误?

3. 土地革命战争时期,中国共产党是如何总结历史经验、加强党的思想理论建设的?

参考答案:

1. 答:(1)开展武装反抗国民党统治的斗争。1927年8月,中共中央在汉口召开紧急会议(八七会议),彻底清算了大革命后期的陈独秀右倾机会主义错误,确定了土地革命和武装反抗国民党方针。八七会议以后,举行了南昌起义、湘赣边界秋收起义、广州起义。中国革命由此发展到了一个新阶段。

(2)走农村包围城市的革命道路。以农村为重点,到农村去发动农民,进行土地革命,开展武装斗争,建设根据地,这是1927年以后中国革命发展的客观规律所要求的。农村包围城市、武装夺取政权这条革命新道路的开辟,依靠了党和人民的集体奋斗,凝聚了党和人民的集体智慧。而毛泽东是其中的杰出代表。

(3)毛泽东不仅在实践中首先把革命进攻的方向指向了农村,而且从理论上阐明了武装斗争的极端重要性和农村应当成为党的工作中心的思想。1928年,毛泽东写了《中国的红色政权为什么能够存在?》《井冈山的斗争》等文章,明确指出以农业为主要经济的中国革命,以军事发展暴动,是一种特征;还科学阐明了共产党领导的土地革命、武装斗争与根据地建设这三者之间的辩证统一关系。1930年,《星星之火,可以燎原》一文中,毛泽东指出:红军、游击队和红色区域的建立和发展,是半殖民地中国在无产阶级领导下的农民斗争的最高形式,和半殖民地农民斗争发展的必然结果,并且无疑是促进全国革命高潮的最重要因素。

(4)农村包围城市,武装夺取政权理论,是对1927年革命失败后中国共产党领导的红军和根据地斗争经验的科学概括。它是以毛泽东为代表的中国共产党人同当时党内盛行的把马克思主义教条化、把共产国际和苏联经验神圣化的错误倾向做坚决斗争基础上形成的。农村包围城市、武装夺取政权理论的提出,标志着中国化的马克思主义:毛泽东思想的初步形成。

(5)随着革命新道路的开辟,中国革命开始走向复兴。中国共产党领导的红军和根据地逐步发展起来。红军游击战争实际上已经成为中国革命的主要形式,农村根据地成为积蓄和锻炼革命力量的主要战略阵地。

2. 答:20世纪20年代后期至30年代前期,中国共产党为什么连续出现"左"倾错误,原因是多方面的

(1)八七会议以后党内一直存在的浓厚的"左"倾情绪始终没有得到认真的清理。

(2)共产国际对中国共产党内部事务的错误干预和指挥。

(3)全党的马列主义理论准备不足,理论素养不高,实践经验也很缺乏,对于中国的历史状况和社会状况、中国革命的特点、中国革命的规律不了解,对于马列主义理论和中国革命的实践没有统一的理解。一句话,不善于把马列主义与中国革命实际全面地、正确地结合起来。

3. 答:红军长征到陕北以后,毛泽东、中共中央用很大的精力总结历史经验,加强思想理论建设。

1935年12月,毛泽东作《论反对日本帝国主义的策略》的报告,阐明党的抗日民族统一战线的新政策,批评党内的关门主义和对于革命的急性病,系统地解决了党的政治路线上的问题。

1936年12月,毛泽东写了《中国革命战争的战略问题》,总结土地革命战争中党内在军事问题上的大讨论,系统说明了有关中国革命战争战略方面的诸问题。

1937年夏,毛泽东作《实践论》《矛盾论》,从马克思主义认识论的高度,总结中国共产党的历史经验,揭露和批判党内的主观主义尤其是教条主义的错误,深入轮

怎么能这样基本原理同中国革命具体实践相结合的原则,科学阐明了马克思主义的思想路线。

这些理论工作对党的政治路线、军事路线和思想路线进行了拨乱反正,从思想上、理论上武装了中国共产党人。

（五）材料分析题

材料分析题一

材料1 布哈林(当时的共产国际执委会主席)在中共六大上说,中国的红军"像一个肥胖的大肚子的女人,坐到某一个地方,便在那里大吃大嚼大精光",甚至会把老百姓的"最后一个老母鸡吃了"。他认为,红军应该"分散到各个地方,经过相当的时间,再转一个地方,到这个地方住一些时(间),杀一杀土豪劣绅,吃一吃饭,喝一喝鸡汤,再到另一个地方,照样杀土豪吃鸡,过了相当时间再前进"。

——转引自《"农村包围城市"道路的理论和实践》

材料2 "想'以农村来包围城市','但凭红军来夺取中心城市',都是一种幻想,一种绝对错误的观念。"因为"乡村是统治阶级四肢,城市才是他们的头脑与心腹,单只斩断了他的四肢,而没有斩断他的头脑,炸裂他的心腹,还不能置他的最后的死命。这一斩断统治阶级的头脑,炸裂他心腹的残酷的争斗,主要是靠工人阶级的最后的激烈争斗——武装暴动。所以忽视工人阶级的武装暴动,不只是策略上的严重错误,而且会成为不可饶恕的罪过"。

——摘自立山《新的革命高潮面前的诸问题》

请回答:

1. 指出材料1中的错误及原因。
2. 指出材料2所坚持的错误道路。

材料分析题二

材料1 "红军、游击队和红色区域的建立和发展,是半殖民地中国在无产阶级领导之下的农民斗争的最高形式,和半殖民地农民斗争发展的必然结果;并且无疑义地是促进全国革命高潮的最重要因素。""单纯的流动游击政策,不能完成促进全国革命高潮的任务,而朱德毛泽东式、方志敏式之有根据地的,有计划的建设政权的,深入土地革命的,扩大人民武装的路线,""无疑义地是正确的。必须这样,才能树立全国革命群众的信仰,如苏联之于全世界然。必须这样,才能给反动统治阶级以甚大的困难,动摇其基础而促进其内部的分解。也必须这样,才能真正地创造红军,成为将来大革命的主要工具。总而言之,必须这样,才能促进革命的高潮"。

——摘自毛泽东《星星之火,可以燎原》

材料2 "革命的中心任务和最高形式是武装夺取政权,战争解决问题。这个马克思列宁主义的革命原则是普遍地对的,不论在中国在外国,一概都是对的。但是在同一个原则下,就无产阶级政党在各种条件下执行这个原则的表现说来,则基于条件的不同而不一致。""中国的特点是:不是一个独立的民主的国家,而是一个半殖民地的半封建的国家;在内部没有民主制度,而受封建制度压迫;在外部没有民族独立,而受帝国主义压迫。因此,无议会可以利用,无组织工人举行罢工的合法权利。在这里,共产党的任务,基本的不是经过长期合法斗争以进入起义和战争,也不是先占城市后取乡村,而是走相反的道路。"

——摘自毛泽东《战争和战略问题》

请回答:

1. 根据材料1说明毛泽东提出的新思想及其实质。
2. 根据材料2说明毛泽东提出的革命新道路。

材料分析题三

材料1 1927年大革命失败后,国内政治局势急剧逆转,原来生机勃勃的中国南部一片腥风血雨。蒋介石在南京建立政权后,经过一系列新军阀混战,建立起在全国范围内的统治。这个政权对外实行反苏、亲帝的政策,对内竭力维护官僚买办资产阶级和封建地主阶级的利益,限制和压制民族资本主义的发展,残酷地镇压、屠杀共产党人和革命群众。因此,同北洋军阀一样,它仍然是一个代表大地主大资产阶级利益的独裁政权。

在这样的政权统治下,中国共产党必须继续进行反帝反封建的民主革命,首先必须直接反抗国民党的反动统治。然而,这时的党却遇到了前所未有的困难。据不完全统计,从1927年3月到1928年上半年,被杀害的共产党员和革命群众达31万多人,其中共产党员26万多人。在极其险恶的局势下,党内思想异常混乱,一些同志和不坚定分子离开党的队伍,党员数量急剧减少到1万多人。与此同时,工农运动走向低沉,相当多的中间人士同共产党拉开了距离。事实表明:中国革命已进入低潮。

但是,在严峻的生死考验面前,在革命前途仿佛已变得十分黯淡的时刻,中国共产党和中国人民并没有被吓倒,被征服,被杀绝。他们从地下爬起来,揩干净身上的血迹,掩埋好同伴的尸首,又继续战斗了。

——摘自新华网,《在土地革命战争中开辟农村包围城市的道路》

材料2　孙中山先生逝世后,中国共产党人继承他的遗愿,同一切忠于他的事业的人们共同努力、继续奋斗。经过20多年艰苦卓绝的斗争,中国人民终于夺取了新民主主义革命的胜利,建立了人民当家做主的中华人民共和国,完成了近代以来中国人民和无数仁人志士梦寐以求的民族独立、人民解放的历史任务,开启了中华民族发展进步的历史新纪元。

——摘自《在纪念辛亥革命100周年大会上的讲话》

请回答:

1. 在严峻的生死考验面前,在革命前途仿佛已变得十分黯淡的时刻,中国共产党和中国人民"继续战斗",开辟了一条怎样的革命道路?

2. 结合材料,说明中国革命取得胜利的主要原因和基本经验。

参考答案:

材料分析题一

1. 答:这段话表明共产国际对中国农村根据地和红军在革命中的重要地位,缺乏足够的认识,因此认为红军的任务是流动游击,幻想到全国革命高潮到来时,把红军的力量加上去,配合城市暴动来夺取全国革命的胜利。这种思想是城市中心论的翻版,其原因在于没有看清中国是个半殖民地半封建社会的特殊国情,不知道中国的民主革命实质上是农民革命,因而总是低估农村根据地和红军建设的极端重要性。

2. 答:当时中央领导人坚持的是城市中心论的错误道路。他们多次非常严厉地指名批评和指责毛泽东,他们的指责从反面进一步表明毛泽东等人这时已初步确立以农村为中心的思想,开始形成农村包围城市的革命道路的思想。

材料分析题二

1. 答:毛泽东这时已提出"工农武装割据"的思想,在此基础上,他进一步把农村根据地的建设与发展和促进全国革命高潮、夺取全国胜利联系起来,强调根据地的存在,是无产阶级领导下农民革命的最高形式,是促进全国革命高潮的最重要因素。毛泽东提出了一条巩固和扩大根据地和红色政权的正确路线,其实质就是坚持武装斗争、土地革命和根据地建设的三位一体原则。

2. 答:毛泽东从中国的特殊国情出发,非常明确地把中国革命的道路与俄国十月革命道路相比较,指出中国不是经过长期合法斗争以进入起义和战争,也不是先占城市后取乡村,而是走相反的道路,即农村包围城市,武装夺取政权的道路,经过长期的革命战争,逐步发展壮大自己的力量,从农村包围城市,到最后夺取城市,取得革命的全国胜利。

材料分析题三

1. 答：在严峻的生死考验面前，在革命前途仿佛已变得十分黯淡的时刻，中国共产党和中国人民"继续战斗"，开辟了中国革命的新道路理论，即农村包围城市、武装夺取政权的理论。这一理论是在中国革命实践中逐步形成和发展起来的，其基本内容概括为三个方面：开创这条道路的基本依据——以乡村为中心的思想；实行这条道路的基本条件——红色政权存在和发展的原因；实现这条道路的基本途径——工农武装割据的思想。

2. 答：第一，中国革命有着深刻的社会根源和雄厚的群众基础：工人、农民、城市小资产阶级是民主革命的主要力量。随着斗争的发展，民族资产阶级也逐步向共产党靠拢，各民主党派和无党派民主人士、各少数民族、爱国的知识分子和华侨等，都在这场斗争中发挥了积极作用。第二，有了中国工人阶级的先锋队——中国共产党的领导。中国共产党作为工人阶级的政党，不仅代表着中国工人阶级的利益，而且代表着整个中华民族和全中国人民的利益。中国共产党以中国化的马克思主义即马克思列宁主义基本原理与中国实践相结合的毛泽东思想作为一切工作的指针，能够制定出适合中国情况的、符合中国人民利益的纲领、路线、方针和政策，为中国人民的斗争指明正确的方向。同时，中国共产党人在革命过程中始终英勇地站在斗争的最前线。第三，中国革命之所以能够赢得胜利，同国际无产阶级和人民群众的支持也是分不开的。

五、实践教学

（一）实践内容

1. 组织学生观看《长征》等影像资料，分析红军长征及 1935 年遵义会议的历史意义，引导学生自己讲述对红军长征的理解，激发学生对这段特殊历史的了解，加深学生对党曾经历的坎坷道路的感悟。

2. 组织有兴趣的学生回到家乡调查当地实际，撰写"中国近代的农民问题与当前新农村建设"的调查报告。

3. 阅读人物传记，联系中共第一代领导人所走过的人生历程，特别是他们青年时代对历史责任感的担当，讨论思考今天的大学生作为新时代的中国青年的责任感以及"敢不敢负起责任来"的勇气。

4. 指导学生课外选读相关文献以加深对教学内容的理解。主要阅读篇目：

（1）毛泽东:《井冈山的斗争》《中国的红色政权为什么能够存在?》《星星之火，可以燎原》《〈共产党人〉发刊词》《中国革命和中国共产党》《新民主主义论》《目前抗日统一战线中的策略问题》。

（2）《中共八七会议告全党党员书》,《中共中央文件选集》(3)。

（3）王明:《为中共更加布尔什维克化而斗争》,《中共中央文件选集》(7)。

（4）《中共中央关于反对敌人五次"围剿"的总结决议》,《六大以来》(上)。

（二）实践方案

本着主体性、开放性和民主性的原则,以激励学生主动参与探索、自觉思考实践为目的,开展多元化的实践教学,拓展学习资源,调动全员参与的热情,激发学习历史的兴趣,让学生动手实践和体验、自主探究、合作交流成为历史课堂学生有效的学习方式。

主要实践方式如下:

1. 研究性学习:将学生分为多个小组,以小组为单位各自选择研究主题。围绕选题,小组成员根据自己的特长、兴趣及活动要求进行分工,进行合作探究,查阅有关文献和网络资源,开展小组讨论并形成书面、PPT或视频成果,各小组代表通过研讨成果向大家讲解他们的集体智慧。在研讨成果展示过程中,各组同学之间可相互讨论、对其他组所讲内容不理解的地方可向对方提问,教师在旁边记录各组代表所讲内容及同学们间相互提问的问题。每位同学必须参与讨论,作为平时考量依据。

2. 任课教师指定研究主题或阅读书目,学生围绕主题自主探究,收集相关正反观点,要求查阅东西方相关资料并形成个人书面评价报告。面对这些正确与错误观点,我们应如何评价? 进行课堂交流互动,引发学生对历史问题的深度思考。

3. 组织学生观看纪录片或历史题材的故事片,激发学习兴趣,结合教学内容安排学生交流具体感受和得到的启示,提高思想觉悟,加深学生对历史文化的了解。

4. 组织学生外出参观爱国主义教育基地,开展爱国主义教育和革命传统教育,增强学生的民族精神和革命精神,加强历史和现实的结合,激发学生的历史责任感。让学生在活动中亲身体验历史,感受历史与现实生活的密切联系。

（三）实践成果

以 PPT、视频或调查报告等文字成果展示。

（四）实践评价

研究性学习小组成果学术评价。

评价项目	8—10分	5—7分	2—4分	0—1分
资料准备情况	充分，翔实，条理清晰。	基本能构成对研究的支撑。	资料偏差或严重不足。	未提供对研究有益的资料。
研究深度	能在相关资料基础上提出自己的见解，且研究方向正确，研究方法得当。	能在理解的基础上对相关资料准确把握，且研究方向基本正确，研究方法基本适用。	研究方向有偏差，研究方法不恰当，研究不够深入。	未掌握研究内容，未形成相关研究。
展示效果	展示方法恰当，展示能充分体现研究成果。	展示方法基本恰当，展示能简单体现研究成果。	展示方法欠妥，不能够清晰展示研究成果。	未能完成相关展示。
研究收获	对研究课题有清晰、深刻的理解，并形成一定的个人见解。	对研究课题所涵盖的内容基本掌握，能简单介绍。	对所研究的课题形成初步的认识，需要进一步消化、理解。	对所研究课题未形成基本认识。

研究性学习小组成员行为评价。

评价项目	8—10分	5—7分	2—4分	0—1分
小组活动参与度	积极思考并参与讨论及相关活动，为小组研究做出重要贡献。	基本能参与小组讨论及相关活动，偶尔提出有益见解。	活动中态度消极，积极性不高，讨论内容偏离话题的轨道。	不主动参与小组活动。
个体独立研究度	能在充分思考的基础上，为讨论主题提供有益的见解。	对研究课题充分了解，能偶尔提供个人见解。	对小组成员的依赖性强，个人研究成果没有显现。	没有完成相关的研究任务。
小组配合度	各成员团结、互相尊重，能自我调节分歧，并使研究活动顺利开展。	成员间基本保持配合态度。意见分歧的调节能力较弱，但未对研究成果产生重大影响。	组员间言语过激，严重影响研究效果。	组员之间不能达成基本的尊重，未获得完整的研究成果。

六、推荐阅读

1. 毛泽东:《中国的红色政权为什么能够存在?》《井冈山的斗争》《反对本本主义》《矛盾论》《实践论》《中国革命战争的战略问题》,《毛泽东选集》第1卷,人民出版社,1991年版。

2. 张宪文:《国民政府与中国革命转型》,南京大学出版社,2011年版。

3. 黄道炫:《张力与限界:中央苏区的革命》,社会科学文献出版社,2011年版。

4. 陈德军:《乡村社会中的革命——以赣东北根据地为研究中心(1924—1934)》,上海大学出版社,2004年版。

5. 黄琨:《革命与乡村——从暴动到乡村割据:1927—1929》,上海社科院出版社,2006年版。

6. 张宏卿:《农民性格与中共的乡村动员模式——以中央苏区为中心的考察》,中国社会科学出版社,2011年版。

7. 何友良:《苏区制度、社会和民众研究》,社会科学文献出版社,2012年版。

8. 胡绳:《中国共产党的七十年》,中共党史出版社,1991年版。

9. 彭明:《中国现代史资料选辑》第三、四辑,中国人民大学出版社,1988年版。

10. 王桧林:《中国现代史》,北京师范大学出版社,2004年版。

11. 侯保重:《遵义会议——决定中国历史命运的三天》,上海人民出版社,1995年版。

12. 中央档案馆:《中共中央文件选集》(第7—11册),中共中央党校出版社,1991年版。

13. 总政治部宣传部:《长征精神永放光芒:纪念中国工农红军长征胜利70周年资料汇编》,解放军出版社,2007年版。

14.《百年潮精品系列》:《国际广角》《人物述往》(上下)《中外之间》《史事探幽》(上下)《毛泽东剪影》《亲历者记忆》(上下)《文坛与文人》,上海辞书出版社,2005年版。

15. 陈衡哲:《中国文化史——1930年代中国知识分子对中国文化的认识与想象》,王宪明等译,福建教育出版社,2009年版。

16. 陈季同:《中国人自画像》,贵州人民出版社,1998年版。

17. 黎辛、朱鸿召:《博古:39岁的辉煌与悲壮》,学林出版社,2005年版。

18. 朱育和、蔡乐苏:《毛泽东与二十世纪中国》,清华大学出版社,2000年版。

19. 金一南:《苦难的辉煌》,作家出版社,2015年版。

20. 金一南：《走向辉煌》，作家出版社，2016年版。

21. ［澳］布赖恩·马丁：《上海青帮》，周育民等译，上海三联书店，2002年版。

22. ［德］奥托·布劳恩（李德）：《中国纪事1932—1939》，李逵六等译，现代史料编刊社，1980年版。

23. ［德］迪特·海茵茨希：《中苏走向联盟的艰难历程》，张文武、李丹琳等译，新华出版社，2001年版。

24. ［德］卫理贤：《中国心灵》，王宇洁等译，国际文化出版公司，1998年版。

25. ［法］K.S.卡罗尔：《毛泽东的中国》，刘立仁、贺季生译，贵州人民出版社，1988年版。

26. ［美］傅虹霖：《张学良的政治生涯》，王海晨、胥波译，辽宁大学出版社，1988年版。

27. ［美］冈瑟·斯坦：《红色中国的挑战》，马飞海等译，上译文出版社，1999年版。

28. ［美］葛凯：《制造中国：消费文化与民族国家的创建》，黄振萍译，北京大学出版社，2007年版。

29. ［美］古德诺：《解析中国》，蔡向阳、李茂增译，国际文化出版公司，1998年版。

30. ［美］何天爵：《中国人本色》，张程、唐琳娜译，中国言实出版社，2006年版。

31. ［美］西默·托平：《在新旧中国间穿行》，原新牧译，中国工人出版社，2003年版。

32. ［美］徐中约：《中国近代史》，计秋枫、郑会欣译，香港中文大学出版社，2001年版。

33. ［美］埃德加·斯诺：《西行漫记》《红星照耀中国》，胡愈之等译，河北人民出版社，1989年版。

34. ［美］哈里森·索尔兹伯里：《长征——前所未闻的故事》，过家鼎等译，河北人民出版社，1989年版。

35. ［日］田中仁：《20世纪30年代的中国政治史——中国共产党的危机与再生》，赵永东等译，天津社会科学院出版社，2007年版。

36. ［英］迪克·威尔逊：《毛泽东》，中央文献出版社，2000年版。

37. ［英］李约瑟：《四海之内：东方和西方的对话》，劳陇译，三联书店，1992年版。

38. ［美］费约翰：《唤醒中国：国民革命中的政治、文化与阶级》，李恭忠等译，三联书店，2004年版。

39. ［美］费正清：《美国与中国》（第四版），张理京译，商务印书馆，1987年版。

第六章
中华民族的抗日战争

一、内容概要

20 世纪 30 年代,日本和德国、意大利分别在世界的东方和西方形成战争策源地。日本军国主义势力为实现征服中国,称霸亚洲和世界的目的,悍然发动企图灭亡中国的侵略战争,中华民族到了最危险的时刻。中华儿女同仇敌忾,进行了长达14 年艰苦卓绝的抗日战争,打败了穷凶极恶的日本军国主义侵略者,取得了中国人民抗日战争的伟大胜利。

中国共产党的中流砥柱作用是中国人民抗日战争胜利的关键;以爱国主义为核心的民族精神是中国人民抗日战争胜利的决定因素;全民族抗战是中国人民抗日战争胜利的重要法宝。抗日战争对中国在国际上政治大国地位的奠定、中国社会进步以及对世界反法西斯战争起了重要作用。抗日战争的胜利是中华民族走向复兴的转折点,奠定了实现中华民族伟大复兴的基础。

二、教学设计与教学研究

(一)教学目标与基本要求

1. 认清日本军国主义的侵华战争给中华民族造成的深重灾难,懂得抗日战争是近代以来中国人民第一次赢得完全胜利的民族解放战争,学习先辈不畏强敌的精神。

2. 了解伟大的抗日战争的全过程及相关重大历史事件,认识以国共两党第二次合作为基础的抗日民族统一战线的意义。

3. 了解中国共产党的全面抗战路线、纲领与方针以及敌后游击战争的地位和作用,懂得中国共产党及其领导的人民抗日力量是中华民族抗战的中流砥柱。

4. 了解中国人民抗日战争是弱国战胜强国的范例,认识中国人民抗日战争胜利的主要原因和基本经验,了解中国人民抗日战争在世界反法西斯战争中的地位。

(二)教学内容与逻辑结构

1. 教学内容

(1)日本发动企图灭亡中国的侵略战争。

(2)中国人民奋起抗击日本侵略者。

(3)抗日战争的正面战场。

(4)抗日战争中的中流砥柱。

(5)抗日战争的胜利及其意义。

2. 逻辑结构

本章共分五节。第一节阐述了日本发动企图灭亡中国的侵略战争及日本在中国的残暴的殖民统治和中华民族所遭受的深重灾难。第二节阐述了中国共产党从局部抗战到全国性抗战的过程。第三节阐述了国民党在抗日的正面战场不同阶段的表现。第四节阐述了中国共产党在抗战中的全面抗战路线、方针和策略,推进抗日民主根据地建设、大后方抗日民主运动和进步文化工作,以及加强自身建设,从而成为抗日战争的中流砥柱。第五节论述了抗日战争的胜利及其意义、原因和基本经验。

(三)教学重点难点与教学方法

1. 教学重点

(1)国民党组织的正面战场的正确评价。

(2)共产党在抗日战争的地位和作用。

(3)不能忘却的历史:正确对待日本侵华罪行。

2. 教学难点

(1)为什么说中国的抗日战争是神圣的民族解放战争?

(2)为什么说中国共产党是中国人民抗日战争的中流砥柱?

(3)怎样评价国民党政府在抗日战争中执行的路线和正面战场的地位和作用?

(4)为什么说中国人民抗日战争是弱国战胜强国的范例?其历史意义是什么?

3. 教学方法

主要运用以下四种方法:比较分析的方法、教师主导性与学生主体性相结合的方法、理论与史实相结合的方法以及史实联系实际的方法。为调动学生的主体性，可在教学中采用多种手段，如多媒体教学、课堂讨论与课外阅读。

（四）授课切入与教学案例

授课切入

近年来，中日关系面临许多挑战，其中，日本的战争历史认识和战争责任是一个始终无法回避的问题。日本的历史认识问题，主要表现在五个方面：教科书事件、参拜靖国神社风波、修改"和平宪法"问题、拒绝对受害者赔偿问题、美化侵略战争问题。

这既是日本如何认识侵略战争历史并采取相应政策的问题；又是一个国家诚信的问题，国际社会对日本侵略的历史早有判定和判决，日本政府也做出停止战争，消除战争影响的承诺；同时这也是一个涉及中国和其他被日本侵略过的亚洲国家人民感情的问题。

在《中国青年报》的一项调查中，93.3％受访者认为"日本对其侵略历史态度"对当前中日关系发展有妨碍；85.5％受访者认为中日两国世世代代友好下去主要取决于"正确解决两国历史遗留问题"。这项调查的结果明确昭示了历史问题在两国关系中的地位。

我们今天走进20世纪三四十年代的历史，了解日本对中国的侵略和中国人民反侵略的较量。同时请思考，我们应当如何正确对待中日之间的历史问题？

教学案例1 战后日本对相关历史问题的看法

1. 日本称中日之间已不存在个人索赔权问题

2014年2月25日，中国全国人大常委会宣布，将以立法的形式确定中国人民抗日战争胜利纪念日，同时设立南京大屠杀死难者国家公祭日。26日，第二次世界大战中遭日军强掳的中国劳工及遗属在国内首次起诉日本企业。对于中方的一系列措施，日本内阁官房长官26日回应称，"中日之间已不存在个人索赔权问题"，"围绕南京大屠杀仍存在各种争论，但日方认为，不能否认日军当时在进入南京后存在杀害非战斗人员等行为"。

日本共同社2月26日报道称，日本官房长官菅义伟26日上午召开记者会，就第二次世界大战被掳中国劳工及遗属在北京起诉日企要求赔偿一事强调："日中之间的索赔权问题，包括个人在内，因《日中联合声明》已不再存在。"

关于中国全国人大常委会计划以立法形式确定中国人民抗日战争胜利纪念

日、设立南京大屠杀死难者国家公祭日一事,菅义伟表示:"对于中国为何要在终战69年后的现在设立追悼日,不能说没有疑问。但我认为这基本上是中国的国内问题,日本政府对此不予置评。"

关于南京大屠杀,菅义伟在表示"我们知道围绕事实存在着各种各样争论"的基础上,说明日本政府见解称:"我们认为,不能否认日军在进入南京时有杀害非战斗人员或掠夺行为。"

菅义伟在此基础上还称:"无论如何,日本政府在包括第二次世界大战在内的历史问题上的立场并没有改变,日本作为和平国家一路走来的姿态也在国际社会获得了高度评价。"

不过事实上,早有评论指出,日方所称的中国在《中日联合声明》中已经放弃对日索赔是站不住脚的,中国政府在《中日联合声明》中宣布放弃对日本国的战争赔偿要求,是着眼于两国人民友好相处做出的政治决断。但是,国家放弃对国家之间的"战争赔偿",并不等同于民众受害者放弃了个人追索"受害赔偿"的权利。

早在1992年3月,中国外交部新闻发言人就曾表明态度强调,第二次世界大战中的"民间受害者可以直接要求日本赔偿损失"。然而日本不顾中方多次严正交涉,却对这一条款任意进行非法的、无效的解释,中国对日方的做法表示强烈反对。

——摘编自王欢:《日本称中日之间已不存在个人索赔权问题》

2. 部分日本人对南京大屠杀问题认识

侵华日军惨无人道的行径被曝光,无疑是对那些拒不承认战争责任,拒绝反省、谢罪和道歉的朝野上下右翼保守势力的一记最沉重耳光。于是,首先站出来的是被称作"超保守派"的作家铃木明,1972年,铃木明在《诸君》杂志上发表了《"南京大屠杀"的虚构》等一系列文章;次年又将这些文章编辑成《"南京大屠杀"的虚构》一书公开出版(文艺春秋社1973年版),攻击本多、洞富雄的著述"能够证实南京大屠杀的资料并不存在",属于"捏造",还通过一些随军记者和参战官兵的"目击证言",以及一部分断章取义、牵强附会的"资料",得出南京大屠杀是"虚构"的结论。1975年11月,战争经历者山本七平将他在《诸君》杂志上发表的连载文章编辑成《我所在的日本军》(上、下)出版,诬称"南京大屠杀"是"无稽之谈"。

曾任松井石根秘书的田中正明于1984年抛出《南京事件之虚构》(教文社),渡部升一和村上兵卫为其作序。前者是上智大学的教授,著有《从国益的立场》《新忧国论》等,是历史修正主义团伙中的活跃人物。村上兵卫曾任近卫师团的中尉,亲身参加过侵略战争,著有《再检证·何为大东亚战争》等。可见,这样的两个人为田中助阵,当然唱的是同一个"虚构说"的调子。田中在这部书中以松井大将的日记为主线,污蔑南京大屠杀事件是"东京审判戏剧性导演出来的",是为了"别有用心

地证明日军的惨无人道",法庭采用的证言都是"伪证",攻击洞富雄使用的史料都
是"伪证"编造出来的"传闻"或"谎言"。田中还对进城日军大加美化,称官田中正
明著《"南京大屠杀"之虚构》(中译本),世界知识出版社(内部)1985年版,士兵们
都执行了松井司令官的指示,"行动时军纪严明,秩序井然",因此不会发生什么"大
屠杀",包括中国方面的军事报告也"根本未提及大屠杀之事","如果有传言中的那
种几万、几十万的大屠杀,中国共产党是不会沉默的",云云。

——摘编自王希亮:《日本学术界"南京大屠杀事件"论争及各派论点评析》

【思考与讨论】

1. 战后日本政府和部分官员对中日之间历史问题的看法说明什么?

2. 作为曾经饱受日本军国主义侵害的中华民族来说,应该从中汲取什么样的
教训?

教学案例2　钓鱼岛问题

钓鱼岛群岛是中国神圣领土即接受中国历代王朝主权管辖有充分的历史依
据。中国国内对此已有极多阐述,摘其如下:

1534年(明嘉靖十三年),琉球册封使陈侃记曰:"……过钓鱼屿,过黄毛屿,过
赤屿,目不暇接,……十一日夕见古米山,乃属琉球者。夷人鼓舞于舟,喜达于家。"

——参见陈侃:《使琉球录》,明嘉靖甲午本,第8页

1606年(明万历三十四年),琉球册封使夏子阳记录册封后的回程云:"二十九
日隐隐望见一船,众喜谓有船则去中国不远,且水离黑入沧(从黑水驶入沧水,即船
向西驶过黑水沟),必是中国之界。"

——参见夏子阳:《使琉球录》

1561年(明嘉靖四十年),琉球册封使郭汝霖记曰:"赤屿者,界琉球地方山也。"其
意为赤屿乃毗连琉球的临界山,或称分界山,过赤屿后就要进入琉球海域了。

——参见周煌《琉球国志略》,清乾隆二十二年刊本,卷四上,舆地;卷七,第4页

1663年(清康熙二年),琉球册封使张学礼记曰:"初九日,浪急风猛,水飞如
立。舟中人颠覆呕逆,呻吟不绝。水色有异,深青如蓝。舟子曰:入大洋矣。顷之,
有白水一线,横亘南北。舟子曰:过分水洋矣,此天之所以界中外者。"从"浪急风
猛"和水色"深青如蓝"分析,此处所记"大洋"即黑水沟,亦被视为"分水洋","白水
一线"即黑水沟之边际,看到"白水一线"时,表示即将驶过"分水洋",黑水沟这里就
是天然形成的中外之界。

——参见张学礼:《使琉球纪》,商务印书馆《丛书集成初编》1937年版,第3页

1683年(清康熙二十二年)，琉球册封使汪楫详细记述了出使琉球过程中过黑水沟祭海的情况："二十五日见山……遂至赤屿，未见黄尾屿也。薄暮过郊(或作沟)，风涛大作，投生猪羊各一……久之始息。问：郊之义何取？曰：中外之界也。界于何辨？曰：悬揣耳。然顷者恰当其处，非臆度也。"可见，汪楫明确记录此沟为"中外之界也"。

——参见汪楫：《中山沿革志·使琉球杂录》，京都本，卷五，第5页

1756年(清乾隆二十一年)，琉球册封副使周煌亦记曰："舟过黑水沟，投牲以祭，相传中外分界处。"在其《琉球国志略》卷五中尚记曰："(琉球)环岛皆海也，海面西距黑水沟，与闽海界。"显然，"与闽海界"即与中国领海交界。

1561年(明嘉靖四十年)郑若曾的《万里海防图》、1562年(明嘉靖四十一年)福建总督胡宗宪与郑若曾编纂的《筹海图编》一书中的《沿海山沙图》、1621年(明天启元年)茅元仪绘制的中国海防图《武备志·海防二·福建沿海山沙图》等，都将"钓鱼屿""黄尾山"和"赤屿"纳入其中，证明当时钓鱼岛、黄尾屿、赤尾屿等岛屿都在充分体现中国主权的福建海防范围以内。1863年(清同治二年)，胡林翼、严树森等编绘了《皇朝中外一统舆图》，其上用中文地名标出了钓鱼屿、黄尾屿、赤尾屿等岛，而其他凡属日本或琉球的岛屿，皆注有日本地名。这些官方地舆图也是钓鱼岛群岛向为中国领土的有力证据。

清朝时盛宣怀药局就将采自钓鱼岛的药材制成药丸，"施诊给药，救济贫病"，进奉皇室，"甚有效验"。1893年(清光绪十九年)10月，慈禧太后特下诏谕，"即将该钓鱼台、黄尾屿、赤尾屿三小岛赏给盛宣怀为产业，供采药之用"。

——参见慈禧太后诏谕，参见吴天颖：《甲午战前钓鱼列屿归属考》，外文出版社，1998年，第116页

2012年1月，日本政府以将为作为日本专属经济区基点的39座离岛命名为名，将钓鱼岛群岛内的四座小岛礁夹带其中，以显示日本对钓鱼岛群岛的"主权"。对此，《人民日报》刊文指出，日本"企图对钓鱼岛附属岛屿命名，是明目张胆地损害中国核心利益之举"。"钓鱼岛及其附属岛屿自古以来就是中国的固有领土，中国对此拥有无可争辩的主权，中国捍卫钓鱼岛领土主权的决心是坚定不移的。"日本"不要一意孤行，不要试探中国维护主权的意志和决心"。

——参见钟声：《中国维护领土主权的意志不容试探》，《人民日报》，2012年1月17日

【思考与讨论】

1. 为什么说钓鱼岛自古以来是中国的领土？

2. 钓鱼岛问题形成的原因有哪些？

三、学术动态

(一) 理论研讨和经验总结，站在了新的思想高度上

近年来，中国人民抗日战争研究及其纪念活动掀起了高潮。一方面，围绕纪念中国人民抗日战争暨世界反法西斯战争胜利 70 周年，有关学术研究机构和思想理论宣传部门，加强规划和力量整合，加强史料收集和整理，加强学术研究和交流研讨，加强舆论宣传工作，从各领域、各角度对抗日战争和世界反法西斯战争进行了深入系统的研究。

1. 推出一批高质量的理论文章和学术专著。由于中央高度重视，各部门、各研究单位积极配合，研究抗战的理论文章和学术专著越来越多，特别是中央主流媒体也开设专栏，发表大量理论文章。比如，柳千岸《中国抗战：世界反法西斯战争的起点和终点》、黄坤明《弘扬抗战精神　推进伟大事业》、李文《正确认识中国抗日战争史三个重大问题》、曲爱国《中国人民抗日战争的回顾和思考》等。这些文章紧紧围绕学习贯彻习近平总书记系列重要讲话精神，集中阐述抗战胜利的伟大意义和历史地位、中国共产党的中流砥柱作用、中国抗战对世界反法西斯战争的伟大贡献、抗战精神等重大问题。此外，还出版了一批学术专著，比如马克思主义理论研究和建设工程组织编写的《中国抗日战争史简明读本》(人民出版社，2015 年版)等。

2. 公布和发现了一大批重要史料。习近平总书记强调，抗战研究要深入，就要更多通过档案、资料、事实、当事人证词等各种人证、物证来说话。按照这一要求，抗战研究的"国家队"和"地方队"紧密配合、各尽所能，全力进行史料的整理发掘和史实辨析，这些史料进一步确证和还原了历史，填补了文献空白。这些新史料主要有：国家档案局、中央档案馆出版的《中央档案馆藏日本侵华战犯笔供选编》《中央档案馆藏美军观察组档案汇编》，中央党史研究室组织的"抗战时期中国人口伤亡和财产损失"调研工程发布的第二批调研成果等。

3. 修正了一大批重要数据。数据是史料的重要内容，数据的准确是历史研究科学性的重要体现。近年来的抗战研究修正了一些重大数据，夯实了史料支撑。比如，中国抗战军民伤亡 3 500 万以上，其中军队伤亡 380 余万，占各国伤亡人数总和的三分之一；日本军国主义侵略军在中国造成一次性 800 人以上伤亡的惨案至少有 173 个；按照 1937 年的比价，中国官方财产损失 1 000 多亿美元，间接损失超

5 000亿美元;日本投降前夕,日军在中国战场的兵力为186万人,其海外总兵力为358万人,在华兵力占其海外总兵力的50％以上;等等。

4. 辨析了若干重大史实。长期以来,受历史虚无主义影响,加上一些人持有的历史偏见,对中国共产党的中流砥柱作用、正面战场与敌后战场的关系、中国人民抗日战争在世界反法西斯战争中的作用、日本帝国主义的侵华暴行等重大问题存有这样那样的错误观点。对这样一些重大问题,抗战研究坚持鲜明立场、以丰富的史料和严谨的论述予以辨析和批判,澄清了事实,讲清了道理,达成了共识。

(二) 抗战研究按照"总体研究要深、专题研究要细"的原则,抓住重点问题进行研究,在已有研究成果的基础上取得重要突破

1. 关于中国人民抗日战争的起止时间

通过研究,基本形成以下共识:中国抗日战争以1931年九一八事变为起点,到1945年日本宣布无条件投降结束,历时长达14年,为世界反法西斯战争持续时间最久的反侵略战争。14年抗日战争是一个整体,前6年为局部抗战,后8年以1937年七七事变为起点是全国抗战。

2. 关于中国共产党在中国人民抗日战争中的中流砥柱作用

中国共产党在全民族抗战中的中流砥柱作用,一直是抗战研究的重大问题。近年来,研究者从中国共产党中流砥柱作用的内涵、表现和原因等方面进行研究。

主要包括:全面准确地概括中国共产党中流砥柱作用的具体表现,对片面夸大蒋介石和国民党在抗战中的作用、贬损中国共产党的中流砥柱作用的错误言论进行有力批驳;正确界定敌后战场和正面战场的关系,提出把两个战场放在抗战的三个阶段的演进过程中,动态地进行把握,认为在战略防御阶段,正面战场发挥着抗击日军的主要作用,战略相持和战略反攻阶段,共产党领导的敌后战场成为主战场,牵制和抗击了大部分日军;对中国共产党的政治领导作用有了新的认识;对中国共产党何以能够成为中流砥柱的原因进行了全面系统的回答等。

3. 关于中国人民抗日战争在世界反法西斯战争中的地位和作用

长期以来,基于西方中心论的传统,西方一些历史学家片面强调欧洲战场、太平洋战场,强调美、英等国的反法西斯斗争,轻视中国抗战对于世界反法西斯战争胜利的作用。对此,国内学者把"中国人民抗日战争在世界反法西斯战争中的重要地位"作为主攻方向,取得重大进展,主要包括:东北抗战揭开了世界反法西斯战争的序幕,打响了世界反法西斯战争的第一枪,在东方开辟了第一个大规模世界反法

西斯战场;从卢沟桥事变到太平洋战争爆发,中国战场是东方反法西斯战争的唯一战场,为英、美、苏等反法西斯国家赢得了宝贵的战略准备时间;太平洋战争爆发后,中国战场是世界反法西斯战争的东方主战场,是亚太地区盟军的重要战略支点和后方基地,有力支持了盟军在太平洋方面的作战;中国积极参与国际事务,倡导推动国际反法西斯统一战线成立,积极参与战后国际秩序的设计和国际组织的创建等。

4. 关于中国人民抗日战争胜利的主要原因

习近平总书记在2015年9月3日纪念大会上的讲话中指出"正义必胜! 和平必胜! 人民必胜!"的伟大真理。围绕这一重要论述,学者们深入阐释,把抗战胜利的根本原因主要归结为:中国共产党的坚强领导是取得胜利的根本保证;实行全面全民族的抗战路线,建立抗日民族统一战线,最大限度地团结了一切可以团结的力量;伟大的抗战精神是取得胜利的强大精神动力;实施正确的战争指导,确定持久战战略总方针,发挥人民战争的整体威力;有一支听党指挥、能打胜仗、作风优良的人民军队;创造两个战场战略格局,能动把握战争主动权;结成反法西斯国际同盟,争取广泛的国际同情和支援等。

5. 关于中国人民抗日战争胜利的伟大意义

这个问题也是近年抗战研究的一个重点。思想理论界紧紧围绕习近平总书记相关论述进行研究阐发,形成共识,主要包括:抗日战争胜利彻底粉碎了日本军国主义殖民奴役中国的图谋,洗刷了近代以来中国抗击外来侵略屡战屡败的民族耻辱;抗日战争胜利重新确立了中国在世界上的大国地位,使中国人民赢得了世界爱好和平人民的尊敬;抗日战争胜利开辟了中华民族伟大复兴的光明前景,开启了古老中国凤凰涅槃、浴火重生的新征程。

6. 关于中国人民抗日战争胜利的历史启示

历史是最好的教科书,也是最好的营养剂。只有正确认识历史,才能更好开创未来。抗日战争取得胜利的主要启示有:一是必须坚定不移走中国特色社会主义道路。方向决定道路,道路决定命运。中国特色社会主义道路是中国共产党和中国人民历尽千辛万苦、付出巨大代价取得的根本成就,必须倍加爱护、倍加珍惜。

二是落后就要挨打,自强才能自立。发展仍然是解决当代中国所有问题的关键,必须坚持以经济建设为中心,加快转变经济发展方式,实现更高质量、更有效率、更加公平、更可持续的发展。同时,坚持发展和安全兼顾、富国和强军统一,坚决维护国家的领土完整和综合安全。

三是必须坚定不移走和平发展道路。中华民族历来爱好和平,也是维护世界和平的坚定力量。无论发展到哪一步,中国都永远不称霸、永远不搞扩张。

四是必须毫不动摇地坚持党的领导。党的领导是中国特色社会主义制度的最大优势,是实现经济社会持续健康发展的根本政治保证,必须始终加强党的建设,全面提高党的建设科学化水平。

7. 关于大力弘扬伟大的抗战精神

抗战精神一直是抗战研究的重点,着重从三个方面进行了深入挖掘:

一是系统阐释抗战精神的形成。在波澜壮阔的中国人民抗日战争中,千千万万的抗战英雄抛头颅、洒热血,为战争胜利做出重大贡献,为铸就伟大的抗战精神做出重大贡献。实现中华民族伟大复兴,需要英雄,需要英雄精神,我们要崇尚英雄、捍卫英雄、学习英雄、关爱英雄。

二是全面准确地揭示了抗战精神的丰富内涵,即天下兴亡、匹夫有责的爱国情怀,视死如归、宁死不屈的民族气节,不畏强暴、血战到底的英雄气概,百折不挠、坚忍不拔的必胜信念。

三是全面阐释了抗战精神的伟大意义。伟大的抗战精神,永远是激励中国人民克服一切艰难险阻、为实现中华民族伟大复兴而奋斗的强大精神动力。

8. 关于外国学者眼中的中国抗战贡献和中国抗战研究

一些外国学者撰文论述中国抗战贡献,并与中国学者共同切磋中国抗战问题。他们指出,中国对第二次世界大战的贡献之所以被西方忽视,主要原因是冷战的发生,阻碍了西方认识中国的进程。现在人们开始认识到,中国在第二次世界大战中的角色不仅对于中国而言至关重要,对世界也有重要意义。这从一个侧面说明,中国学者的长期研究成果,已经在国际学术界产生了越来越重要的影响,进一步凸显了中国在抗日战争问题上的学术话语权和影响力。

(三)近年来抗日战争史研究在深度和广度上不断扩展

一个显著的特点是以中国大国地位的确定为视角,这个特点具体表现在:注重研究抗日战争在中国大国地位确立中的重要意义,强调中国抗战对世界反法西斯战争的重要贡献;注重研究中华民族团结奋斗对改变中国国际地位的作用,摆脱了在抗日战争史研究中突出国内矛盾和斗争的倾向,更多的是站在整个国家、整个民族的立场上分析问题;适应中国国际地位的提升而开展共同研究,和参与第二次世界大战的各国学者广泛交流,从新的角度理解中国抗日战争的国际意义。

1. 中日共同历史研究问题

黑龙江省社科院王希亮在《史实、史观与历史共识——以中日共同历史研究为中心》一文中,介绍了中日学者关于"满洲国实态"的共同研究情况,并就《田中奏折》问题中日双方的论争及歧义予以概括和分析,同时,针对中日共同历史研究报告书成稿以来,日本右翼社会的最新动态和反响进行了评论。中国社会科学院近代史研究所荣维木在《中日共同历史研究中历史认识的异同——以南京大屠杀研究为例》一文中,以曾经引起两国极大关注的南京大屠杀事件为例,对中日历史共同研究中两国历史认识的异同进行评析:目前,中日学者对于南京大屠杀史实的认定与日军犯罪的定性,在原则上两国学者基本一致,而对于南京大屠杀发生的原因,两国学者并未取得一致。

2. 抗日民主根据地研究

伴随着海外史学理论的输入及国内交叉学科研究的兴起,抗日民主根据地研究突破传统的书写模式,涌现众多新成果。比如,黄道炫关于华北根据地生存状态、权力下探、社会形塑、干部教育、中共党人心灵史的研究;杨奎松关于西安事变、毛泽东与《论持久战》的研究;李金铮关于华北根据地冀中区堡垒户、《晋察冀日报》阅读史的研究;江沛关于华北抗日根据地女性缠足的研究;左双文关于华南根据地的研究;黄正林关于陕甘宁边区乡村社会的研究;岳谦厚关于山西根据地的研究;陈金龙关于根据地纪念活动的研究;日本丸田孝志关于根据地民俗改造的研究;李秉奎关于太行根据地农村党组织建立与运行的研究;张志永关于抗日根据地农村妇女群体地位演化的研究;韩晓莉关于山西抗日根据地戏剧运动的研究;齐小林关于华北根据地中共士兵的研究;杨东关于陕甘宁边区县政的研究;郑立柱关于华北根据地精神生活的研究;王龙飞关于太行根据地民兵武器的研究;吴云峰关于华中根据地婚姻习俗的研究;李军全关于华北根据地节庆的研究;等等。

3. 抗战时期国民党研究

近年来,越来越多的学者专注于抗战时期国民党研究,推出了不少的新成果。比如,王奇生关于1935—1945年阎锡山的研究;贺江枫关于"对伯工作"、黄郛与华北危局、1943年闪击延安计划的研究;叶铭关于战时军令部的研究;郭辉关于国民政府纪念日的研究;等等。

4. 抗战时期大后方研究

近年来,大后方研究成为一个热点。比如,潘洵关于重庆大轰炸的研究;何稼书(Joshua H. Howard)关于抗战时期重庆纺织厂女工的研究;史桂芳关于西南大后方诗歌的研究;闻黎明关于西南联合大学战时从军运动的研究;唐正芒关于大后方青年学生抗日爱国运动的研究;等等。

5. 沦陷区研究

近年来,沦陷区研究有加强趋势,值得注意的是学者们在研究中开始关注地方社会,从中考察沦陷区民众的生存状态。比如,卜正民描述了抗战初期江南五城民众在日伪刺刀统治下的生活状态;吴敏超关于战时绍兴民众的研究;翟一帜关于沦陷时期太原民众的经济生活状况;邹灿关于华东沦陷区节庆的研究;等等。

6. 侵华日军在华罪行研究

哈尔滨师范大学李淑娟在《日本移民开拓团的组织形态及对东北村屯组织结构的破坏》一文中,运用最新查到的档案史料,对日本移民开拓团的入殖准备、组织形态、特殊村落的侵略性质以及日本移民开拓团对东北农民生活的冲击进行了全面的考察。浙江省政协委员王选的《1938年武汉会战南浔战役日军第十一军化学战例》一文,根据作者多年来在对日本细菌战的诉讼当中积累的大量第一手材料,介绍了日军第十一军在武汉会战南浔战役中使用化学武器的情况。河北省社科院谢忠厚的《侵华日军细菌战犯罪述论》一文,根据近年来搜集到的有关资料,对侵华日军细菌战犯罪作了较为全面、系统的综合分析。侵华日军南京大屠杀纪念馆馆长朱成山在《南京大屠杀历史解读的多维思考》一文中,从当前人们对南京大屠杀历史的几种普遍性认知出发,提出多维度地解读这段历史的角度和方法,指出应辩证地去看,历史地去看,还应该从文化层面的深度去解读。

7. 战争责任及战后处理研究

日本骏河台大学井上久士在《战后补偿诉讼的现状与展望》一文中,介绍了从1995年至今,中国的战争受害者在日本提起诉讼的情况,认为这些官司表面上看是受害者个人要求赔偿的官司,但实际上它是与日本侵华战争的性质、中日两国之间的关系密切联系在一起的,在日本应该设立对外国人受害者的赔偿法。日本明治学院张宏波的《关于日本战争责任和战后责任认识的现有状况》一文,认为日本对中日战争责任、包括战后责任,并没有明确的作为国家整体的认识。

四、应知应会

(一)单项选择题

1. 19世纪60年代明治维新以后,日本开始走上资本主义道路,并逐渐发展成为军国主义国家,对外推行( )。

A. 大陆政策 B. 中立政策

C. 均衡政策 D. 门户开放政策

2. 1927年,日本首相田中义一主持召开"东方会议",宣示了( ),企图把"满蒙"从中国本土彻底分割出去,并决心为之诉诸武力。日本成为亚洲的战争策源地。

A.《对华政策纲领》 B.《反共产国际协定》

C.《昭和十二年度对华作战计划》 D.《大陆政策》

3.( )是日本变中国为其独占殖民地的阶段的开始。

A. 九一八事变 B. 华北事变 C. 皇姑屯事变 D. 卢沟桥事变

4. 日军占领中国东北以后,开始入侵中国华北地区,制造了一系列事端,先是策动自由出入华北,又策动华北五省两市"防共自治",制造傀儡政权,这就是( )。

A. 九一八事变 B. 华北事变 C. 皇姑屯事变 D. 卢沟桥事变

5. 1933年,冯玉祥在张家口成立抗日队伍( )并谋求同共产党合作。

A. 东北抗日义勇军 B. 察哈尔民众抗日同盟军

C. 东北抗日联军 D. 第十九路军

6. 1934年,由中国共产党提出,宋庆龄、何香凝、李杜等1 779人领衔,以"中国民族武装自卫委员会筹备委员会"名义,发表( ),在纲领上签字的群众达几十万人。

A.《八一宣言》 B.《中国人民对日作战的基本纲领》

C.《停战议和一致抗日通电》 D.《为抗日救国告全体同胞书》

7. 1935年12月9日,在中国共产党救亡图存、全民抗战的号召和组织下,北平学生举行举行了声势浩大的抗日游行。12月16日,北平学生和市民召开市民大会,会后举行了更大规模的示威游行。这就是( ),标志着中国人民抗日救亡运动新高潮的到来。

A. 长城抗战 B. 华北事变

C. 卢沟桥抗战 D. 一二·九运动

8. 1936年12月12日,爱国将领张学良、杨虎城在对蒋介石"哭谏"停止内战、共同抗日无效的情况下,毅然实行"兵谏",扣留了蒋介石。这就是西安事变。事变发生后,中共中央确定了促成事变和平解决的方针,其原因是中国共产党( )。

A. 为了团结国民党共同抗日 B. 不赞成张学良、杨虎城的主张

C. 工作重心转向城市斗争 D. 接受了共产国际的指示

中国近现代史纲要研究性教学导引

9. 1937 年 7 月 7 日,(   )爆发,中国守军奋起抵抗日军的进攻,中国开始奋起进行全民族抗战。

A. 卢沟桥事变　　　B. 华北事变　　　C. 九一八事变　　　D. 淞沪抗战

10. 1937 年 8 月,国共两党达成将红军主力改编为国民革命军第八路军等协议,担任八路军正副总指挥的是(   )。

A. 朱德、彭德怀　　B. 林彪、聂荣臻　　C. 叶挺、项英　　　D. 毛泽东、朱德

11. 全民族抗战以来,中国军队的第一次重大胜利是(   ),粉碎了日军不可战胜的神话。

A. 台儿庄战役　　　B. 淞沪会战　　　C. 平型关战役　　　D. 豫湘桂战役

12. 全面抗战初期,国民党军队在正面战场组织了淞沪、忻口、徐州、武汉会战等一系大战役。1938 年 3 月,李宗仁等部进行(   ),取得大捷,歼灭日军 1 万余人。

A. 长城战役　　　　B. 平津会战　　　C. 忻口会战　　　　D. 台儿庄战役

13. 1938 年 12 月,中国国民党副总裁投降日本。1940 年 3 月,汪精卫在南京成立傀儡政权(   )。

A. 中华民国临时政府　　　　　　　B. 伪"满洲国"

C. 伪维新政府　　　　　　　　　　D. 伪中华民国国民政府

14. 1942 年 2 月,中国远征军进入缅甸对日作战,陆军第二〇〇师师长(   )在缅北不幸殉国。

A. 佟麟阁　　　　　B. 张自忠　　　　C. 赵登禹　　　　　D. 戴安澜

15. 1944 年 4 月至 1945 年 1 月,日军发动打通中国大陆交通线的作战。为阻击日军,国民党军队组织了(   ),结果大溃败,损失 50 多万兵力,成为大后方人心变动的重要转折点。

A. 豫湘桂战役　　　B. 长沙会战　　　C. 淞沪会战　　　　D. 武汉会战

16. 1937 年 8 月,中国共产党在陕北召开(   ),制定了抗日救国十大纲领,强调要打到日本帝国主义,关键在于使已经发动的抗战成为全面的全民族的抗战。

A. 瓦窑堡会议　　　　　　　　　　B. 洛川会议

C. 党的六届六中全会　　　　　　　D. 党的七大

17. 1938 年 5 月至 6 月间,毛泽东发表(   )的讲演,总结抗战 10 个月来的经验,集中全党智慧,系统地阐明了持久抗战的总方针。

A.《抗战建国纲领》　　　　　　　B.《抗日救国十大纲领》

C.《告全国同胞书》　　　　　　　D.《论持久战》

18. 1940 年 8 月至 12 月初,八路军总部调集 100 多个团共 20 万人,对华北日

134

军发动了一场大规模的以破袭敌人交通线为重要目标的进攻战役。这就是(　　)。

　　A. 平型关战役　　B. 百团大战　　　C. 夜袭明阳堡　　D. 麻雀战

19. 加强政权建设,是抗日根据地建设的首要的、根本的任务。抗日民主政府在工作人员分配上实行(　　),即共产党员、非党的左派进步分子和不左不右的中间派各占1/3。

　　A. 精兵简政　　B. 民主集中制　　C. "三三制"原则　D. 减租减息

20. 为了克服根据地面临的严重困难局面,毛泽东发出了"自己动手、丰衣足食"的号召。1942年,中国共产党领导根据地军民开展了(　　)。

　　A. 土地改革运动　　B. 大生产运动　　C. 精兵简政　　D. 减租减息

21. 1938年9月至11月,中国共产党在延安举行了扩大的六届六中全会。在这次全会上,毛泽东明确提出了(　　)这个命题,强调"离开中国特点来谈马克思主义,只是抽象的空洞的马克思主义"。

　　A. 抗日统一战线　　　　　　B. 马克思主义的中国化
　　C. 抗战、民主、团结　　　　D. 精兵简政

22. 1945年4月23日至6月11日,中国共产党召开第七次全国代表大会,政治报告中指出:"房子是应该经常打扫的,不打扫就会积满了灰尘,脸是应该经常洗的,不洗也就会灰尘满面。我们同志的思想、我们党的工作,也会沾染灰尘的,也应该打扫和洗涤。"这段话形象地反映了中国共产党在长期革命实践中形成的(　　)。

　　A. 密切联系群众的优良作风　　B. 艰苦奋斗的优良作风
　　C. 理论联系实际的优良作风　　D. 批评与自我批评的优良作风

23. 1945年(　　),在东京湾美军军舰密苏里号上举行日本向同盟国投降签字仪式。至此,中国人民抗日战争胜利结束,世界反法西斯战争也胜利结束。

　　A. 8月15日　　　B. 9月2日　　　C. 9月9日　　　D. 10月25日

参考答案:

　　1. A　2. A　3. A　4. B　5. B　6. B　7. D　8. A　9. A　10. A　11. C
12. D　13. D　14. D　15. A　16. B　17. D　18. B　19. C　20. B　21. B
22. D　23. B

(二)多项选择题

1. 全面抗战初期,以国民党军队为主体的正面战场,担负了抗击日军战略进

攻的主要任务,组织了一系列重大会战,主要有(　　)。

　　A. 淞沪会战　　　　B. 忻口会战　　　　C. 徐州会战　　　　D. 武汉会战

　　2. 1938 年 10 月,广州、武汉失守,中国抗战进入相持阶段,日本的侵华政策调整为(　　)。

　　A. 实施"以华制华"和"以战养战"的策略

　　B. 对国民党采取政治诱降为主、军事打击为辅的方针

　　C. 在占领区扶植傀儡政权,建立发展汉奸组织

　　D. 加强对共产党领导的敌后根据地的"扫荡"

　　3. 抗日战争进入相持阶段后,国民党采取的对内对外政策发生重大变化,其抗战态度趋向消极,主要体现在(　　)。

　　A. 实行保守的收缩战略以保存实力

　　B. 打击限制共产党及其抗日军队

　　C. 决定成立"防共委员会"

　　D. 制定"防共、限共、溶共、反共"的方针

　　4. 1941 年 1 月,震惊中外的皖南事变爆发后,《新华日报》刊出周恩来的题词手迹:"为江南死国难者致哀。""千古奇冤,江南一叶,同室操戈,相煎何急?"大敌当前,中国共产党以民族利益为重,坚持正确的方针和原则,避免了抗日民族统一战线的破裂。这些方针和原则有(　　)。

　　A. 既联合又斗争

　　B. 有理,有利,有节

　　C. 针锋相对,寸土必争

　　D. 发展进步势力,中间势力,孤立顽固势力

　　5. 1941 年 12 月,美国提议设立中国战区的背景是(　　)。

　　A. 日军偷袭珍珠港,太平洋战争爆发　　B. 美英等国对日宣战

　　C. 国民政府正式对日宣战　　　　　　　　D. 中国远征军出国作战

　　6. 在敌后军民的艰苦抗战中,为国捐躯的八路军、新四军将领有(　　)。

　　A. 左权　　　　　　B. 杨靖宇　　　　　C. 赵尚志　　　　　D. 彭雪枫

　　7. 一般说来,游击战争是个战术问题。但是在抗日战争中,游击战争具有战略地位,是因为它(　　)。

　　A. 主要是在外线单独作战,而不是在内线配合正规军作战

　　B. 是抗日战争的主要作战方式,而不是次要作战方式

　　C. 是大规模的,而不是小规模的

　　D. 是进攻战,而不是防御战

8. 中国共产党强调必须在统一战线中坚持独立自主,为此要采取的措施有(　　)。

A. 党必须保存在思想政治组织上的独立性,发动群众壮大人民力量

B. 坚持党对人民军队的绝对领导,努力发展抗日武装和抗日根据地

C. 对国民党采取又团结又斗争、以斗争求团结的方针

D. 一切经过统一战线

9. 抗日民主根据地是认真贯彻和实现中国共产党全面抗战路线、坚持抗战和争取胜利近平的坚强阵地。中国共产党高度重视抗日民主根据地的政权建设,其要举措有(　　)。

A. 在少数民族聚居地区试行民族区域自治

B. 各级抗日民主政权机构领导人通过人民选举产生

C. 实行工农兵代表大会制度

D. 抗日民主政府在工作人员分配上实行"三三制"原则

10. 延安整风运动是一场非常伟大的思想解放运动。这一运动最主要的任务是反对主观主义。主观主义的主要表现形式为(　　)。

A. 教条主义　　　B. 形式主义　　　C. 经验主义　　　D. 宗派主义

11. 关于日本投降、抗日战争胜利的重要事件有(　　)。

A. 8月15日,天皇以广播"终战诏书"的形式宣布接受波茨坦公告

B. 9月2日,日本方面的代表在美舰密苏里号上签署投降书

C. 9月9日,中国战区受降仪式在南京举行

D. 10月25日,中国政府在台湾举行受降仪式

12. 抗日战争是近代以来中华民族反抗外敌入侵第一次取得完全胜利的民族解放战争,中国赢得抗日战争胜利的主要原因是(　　)。

A. 中国共产党发挥了中流砥柱的作用

B. 中国的国力空前强大

C. 得到了国际反法西斯力量的同情和支持

D. 中国实现了空前的民族觉醒和民族团结

参考答案:

1. ABCD　2. ABCD　3. ABCD　4. ABD　5. ABC　6. ABCD　7. AC　8. ABC　9. BD　10. AC　11. ABCD　12. ACD

(三) 简答题

1.《论持久战》的主要内容和意义。

2. 抗战精神的内涵和意义。

3. 中国抗日战争胜利的原因。

4. 中国抗日战争胜利的意义。

参考答案：

1. 答：(1)1938 年 5 月至 6 月间，毛泽东发表《论持久战》的讲演，总结抗战 10 个月来的经验，集中全党智慧，系统地阐明了持久抗战的总方针。

(2)毛泽东指出，中日战争是半殖民地半封建的中国和帝国主义的日本之间在 20 世纪 30 年代进行的一个决死的战争。一方面，日本是强国，中国是弱国，强国弱国的对比，决定了抗日战争只能是持久战；另一方面，日本是小国，发动的是退步的、野蛮的侵略战争，在国际上失道寡助；而中国是大国，进行的是进步的、正义的反侵略战争，在国际上得道多助。中国已经有了代表中华民族和中国人民根本利益的、政治上成熟的中国共产党及其领导的抗日根据地和人民军队。因此，最后胜利又将是属于中国的。

(3)毛泽东强调，"兵民是胜利之本"。战胜日本的侵略，必须进行人民战争。

(4)毛泽东还科学地预测了抗日战争的发展进程。即：抗日战争将经过战略防御、战略相持、战略反攻三个阶段。其中，战略相持阶段，是中国抗日战争取得最后胜利的最关键的阶段。只要坚持持久抗战、坚持抗日民族统一战线，中国将在这个阶段中获得转弱为强的力量。

(5)毛泽东阐明的持久战战略思想，揭示了抗日战争的发展规律和坚持抗战、争取抗战胜利必须实行的战略方针，对全国抗战的战略指导产生了积极的影响。

2. 答：(1)中国人民向世界展示了天下兴亡、匹夫有责的爱国情怀，视死如归、宁死不屈的民族气节，不畏强暴、血战到底的英雄气概，百折不挠、坚忍不拔的必胜信念。

(2)抗战精神是中国人民弥足珍贵的精神财富，永远是激励中国人民克服一切艰难险阻、为实现中华民族伟大复兴而奋斗的强大精神动力。

3. 答：(1)以爱国主义为核心的民族精神是中国人民抗日战争胜利的决定因素。

(2)中国共产党的中流砥柱作用是中国人民抗日战争胜利的关键。

(3)全民族抗战是中国人民抗日战争胜利的重要法宝。

(4)同世界所有爱好和平正义的国家和人民、国际组织以及各种反法西斯力量的同情和支持也是分不开的。

4. 答：(1)彻底粉碎了日本军国主义殖民奴役中国的图谋。

(2)促进了中华民族的大团结，形成了伟大的抗战精神。

（3）对世界各国夺取反法西斯战争的胜利、维护世界和平的事业产生了巨大影响。

（4）开辟了中华民族复兴的光明前景。

（四）论述题

1. 试述日本侵略者给中华民族和中国人民带来的深重灾难。

2. 为什么说中国共产党是中国人民抗日战争的中流砥柱？

3. 怎样评价国民党政府在抗日战争中执行的路线和正面战场的地位与作用？

4. 为什么说中国人民抗日战争是近代以来中华民族抗击外敌入侵的第一次完全胜利？

参考答案：

1. 答：（1）制造了惨绝人寰的大屠杀。比如，1937年12月，日军制造了震惊中外的南京大屠杀。对抗日根据地开展大规模的扫荡，实行"三光"政策；日军731部队使用化学武器，用中国人进行"活体解剖"；掳掠大量的中国劳工，强迫中国妇女充当"慰安妇"。

（2）疯狂掠夺中国的资源与财富。比如，在东北，"南满铁路株式会社""南满重工业股份公司"两大公司独占东北全部重工业和铁路交通，控制了东北的经济命脉，掠夺矿产资源；日本侵略者还大肆掠夺占领区的土地及农产品，还对农产品实行严格的统制和垄断，强迫农民将粮食等主要农产品廉价出卖给伪政府，除保证侵华日军的需求外，大部分粮食被运往日本国内。

（3）强制推行奴化教育。比如，日本侵略者按照"思想战"的方针，在其占领区大力推行奴化教育，企图以此达到泯灭中国民众的民族意识和反抗精神、维护其殖民统治的目的。

（4）日本侵略者在中国犯下的罪行罄竹难书。据不完全统计，战争期间，中国军民伤亡人数超过3 500万；按照1937年的比价，中国直接经济损失1 000多亿美元，间接经济损失5 000多亿美元。

2. 答：（1）以毛泽东同志为杰出代表的中国共产党人，把马克思列宁主义同中国革命具体实际相结合，创立和发展了毛泽东思想的科学理论，对抗日战争发挥了重要的思想和战略指导作用。

（2）中国共产党坚持抗战、反对妥协，坚持团结、反对分裂，坚持进步、反对后退，成为引导全民族抗战走向胜利的一面旗帜。

（3）中国共产党积极倡导、促成、维护抗日民族统一战线，最大限度地动员了全国军民共同抗战,成为凝聚全民族力量的杰出组织者和鼓舞者。

(4)中国共产党坚持全面抗战路线,制定正确的战略策略,实施动员人民、依靠人民的路线政策,提出持久战的战略总方针和一整套人民战争的战略战术,开辟广大的敌后战场,成为坚持抗战的中坚力量。

(5)中国共产党以自己最富于牺牲精神的爱国主义、不怕流血牺牲的模范行动,支撑起全民族救亡图存的希望,成为夺取抗战胜利的民族先锋。

(6)抗日战争的历史生动有力地证明,中国共产党人不仅是坚定的国际主义者,而且首先是最热烈、最忠诚、最彻底的爱国主义者。没有中国共产党人做中流砥柱,抗日战争的坚持和胜利是不可想象的。

3. 答:(1)全民族抗战开始后,国民党政府采取了片面的抗战路线,只是单纯地依靠政府和正规军进行抗战,不敢放手动员和武装民众。同时,在战略战术上,只是单纯地进行阵地防御,没有采取积极防御的方针。这种片面的抗战路线是由国民党政府的阶级本质和利益决定的,不仅让国民党政府组织的正面战场接连败退,还危害了群众利益,使其丧失了民心。

(2)国民党政府领导的正面战场在抗战各阶段中表现不同,其地位和作用也不同。抗战初期的战略防御阶段,国民党政府积极抗战,以国民党军队为主体的正面战场担负了抗击日军战略进攻的主要任务,组织了淞沪、忻口、徐州、武汉会战等一系列大战役。国民党军队的爱国将士表现了空前的民族义愤和抗战热情。由于敌我力量对比悬殊、国民党战略指导方针的失误,正面战场除了台儿庄战役取得大捷外,其他战役几乎都是以退却、失败结束。进入战略相持阶段后,国民党一面消极抗战,一面制造反共摩擦事件,虽然在正面战场也进行过几次较大的战役,大体保住了西南、西北大后方地区,但是其在抗战中的地位和作用明显下降。到了战略反攻阶段,国民党政府领导的正面战场虽然坚持抗战,但对夺取抗战最后胜利发挥的作用有限。

4. 答:(1)中国人民抗日战争是近代以来中华民族反抗外敌入侵第一次取得完全胜利的民族解放战争,是20世纪中国和人类历史上的重大事件,是中华民族由近代以来陷入深重危机走向伟大复兴的历史转折点。

(2)中国人民抗日战争的胜利,彻底打败了日本侵略者,迫使日本归还了从中国窃取的东北、台湾、澎湖列岛等领土,捍卫了国家主权和领土完整,使中华民族避免了遭受殖民奴役的厄运。

(3)中国人民抗日战争的胜利,促进了中华民族的觉醒,使中国人民在精神上、组织上的进步达到了前所未有的高度。中国人民通过抗日战争的实践认识到,中国共产党是领导中国各族人民争取民族独立和人民解放的坚强核心。抗日战争的胜利为中国共产党领导人民取得整个新民主主义革命的胜利奠定了基础。

（4）中国人民抗日战争的胜利，促进了中华民族的大团结，形成了伟大的抗战精神。中国人民向世界展示了天下兴亡、匹夫有责的爱国情怀，视死如归、宁死不屈的民族气节，不畏强暴、血战到底的英雄气概，百折不挠、坚忍不拔的必胜信念。

（5）中国人民抗日战争的胜利，对世界人民战胜法西斯、维护世界和平的伟大事业产生巨大影响，为最终战胜世界法西斯势力做出了历史性贡献，在全世界人民面前树立了一个以弱胜强的范例，显著提高了中国的国际地位和国际影响。

（五）材料分析题

材料分析题一

材料1 共产党发起了抗日民族统一战线，同时也坚持了这个统一战线。一切服从统一战线，一切为着团结抗战，共产党不仅过去如此，现在如此，将来仍要如此，特别是在目前国际国内新的形势下，一切共产党员应该做坚持统一战线的模范，做坚持团结的模范。为了达此目的，必须纠正我党在执行统一战线政策中所发生的个别的"左"右倾向。毛泽东同志告诉我们："共产党人，不许可同人家建立无原则的统一战线，因此必须反对所谓'溶共''限共''防共''制共'的那一套，必须反对党内的右倾机会主义。但同时也不许可有任何共产党员不尊重党的统一战线政策，因此一切共产党必须在抗日原则下团结一切尚能抗日的人，必须反对党内的'左'倾机会主义。"

——摘自人民网，《纠正统一战线中的"左"右倾错误》

材料2 在某种历史环境能够参加反对帝国主义和反对封建制度的中国资产阶级，由于它在经济上政治上的软弱性，在另一种历史环境就要动摇变节，这一规律，在中国历史上已经证明了。因此，中国反帝反封建的资产阶级民主革命的任务，历史已判定不能经过资产阶级的领导，而必须经过无产阶级的领导，才能够完成。并且只有充分发扬无产阶级在民主革命中的坚持性和彻底性，才能克服资产阶级的那种先天的动摇性和不彻底性，而使革命不至于流产。使无产阶级跟随资产阶级呢，还是使资产阶级跟随无产阶级呢？这个中国革命领导责任的问题，乃是革命成败的关键。1924年至1927年的经验，表明了当资产阶级追随着无产阶级的政治领导的时候，革命是如何地前进了；及至无产阶级（由共产党负责）在政治上变成了资产阶级的尾巴的时候，革命又是如何地遭到了失败。这种历史不应当重复了。

——摘自毛泽东：《中国共产党在抗日时期的任务》

请回答：

1. 在统一战线问题上,共产党内右的错误倾向主要有哪些? 对中国革命造成了怎样的影响?

2. 为什么毛泽东要强调"这个中国革命的领导责任问题,乃是革命成败的关键"?

材料分析题二

材料 1 你对于那个问题不能解决吗? 那么,你就去调查那个问题的现状和它的历史吧! 你完完全全调查明白了,你对那个问题就有解决的办法了。一切结论产生于调查情况的末尾,而不是在它的先头。只有蠢人,才是他一个人,或者邀集一堆人,不做调查,而只是冥思苦索地"想办法""打主意"。须知这是一定不能想出什么好办法,打出什么好主意的。换一句话说,他一定要产生错办法和错主意。

许多巡视员,许多游击队的领导者,许多新接任的工作干部,喜欢一到就宣布政见,看到一点表面,一个枝节,就指手画脚地说这也不对,那也错误。这种纯主观地"瞎说一顿",实在是最可恶没有的。他一定要弄坏事情,一定要失掉群众,一定不能解决问题。

——摘自毛泽东:《反对本本主义》

材料 2 像我党这样一个大政党,虽则对于国内和国际的现状的研究有了某些成绩,但是对于国内和国际的各方面,对于国内和国际的政治、军事、经济、文化的任何一方面,我们所收集的材料还是零碎的,我们的研究工作还是没有系统的。二十年来,一般地说,我们并没有对于上述各方面做过系统的周密的收集材料加以研究的工作,缺乏调查研究客观实际状况的浓厚空气。"闭塞眼睛捉麻雀""瞎子摸鱼",粗枝大叶,夸夸其谈,满足于一知半解,这种极坏的作风,这种完全违反马克思列宁主义基本精神的作风,还在我党许多同志中继续存在着。马克思、恩格斯、列宁、斯大林教导我们认真地研究情况,从客观的真实的情况出发,而不是从主观的愿望出发;我们的许多同志却直接违反这一真理。

——摘自毛泽东:《改造我们的学习》

材料 3 这次大会(指中国共产党第七次全国代表大会,编者注)是在全党胜利进行了延安整风之后,经过充分的准备召开的。会议从 1945 年 4 月 23 日开幕,到 6 月 11 日闭幕,历时 50 天。参加会议的正式代表 547 名,候补代表 208 名,代表着全党的 121 万党员。在这次大会期间,毛主席先后发表了 11 次讲话。这 11 次讲话,已有 8 次公开发表。会议还听取了朱德同志《论解放区战场》的报告、刘少奇同志《关于修改党章的报告》、周恩来同志《论统一战线》的讲话,选举产生了新一届中央委员会和新的中央领导机构。大会在政治、思想、组织、军事、统战等方面都取得了重大成就,使全党达到了空前的团结和统一,为夺取抗日战争、解放战争和新民主主义革命的彻底胜利,做了充分准备。

——摘编自李洪峰:《中国共产党"七大"的光辉成果》

请回答:

1. 材料1主要反对的是怎样的错误认识?这在当时有怎样的重要意义?材料2、3有什么关联?

2. 材料2说明我们党内当时存在哪些错误的思想认识?针对这一情况,延安整风提出了怎样的整风任务?

3. 结合材料,说明延安整风运动的重要意义及其对党的七大的影响。

参考答案:

材料分析题一

1. 答:在统一战线问题上,曾经有过两次错误。一次是国民革命后期,以陈独秀为代表的右倾投降主义的错误,主张放弃对于农民群众、城市小资产阶级和中等资产阶级的领导权,尤其是放弃对于武装力量的领导权,主张一切联合,否认斗争,对国民党右派反共反人民的阴谋活动采取妥协投降的政策,以至于当大地主大资产阶级的代表蒋介石、汪精卫集团向人民突然袭击的时候,中国共产党和广大革命人民群众不能组织有效的抵抗,使第一次国内革命战争遭到失败。另一次是土地革命后期以王明为代表的"左"倾关门主义的错误。九一八事变后,中日之间的民族矛盾逐渐上升为中国社会的主要矛盾,民族资产阶级的政治态度发生了明显的变化,而以王明为代表的"左"倾冒险主义者却无视这一变化,继续实行关门主义的路线,致使中国共产党一度丧失了九一八事变后的大好形势。

2. 答:这是在总结近代中国民主革命几十年的经验教训的基础上所得出的正确的结论。近代中国的民族民主革命本应由中国的资产阶级来领导进行,但由于中国的资产阶级是在半殖民地半封建社会的条件中成长起来的,带有先天的软弱性和妥协性,最终不能领导中国革命取得成功。诞生在半殖民地半封建社会的中国无产阶级具有许多特殊的优点,这使它能够担负起中国民主革命的领导重任。第一次国内革命战争时期,由于陈独秀的右倾投降主义的错误,主动放弃了无产阶级在民主革命中的领导权,致使大革命失败。1927年党的八七会议上,结束了陈独秀右倾投降主义在中央的统治,开辟了中国共产党领导的土地革命战争的新时期,使中国革命不断地向前发展。中国民主革命正反两个方面的经验教训,有力地说明了"中国革命的领导责任问题,乃是革命成败的关键"。

材料分析题二

1. 答:材料1主要反对的是红军中当时存在的教条主义错误思想。《反对本本主义》中提出和阐明的重要思想原则,是辩证唯物主义认识论在实际工作中的具体运用和生动概括,是作者应用马克思主义从事社会调查,同主观主义特别是教条主义做斗争的历史经验的科学总结。它反映了毛泽东思想的三个基本点,即实事求是、群众路线和独立自主的思想雏形,标志毛泽东哲学思想的初步形成。

《反对本本主义》首次提出了"实事求是"的思想路线,而《改造我们的学习》和延安整风则让全党统一认识了这条路线;《反对本本主义》标志着毛泽东哲学思想的初步形成,而《改造我们的学习》、延安整风和党的七大则确立了毛泽东思想的指导地位,其间发表的一系列文献、著作标志着毛泽东思想得到系统总结和多方面展开而达到成熟。

2. 答:我们党内当时存在主观主义、宗派主义等错误的思想认识,其中主观主义的错误尤其突出,它是中国共产党内反复出现"左"、右倾错误的思想认识根源。当时它的主要表现形式是教条主义和经验主义。材料1所说的"'闭塞眼睛捉麻雀''瞎子摸鱼',粗枝大叶,夸夸其谈,满足于一知半解"等都是教条主义和经验主义的表现。

延安整风运动的主要内容是:反对主观主义以整顿学风、反对宗派主义以整顿党风、反对党八股以整顿文风。其中,反对主观主义是整风运动最主要的任务。

3. 答:整风运动是中国共产党历史上一次全党范围的普遍的马克思主义教育运动,也是一次伟大的思想解放运动。通过延安整风,中国共产党不仅初步确立了实事求是的思想路线,破除了将苏共经验和共产国际指示神圣化的教条主义,而且还将马克思主义中国化的第一个理论成果——毛泽东思想确定为党的指导思想。

五、实践教学

(一)实践内容

1. 组织学生参观南京大屠杀纪念馆,让他们深刻认识到日本帝国主义的侵略本性及其对中国人民犯下的滔天罪行,懂得了"落后就要挨打"的道理,激发学生对中国"和平崛起"的热切希望和立志为祖国的繁荣富强贡献力量的决心。

2. 指导有兴趣的学生,参观调查新四军纪念馆,了解新四军抗战斗争历史,以新四军抗战史为经,以华中抗日根据地的各项建设为纬,展现新四军与人民群众抗日的历史过程。撰写调查报告,学校对所需经费给予支持。

3. 组织学生观看《习近平在南京大屠杀国家公祭仪式上讲话》《南京大屠杀》《岛国的迷失——日本国民性》等视频,使学生对中日之间的外交关系发展史及其恩怨分合有了一个全面的把握和了解。

4. 指导学生课外选读相关文献以加深对教学内容的理解。主要阅读篇目:

(1)《毛泽东选集》(第二卷)

(2)《中共中央文件选集》

(3)《抗日根据地发展史略》

(4)《抗日战争时期解放区概况》

(5)《抗战时期国共合作纪念》(上、下卷)

(二)实践方案

本着主体性、开放性和民主性的原则,以激励学生主动参与探索、自觉思考实践为目的,开展多元化的实践教学,拓展学习资源,调动全员参与的热情,激发学习历史的兴趣,让学生动手实践和体验、自主探究、合作交流成为历史课堂学生有效的学习方式。

主要实践方式如下:

1. 研究性学习:将学生分为多个小组,以小组为单位各自选择研究主题。围绕选题,小组成员根据自己的特长、兴趣及活动要求进行分工,进行合作探究,查阅有关文献和网络资源,开展小组讨论并形成书面、PPT 或视频成果,各小组代表通过研讨成果向大家讲解他们的集体智慧。在研讨成果展示过程中,各组同学之间可相互讨论、对其他组所讲内容不理解的地方可向对方提问,教师在旁边记录各组代表所讲内容及同学们间相互提问的问题。每位同学必须参与讨论,作为平时考量依据。

2. 任课教师指定研究主题或阅读书目,学生围绕主题自主探究,收集相关正反观点,要求查阅东西方相关资料并形成个人书面评价报告。面对这些正确与错误观点,我们应如何评价? 进行课堂交流互动,引发学生对历史问题的深度思考。

3. 组织学生观看纪录片或历史题材的故事片,激发学习兴趣,结合教学内容安排学生交流具体感受和得到的启示,提高思想觉悟,加深学生对历史文化的了解。

4. 组织学生外出参观爱国主义教育基地,开展爱国主义教育和革命传统教育,增强学生的民族精神和革命精神,加强历史和现实的结合,激发学生的历史责任感。让学生在活动中亲身体验历史,感受历史与现实生活的密切联系。

(三)实践成果

以 PPT、视频或文字成果展示。

(四)实践评价

研究性学习小组成果学术评价。

评价项目	8—10分	5—7分	2—4分	0—1分
资料准备情况	充分,翔实,条理清晰。	基本能构成对研究的支撑。	资料偏差或严重不足。	未提供对研究有益的资料。
研究深度	能在相关资料基础上提出自己的见解,且研究方向正确,研究方法得当。	能在理解的基础上对相关资料准确把握,且研究方向基本正确,研究方法基本适用。	研究方向有偏差,研究方法不恰当,研究不够深入。	未掌握研究内容,未形成相关研究。
展示效果	展示方法恰当,展示能充分体现研究成果。	展示方法基本恰当,展示能简单体现研究成果。	展示方法欠妥,不能够清晰展示研究成果。	未能完成相关展示。
研究收获	对研究课题有清晰、深刻的理解,并形成一定的个人见解。	对研究课题所涵盖的内容基本掌握,能简单介绍。	对所研究的课题形成初步的认识,需要进一步消化、理解。	对所研究课题未形成基本认识。

研究性学习小组成员行为评价。

评价项目	8—10分	5—7分	2—4分	0—1分
小组活动参与度	积极思考并参与讨论及相关活动,为小组研究做出重要贡献。	基本能参与小组讨论及相关活动,偶尔提出有益见解。	活动中态度消极,积极性不高,讨论内容偏离话题的轨道。	不主动参与小组活动。
个体独立研究度	能在充分思考的基础上,为讨论主题提供有益的见解。	对研究课题充分了解,能偶尔提供个人见解。	对小组成员的依赖性强,个人研究成果没有显现。	没有完成相关的研究任务。

续表

评价项目	8—10分	5—7分	2—4分	0—1分
小组配合度	各成员团结、互相尊重，能自我调节分歧，并使研究活动顺利开展。	成员间基本保持配合态度。意见分歧的调节能力较弱，但未对研究成果产生重大影响。	组员间言语过激，严重影响研究效果。	组员之间不能达成基本的尊重，未获得完整的研究成果。

六、推荐阅读

1.《西安事变资料》(第一、二辑)，人民出版社，1980、1981年版。

2. 傅秋涛、叶超等:《皖南事变回忆录》，安徽人民出版社、上海人民出版社，1983年版。

3. 何理:《抗日战争史》，上海人民出版社，1985年版。

4. 艾克恩:《延安文艺运动纪盛》，文化艺术出版社，1987年版。

5. 全国政协文史资料委员会等:《远征缅甸抗战》，中国文史出版社，1990年版。

6. 王振德:《第二次世界大战中的中国战场》，社会科学文献出版社，1991年版。

7. 重庆政协文史资料研究会等:《抗战时期国共合作纪实》下卷，重庆出版社，1992年版。

8. 徐勇:《政府之梦——日本侵华战略》，广西师范大学出版社，1993年版。

9. 解学诗:《历史的毒瘤——伪满政权的兴亡》，广西师范大学出版社，1993年版。

10. 军事科学院军事历史研究部:《中国抗日战争史》(下卷)，解放军出版社，1994年版。

11. 天津编译中心:《日本军国主义侵华人物》，中国文史出版社，1994年版。

12. 徐万民:《战争生命线:国际交通与八年抗战》，广西师范大学出版社，1995年版。

13. 高平等:《血债:对日索赔纪实》，国际文化出版社，1997年版。

14. 温贤美等:《抗战时期的国共关系》，北京出版社，1997年版。

15. 黄静嘉:《春帆楼下晚涛急:日本对台湾的殖民统治及其影响》，商务印书馆，2003年版。

16. 沙健孙：《中国共产党与抗日战争》，山东人民出版社，2005 年版。

17. 中国第二历史档案馆：《抗日战争正面战场》，凤凰出版社，2005 年版。

18. 《中国抗日战争史》，解放军出版社，2005 年版。

19. 中共中央党史研究室：《中国共产党抗战图志》，中共党史出版社，2005 年版。

20. 习近平：《在纪念中国人民抗日战争暨世界反法西斯战争胜利 70 周年大会上的讲话》（2015 年 9 月 3 日）。

21. 《抗日战争与中华民族复兴》丛书，团结出版社，2015 年版。

22. ［美］张纯如：《南京大屠杀：第二次世界大战中被遗忘的大浩劫》，谭春霞、焦国林译，中信出版社，2015 年版。

23. 仝华：《中国人民抗日战争史料简编》，高等教育出版社，2016 年版。

24. 张宪文，庞绍堂等：《中国抗日战争史》，化学工业出版社，2017 年版。

25. 高永中：《中流砥柱：中国共产党与抗日战争》，中国青年出版社，2018 年版。

第七章

为建立新中国而奋斗

一、内容概要

抗日战争胜利后，在中国人民面前摆着两条路，光明的路和黑暗的路。存在着两个中国之命运：一个是独立、自由、民主、统一、富强的中国，即光明的新中国；一个是半殖民地半封建的、分裂的、贫弱的中国，即黑暗的旧中国。中国共产党领导人民推翻了国民党反动统治，取得新民主主义革命的胜利，建立了中华人民共和国，实现了民族独立和人民解放。

中国人民革命的胜利和人民民主专政的新中国的创建，彻底改变了近代以后100多年中国积贫积弱、中国人民受人欺凌的悲惨命运，为实现中华民族伟大复兴创造了根本社会条件。

二、教学设计与教学研究

（一）教学目标与基本要求

1. 了解战后国际国内的政治形势，以及中国面临的两种命运、两种抉择。分析抗战胜利后中国存在的三种政治力量、三种建国方案之间的斗争，并透过历史的迷雾认识和掌握历史和人民如何选择了中国共产党。

2. 了解中国共产党为争取和平民主而进行的努力，以及人民解放战争的发展历程。

3. 了解国民党政权崩溃的历史必然性，以及第三条道路的历史局限性。分析国民党反动派在军事上、政治上、经济上走向失败的经过和原因。

4. 使学生了解中国新民主主义革命胜利的基本经验，进一步认识"没有共产党就没有新中国"的真理。从而坚定社会主义信念,热爱社会主义新中国,为社会主义祖国的振兴、发展、繁荣而不懈奋斗。

(二)教学内容与逻辑结构

1. 教学内容

(1)从争取和平民主到进行自卫战争。主要阐述中国共产党通过科学分析战后国内国际政治形势,一方面力争和平民主,特别是促成重庆谈判和政协会议的召开;一方面努力做好武装自卫战争的准备,并在国民党发动对解放区的军事进攻后,坚决以自卫战争粉碎国民党的军事进攻。

(2)国民党处在全民的包围中。主要阐述在中国共产党的领导下,人民解放战争的胜利发展;土地改革运动及其成就和意义;第二条战线的形成,特点是学生运动的高涨和人民民主运动的发展。

(3)中国共产党与民主党派的合作。主要阐述各民主党派历史的发展;中国共产党与民主党派团结合作的情况;在国民党当局的破坏下,第三条道路的幻灭和1948年1月起民主党派历史的转折。

(4)创建人民民主专政的新中国。主要阐述南京国民党政权的覆灭;人民政协的召开与《共同纲领》的制定;中国革命胜利的原因和基本经验。

2. 逻辑结构

主要围绕我国自抗日战争胜利后,在两种命运、两个前途决战的关键时刻,中国共产党从人民要和平民主的愿望出发,领导人民打败了国民党的军事进攻;通过与国民党实行的军事独裁的状况的对比,说明只有社会主义才能救中国。

(三)教学重点难点与教学方法

1. 教学重点

(1)抗战胜利后出现的三种建国方案和两个中国之命运。
(2)解放战争的胜利进展。
(3)新民主主义革命胜利的原因和基本经验。

2. 教学难点

(1)第三条道路的历史局限性。
(2)国民党政权崩溃的历史必然性。

3. 教学方法

综合采取讲授法、案例教学法、研讨式教学法等多种方法与观看教学片相结合的方法，以讲授为主。采用课件演示、视频、图片重现历史，通过研究性学习把握历史发展的规律。加强师生互动，了解学生思考的重点、难点问题，有针对性地讲授。组织学生，课外以小组的形式讨论相关主题，总结学习收获，取长补短。

（四）授课切入与教学案例

授课切入

通过播放经典影片《重庆谈判》的片段，引出抗日战争胜利后的国内外形势和中国共产党采取的正确方针，导出新课。本章着重从历史进程和历史事实方面阐明人民解放军迅速取得解放战争胜利的原因和国民党政权迅速败亡的历史必然性和历史依据。讲解本章要注重历史分析，做到史论结合、论从史出。

教学案例 1 毛泽东重庆谈判

1945 年 8 月，中共中央派毛泽东、周恩来、王若飞为代表，赴重庆桂园与国民党谈判。8 月 28 日，毛泽东等在美国驻华大使赫尔利、国民党政府代表张治中的陪同下，从延安乘专机赴重庆。

下午 3 时 37 分，代表团抵达重庆。毛泽东在机场向新闻界发表了简短的谈话，指出目前最迫切的任务，是保证国内和平，实现民主政治，巩固国内团结，以期实现全国统一，建立独立、自由与富强的新中国。毛泽东亲自到重庆谈判，中共争取和平、民主、团结的诚意受到全国人民热烈欢迎和拥护。

国民党政府代表王世杰、张群、张治中、邵力子与共产党代表周恩来、王若飞举行多日会谈，达成了多项共识。重庆会谈期间，蒋中正和毛泽东仅以主客身份相礼待，双方并未参加实质性会谈。具体谈判在周恩来与王世杰之间进行，但毛泽东在重庆短暂居住为国共谈判创造了友好氛围。

9 月 3 日，中共代表提出关于两党商谈的主要问题 11 项提要，交国民党政府代表。主要内容包括：国民党当局承认和平建国方针，同意长期合作，坚决避免内战，建立一个和平、自由、独立的新中国；承认各党派的合法平等地位，承认解放区政权及抗日部队，结束国民党的党治等，并表示拥护蒋介石的领导地位。9 月 4 日开始，国共两党谈判进入实质性谈判阶段。整个谈判过程几经周折，斗争的焦点是军队缩编和解放区问题。

在军队问题上，国民党要取消中国共产党领导的人民军队。中国共产党在长期的革命斗争中认识到,没有人民的军队便没有人民的一切,但为了争取和平,共产党在谈判中做出了让步。中国共产党提出公平合理地整编全国军队,表示中共领导的军队可以大量削减。在解放区问题上,中国共产党提出解放区民主政府的存在就是革命发展的结果,它得到人民的支持和拥护。谈判一开始,共产党就提出"承认解放区和一切收复区的民选政府",但国民党方面则表示"承认解放区绝对行不通",将解放区斥之为"封建割据"。

为使谈判获得进展,中共方面多次做出让步。10月上旬,谈判获得进展。毛泽东表示国共双方在一起商量团结合作、和平建国问题具有重大的历史意义,强调"和为贵",一定要用和平的方针来解决两党争端。10月10日,国共双方代表王世杰、张群、张治中、邵力子和周恩来、王若飞共同签署了《政府与中共代表会谈纪要》,即《双十协定》。《纪要》就和平建国的基本方针、政治民主化、国民大会、党派合作、军队国家化、解放区地方政府等12个问题阐明了国共双方的见解。其中,有的达成了协议,有的未取得一致意见。国民党方面接受了中共提出的和平建国基本方针,承认要坚决避免内战。

虽然国共双方代表的谈判举步维艰,但毛泽东在谈判桌外的社交活动却异常丰富。在重庆的43天中,他会见民主人士,参加国际活动,接受各国记者采访,处处显示出一名政治家的睿智与气度。

毛泽东在重庆与各界人士的交往,留下了很多佳话。其中,影响最大的还要数《沁园春·雪》的发表。到达重庆的第四天,毛泽东就会见了老朋友柳亚子。柳亚子早年曾追随孙中山先生参加辛亥革命。第一次国共合作期间,他又与毛泽东共事过一段时间。由于二人都爱好诗词,所以较一般朋友更加亲密。得知老友到达重庆,柳亚子兴冲冲地来到毛泽东居住的桂园探望。柳亚子诗兴不减当年,一见面就赠了毛泽东一首诗。诗中有言:"弥天大勇诚能格,遍地劳民战尚休。"称赞毛泽东这次为了国民人民的福祉,涉险来重庆谈判的义举。吟罢自己的诗,柳亚子也请毛泽东赋诗一首。正值激烈的角斗中,毛泽东哪有雅兴写诗,于是就把1936年2月在陕北时所作的一首旧作《沁园春·雪》赠予了柳亚子。柳亚子展读之余,赞叹毛泽东为"中国有词以来第一手,虽苏、辛犹未能抗手,况余子乎?"每每有朋友造访,柳亚子总忍不住拿出这首诗与人一同鉴赏。这样,一传十,十传百,不久就在重庆传开了。

10月11日,毛泽东在张治中、王若飞的陪同下,登上一架草绿色的双引擎C47运输机飞回延安。周恩来仍留重庆与国民党继续商谈尚未取得协定的问题。

——参考王桧林:《中国现代史》,北京师范大学出版社,2004年版;《重庆谈判资料》,四川人民出版社,1982年版;《南方局党史资料》,重庆出版社,1986年版;彭

承福:《毛泽东与重庆谈判》,西南师范大学出版社,2003年版

【思考与讨论】

重庆谈判的历史意义是什么?

教学案例2 疯狂的"劫收"

抗战胜利之初,国民党政府军队均远处大西南,不可能在第一时间赶到沦陷区进行接收,这便给了身处沦陷区的各色"先头部队"以可乘之机。他们捷足先登,在收复区内如上海、北平、天津等几个大城市,迅速掀起接收敌伪财产的狂潮。他们分别被人们称为"土行孙""穿山甲"和"变色龙"。

"土行孙",是指抗战时期国民党的一些"地下工作者"。日本投降后,这些人便纷纷"钻出地面",成立各种名目的单位,接收敌伪财产。由于国民党时期各部门互不统属,这批隶属于不同系统的"土行孙"们便各行其是,自立山头。仅上海一地在短短几天内,竟然出现了4家国民党上海特别市党部;而北平则冒出了8个市党部。这些"土行孙"们明争暗抢,无所不为。上海余庆路88号伪苏浙皖三省税务局局长劼士军的一座华丽住宅,被吴绍澍等人占为国民党上海市党部,所有财物被洗劫一空。据伪南京兴业银行上海分行经理金雄白回忆:当时只要是与国民党中央政府要员沾亲带故的人,常常以地下工作人员自居,有人自认为中统,也有人自认为军统,但谁也不知道他们身份的真假与职位的高低。所有汪伪政权中的人,没有一个不提心吊胆,只要有人向他们示意,他们不是自动地以金条珠宝奉献,就是乖乖地让出自己的住宅以及所有的家具用品。

"穿山甲",是人们对日占城市外围的"忠义救国军""别动军"之类,由军统指挥或利用的游杂武装的戏称。他们虽然人员庞杂,但是有枪在手,接收起来更是得心应手。比如活动在花县、从化和粤北一带的中美合作别动军蔡春元支队、谢大傻支队闯进广州,一下子就端走了伪禁烟局的7万两烟土,接着又在金店银楼每人接收几件。在上海,根据戴笠的命令,从临安、台州、曹娥江地区冲进上海的忠义救国军阮清源总队、郭履洲总队、毛森总队,好比饿虎入市,汪伪76号特工总部的一切财产,被他们一股脑儿接收下来,然后扩大战果,工厂、洋楼、银行、医院,样样都要。上海人惊呼"强盗胚来了"。

"变色龙",是当时人们"赠予"蒋介石委任的各色"先遣军"的雅号(这些军队原是伪军,日本投降后,蒋介石的军队远处大后方,为了和中共抢占失地,蒋便把各地的伪军改编成"国民党收复区先遣部队")。在汉口中山大道六渡桥原远东饭店,伪军事委员会委员长武汉行营经改编后,顷刻之间变成了守备军指挥部,原伪军将领

邹平凡成了"武汉守备军总指挥兼新编第二十一军军长"。不久,五化宾馆、扬子江饭店——被"接收"。石家庄市最初的"接收",就是从庞炳勋这条"变色龙"的"先遣军"开始的。石家庄市的伪市政府、道尹公署以及所属各单位,全部被庞炳勋"接收"。而该市伪准备银行金库里的9亿伪准备券,一下子就被他们"接收"去了5亿,贪婪之相毕露无遗。

针对国民党各派在大接收中的种种丑恶表演,收复区群众有一种普遍的说法,即"天上飞来的(指重庆派出的正宗接收大员)不如水上漂来的(指美国人用军舰运输登陆的'国军');水上漂来的不如地下钻出来的(指所谓的'地下工作者',即'土行孙'们);地下钻出来的不如摇身一变的(即'变色龙'一族)"。在重庆的正宗接收大员们到来之前,收复区的半壁江山已经被这群"土行孙""穿山甲""变色龙"们搅得乌烟瘴气。然而,这些仅仅是"接收"闹剧的开始。

为了接收沦陷区的敌伪财产,日军刚宣布投降,蒋介石即于8月17日授意行政院副院长翁文灏制定《行政院各部、会、署、局派遣收复区接收人员办法》。10月下旬,行政院院长宋子文正式成立了行政院收复区全国性事业接收委员会。在整个接收过程中,国民党各级官员贪赃枉法,肆意抢掠,把对沦陷区的"经济接收"变成了事实上的"劫收"。这些正宗"接收大员"到达收复区后,毫无顾忌地滥用职权、徇私舞弊、中饱私囊,如同洪水猛兽,给收复区人民留下了极坏的印象,人们愤怒地称他们是"五子登科",即房子、条子(金条)、票子(现钞)、车子和婊子。

根据曾经参加湘鄂赣区接收清查团的监察何汉文总结,接收中的贪赃枉法主要有四种情形。其一是"抢",即接收之初的公开抢占敌伪房产和金银珠宝等财产。如第三方面军兵站司令杨政民派副官到上海,一下子就从伪储备银行里抢去大量伪币,价值黄金5万两以上。由于接收机构多如牛毛,往往出现"此封彼揭,封条重重"的情况,如南京2 000多幢敌伪房产,几乎全被派有先遣人员的单位捷足先登,后来者则撕去先贴的封条,换上自己的,再派人看守,为此而引起的武装冲突不断;其二是"占",即以单位名义占有,然后再化公为私。日伪商统会所囤积的大量物资,在上海多为第三方面军占为己有,在武汉多为第四方面军和第六战区占有,在华南则由第三战区、第二方面军霸占。他们不约而同地拒不移交,等到不得不移交的时候,接收来的东西也大多所剩无几了;其三是"偷",要么监守自盗,要么乘混乱之机,伙同外人直接盗窃。天津警备司令牟廷芳占住一座仓库、一家报馆,从库存米面杂粮到印刷设备、新闻纸,统统盗尽卖绝。第十一战区派到河北的接收专员高挺秀则亲自出马,夜窃石家庄一家仓库白布5 000匹,偏偏被警备副司令李文定碰上,捉贼捉赃,轰动一时;其四是"漏",即日伪移交人员为了讨接收人员的欢心,故意在移交清册中漏列若干现金或实物,使之堂而皇之地落入接收人员的私囊。天津烟草公司在建设路有数千平方米的仓库,十余亿法币库存被日伪移交人员漏报,之后全部进了接收者的腰包。

后来,人们又把接收大员们的贪污方法扩展总结为"八仙过海",即抢、占、盗、偷、漏、吞、诈、咬。这里的"盗"和"偷"自成一体;"吞"和"漏"又是连带性作业,指接收大员对漏报财产的侵吞。至于"诈",指的是讹诈勒逼。天津的民族工业家宋棐卿因抗拒索要,被诬为汉奸而遭拘押;"咬"则是指接收阵营内部的争夺。海军总司令陈绍宽怒斥军统抢夺本该海军接收的汪伪海军资产,CC系指责三青团染指文教单位的接收,三青团则控告战区"前进指挥所"干涉党团接收,"前指所"又责怪军统、中统、乱七八糟的别动队、先遣军以及谁也弄不清的地下市党部擅自接收。

接收大员们除了运用以上各种方法进行贪污外,还通过标卖等合法的方式进行贪污。由于标售和处理物资可以低于市价的价格并指定商家进行,因此给了接收官员以合法的机会,从中收受贿赂,贪污实物。如上海标售日人房屋2 000多幢,基本上由接收时的占用者获得,所付只有标价的一半。

对于接收大员们在接收过程中的腐败情形,当时被派往北平任华北地区最高长官的李宗仁日后在回忆录中描述道:"在北平的所谓'接收',确如民间报纸所讥讽的,实在是'劫收'。这批接收人员吃尽了八年抗战之苦,一旦飞入纸醉金迷的平、津地区,直如饿虎扑羊,贪赃枉法的程度简直骇人听闻。他们金钱到手,便穷奢极欲,大肆挥霍,把一个民风原极淳朴的古都,旦夕之间变成了罪恶的渊薮。中央对于接收权的划分也无明确的规定,各机关择肥而噬,有时一个部门有几个机关派员接收,以致分赃不均,大家拔刀相见。……"

一亿数千万沦陷区的人民痛心疾首,顿足捶胸!真是"想中央,盼中央,中央来了更遭殃"!

1946年7月,敌伪产业接收大体完成。在将近一年的时间里,国民党当局混乱无序的经济接收,给社会生产造成了极大的破坏,使战后经济丧失了恢复活力的能力。这种接收还腐蚀了国民党的官僚队伍。3年后,面对在大陆的失败,蒋介石对部下沉痛地说:"我们的失败,就失败于接收!"

——参考刘小宁:《抗战胜利后对沦陷区的"大劫收"》,《文史精华》,2012年第9期;颜公平:《抗战胜利后国民党对沦陷区的"劫收"风潮》,《文史月刊》,2007年第3期

【思考与讨论】

1. 抗战胜利后,在美国支持下,国民党军事力量得到了很大的加强。为什么

战后4年间,这个貌似强大的政权就被广大人民所唾弃并走向崩溃了呢?

2. 抗战胜利后国民党对沦陷区的"接收"为什么会变成疯狂的"劫收"?

教学案例3 "最后一次演讲"

闻一多(1899—1946),本名闻家骅,字友三,生于湖北黄冈,诗人、学者、爱国主义者和民主主义者。自幼爱好古典诗词和美术。1912年,考入北京清华留美预备学校。1916年开始在《清华周刊》上发表系列读书笔记,总称《二月庐漫记》。1922年7月,赴美国留学,先后在芝加哥美术学院、珂泉科罗拉多大学和纽约艺术学院进行学习。在专攻美术且成绩突出时,他更表现出对文学的极大兴趣,特别是对诗歌酷爱。年底,出版与梁实秋合作的《冬夜草儿评论》,代表了闻一多早期对新诗的看法。1925年回国后,先后在北京艺专、中央大学、武汉大学、青岛大学、清华大学、西南联合大学任教。抗战中,他续起一把胡子,发誓不取得抗战的胜利不剃去。1943年后,目睹了国民政府的一些腐败现象,遂积极参加反对独裁、争取民主的斗争。1945年,为中国民主同盟会委员兼云南省负责人、昆明《民主周刊》社长。"一二·一"惨案发生后,他投身民主运动,反对蒋介石的独裁统治。

1946年7月11日,著名民主活动家、中国民盟中央李公朴在昆明遭国民党特务暗杀。李公朴遇难后,友人劝闻一多赶快离开昆明,他很可能就是下一个暗杀目标。但闻一多不远退避。7月15日,闻一多不顾亲友的劝阻,毅然参加昆明学联在云大致公堂的李公朴追悼会。李公朴的夫人张曼筠讲述李公朴的生平与被害经过,泣不成声。混进会场的几个特务乘机捣乱。本来不准备讲话的闻一多忍无可忍。他拍案而起,走上讲台,他慷慨陈词发表了后来被称作《最后一次演讲》的即席演说。他高声问道:"今天在这里的特务没有? 你们站出来,你是个好汉的话,有理由站出来讲! 凭什么要杀死李先生? 你们杀死一个李公朴,会有千万个李公朴站起来!"闻一多又大声说:"特务们,你们不想想还有几天? 你们杀一个李公朴,就会有千百万民主战士站起来,胜利一定是属于我们的,真理一定要胜利的! 反动派的无耻,就是李先生的光荣;反动派的末日,就是我们的光荣。我们不怕,我们随时准备像李先生那样,既跨出了门,就不准备再回来。"

闻一多的报告被一次又一次雷鸣般的掌声打断。闻一多也未曾想到,他一下讲台,就被特务盯上了。当天下午在西仓坡门口即被国民党昆明警备司令部下级军官汤时亮和李文山枪杀,闻一多之子闻立鹤亦身受重伤。闻一多被暗杀后,举世震惊。当时在庐山的蒋介石也知道问题的严重性,下令唐纵彻查。暗杀事件很快就被破案,李文山和汤时亮由宪兵司令部举行公开军法审讯,两人经审讯后被枪决。昆明警察局龚少侠也因此被撤职。事实上是云南警备总司令霍揆彰安排了两名死囚充当杀手被枪决,真凶早已逍遥法外。

闻一多之死在国内外引起知识分子对政府进一步的责难与不满;在国外,美国重要学府如哈佛大学、哥伦比亚等校教授联名抗议,并主张干涉中国内政,断绝对中国的任何援助。在中国调处国共纠纷的马歇尔将军向蒋主席提出严重抗议。台湾学者陈永发表示:"闻一多遭暗杀事件,是国共内战转折的关键。当时国民政府处理不当,被批为法西斯独裁,让红色政权赢得知识分子、学生支持,甚至连国际舆论、支持也开始转向。"学者朱文长教授也指出:"在国共两党的政治斗争史上,闻一多之死是一个里程碑。由于闻一多过去的背景,他的死对国民党产生了不利的影响。其重要不下于金圆券的发行与失败。"

——参考程一鸣:《闻一多被暗杀的内幕》,《文史天地》,2007 年第 4 期;李晓奇:《杀人者终必覆灭——李公朴、闻一多被暗杀内幕补记》,《文史春秋》,1998 年第 2 期

【思考与讨论】

从闻一多事迹看民主党派有哪些转变?

教学案例 4 车轮滚滚的支前大军

淮海战役双堆集战斗结束后,黄维、杨伯涛等 12 兵团的将领们被解放军俘虏,从战场押送到后方的临涣集。原国民党军第 18 军军长杨伯涛回忆:

经过几十里的行程,举目回顾,不禁有江山依旧,面目全非,换了一个世界之感。但见四面八方,熙熙攘攘,车水马龙,行人如织,呈现出千千万万的人民群众支援解放军作战的伟大场面。路上我们经过一些市集,我从前也打这些地方经过,茅屋土舍,依稀可辨,只是那时门户紧闭,死寂无人,而这时不仅家家有人,户户炊烟,而且铺面上有卖馒头、花生、烟酒的,身上有钱的俘虏都争着去买来吃。押送的解放军亦不禁阻,他们对馒头、花生是久别重逢,过屠门而大嚼。还看见一辆辆大车从面前经过,有的车上装载着宰好刮净的肥猪,想是犒劳解放军的。我以前带着部队经过这些地方时,连一撮猪毛都没看见,现在怎么有了,真是怪事。通过村庄看见解放军和老百姓住在一起,像一家人那样亲切,有的在一堆聊天欢笑,有的围着一个锅台烧饭,有的同槽喂牲口,除了所穿的衣服,便衣与军装制式不同外,简直分不出军与民的界限。我们这些国民党将领,只有当了俘虏,才有机会看到这样的场面。

杨伯涛所见的场面,只是淮海战役中广大人民群众支援解放军作战的一个缩影。人民解放军在三年解放战争中取得的一系列胜利,都是和解放区人民群众的全力支援分不开的。解放战争时期,解放军作战行动越来越频繁,战役规模越来越

大,对后勤保障的需求也越来越多。一个战役打起来,对民工、担架需要量很大,弹药、粮食、菜蔬、伤员、鞋袜等都要运输。陈毅高度评价山东解放区群众对华野作战的支持:"把落后的农村工具条件来供应现代化大兵团作战,这是自卫战争中最伟大的一面。"

中央军委和华东野战军负责人在酝酿淮海战役计划时,充分考虑到后勤保障工作的重要性。11月16日战役开始后,毛泽东给中野、华野负责人的电报说:"中原华东两军必须准备在现地区作战三个月至五个月(包括休整时间在内),吃饭的人数连同俘虏在内将达八十万人左右。"根据华东局和华野的部署,淮海战役的后勤和支前工作的分工是:前方由华野后勤部负责,后勤部部长刘瑞龙随华野指挥部行动,负责掌握部队的情况和需求,对送到前方的粮食弹药和各种物资进行接收、调度和分配。后方由华东局支前委员会负责,傅秋涛为主任,负责筹划、征集和调运物资,组织民工和车辆、船只运送到前方兵站。为转运伤员,华东支前委员会组织了四条转运干线。隔30里设一小站,60里设一大站。每个纵队配备随军担架500副,每副配民工5人。还有机动担架7 500副以供急需。各县都在交通要道上设立民站,供运输粮食物资的民工编组往来休息。民工根据任务不同分为三种:一线随军常备民工,每期三个月;二线转运民工,每期一到三个月;后方临时民工,每期一个月。民工以县、区、乡为单位,按军队编制为团、营、连,由各级干部带队。淮海战役发起后,随着华野主力的南下,后方七条运输干线上车轮滚滚,人流如织,像七条大血管向前方输送物资。

淮海战役支前工作最动人的场面,是几百万推着小车运送粮食的民工大军。从后方到前方,从乡村到城镇,男女老少齐上阵,家家户户都为支前做贡献。支前民工共543万人,担架20.6万副,大小车辆88.1万辆,挑子30.5万副,牲畜76.7万头,船8 539只,汽车257辆,向前线运送弹药1 460万斤,筹集粮食9.6亿斤,向后方转运伤员11万余名,有力地保障了大规模作战的需要。

随着战线不断南移,民工也随着部队越走越远。华东支前英雄唐和恩的小车队是模范的典型。他用的一根竹棍,上面刻着他们支前五个月内经过的路线,跨越三省88个城镇和村庄。他们跋山涉水,日夜奔走,自己吃的是高粱米、萝卜干,车上的白面、小米一点不动,留给前线战士们吃。这支小竹棍,拉车时挂着它走路,过河时用它探路,它不仅为支前做出了贡献,还作为历史的见证被收藏在博物馆里。"华中第五专区的民工,经过700里的长途运送一批大米到前方,他们的任务是将大米运到宿迁,当这批大米运到时部队西开了,要他们再运到睢宁。他们运到睢宁时,部队又西开了,他们就尾随部队到了符离集,最后运到濉溪口,长途行程700里才完成任务回去"。民工支前极大地鼓舞了部队的士气,三纵炮兵团与渤海民工一团并肩战斗,互相关照。"有时,部队和民工住在一个村子里,部队主动让房子给民工住,自己却在露天搭棚子睡;前方做饭缺锅,部队就让民工先做;天冷,有些民工没有棉衣穿,部队就将缴获的棉衣发给民工。部队还派人教民工防空防炮,指导他们挖防空壕,一到住地又主动检查民工防空设施"。

人民的支援是战争胜利的根本保证。中野司令部在《淮海战役中双堆集歼灭战初步总结》中指出:"这次作战中的物资供应,是达到较完满之要求的,无论在粮食弹药的接济与医术救济诸方面,都未感受到意外的特殊困难,这是此次作战胜利的有力保障。没有这种保障,要想取得这次的完满胜利,是不能设想的。"1951年2月陈毅在南京会见苏联驻华大使尤金,谈起淮海战役的胜利时说:"支前民工达500万,遍地是运粮食、运弹药、抬伤员的群众,这是我们真正的优势。人民群众用小车、扁担保证了部队作战。"毛泽东指出:"战争的伟力之最深厚的根源,存在于民众之中。"淮海战役证实了这个真理。

——参考刘统:《中国的1948年:两种命运的决战》,生活·读书·新知三联书店2006年版;中央档案馆:《中共中央文件选集》18,中共中央党校出版社,1992年版,第43页

【思考与讨论】

1. 原国民党军第十八军军长杨伯涛在回忆淮海战役双堆集战斗结束后所见所闻时,发出"举目回顾,不禁有江山依旧,面目全非,换了一个世界之感"的惊叹。他为什么会有这样的感受?

2. 淮海战役是如何证实了毛泽东所说"战争的伟力之最深厚的根源,存在于民众之中"这个真理的?

3. 你如何认识和理解中国革命胜利的原因以及国民党政权失败的原因?

三、学术动态

(一) 关于土地改革

主要资料有:中央档案馆编的《解放战争时期土地改革文件选编(1945—1949年)》收集中央和各大区土改重要文件110余篇,是研究土地改革最有价值的档案文献。主要专著有:董志凯的《解放战争时期的土地改革》,是土地改革方面质量较高的一部专著,该书史料充实,角度新颖,叙述了解放战争时期的土地改革的全过程,帮助读者从中了解土改胜利的原因及革命成功来之不易。此外,还有张永泉、

赵泉钧《中国土地改革史》等。

（二）关于民主党派

主要资料有：《中国民主同盟历史文献》《中国国民党革命委员会的历史道路》《中国民主促进会四十年》及陈竹筠等选编的《中国民主党派历史资料选辑》（上、下册），中央党校党史教研室编辑的《中国民主党派史文献选编（新民主主义时期）》、邱钱牧等编辑的《民主主义革命时期的民主党派》、于刚主编的《中国各民主党派》等。主要著作有：彦奇、王幼樵的《中国农工民主党历史研究》，陈竹筠的《中国民主建国会历史研究》，邱钱牧的《中国民主党派史》等。

（三）关于统一战线

主要资料有：《中共中央解放战争时期统一战线文件选编》《五星红旗从这里升起》《迎来曙光的盛会——新政协会议亲历记》等。主要著作有：《周恩来统一战线文选》、李维汉的《统一战线问题与民族问题》。此外，出版了一批有关国共谈判的专题性资料，如《国共谈判文献资料选辑（1945.8—1947.3）》《重庆谈判资料》《政治协商会议资料》《停战谈判资料》（四川人民出版社，1981年版）。专著有：《重庆谈判纪实》，杨奎松的《失去的机会——战时国共谈判实录》，李炳南的《政治协商会议与国共谈判》，毛磊、范小方的《国共两党谈判通史》等。

（四）关于中美关系

主要资料有：复旦大学历史系编的《中国近代对外关系史资料选辑》第三次国内革命战争时期部分，《马歇尔使华——美国特使马歇尔出使中国报告书》，《被遗忘的大使：司徒雷登的报告：1946—1949》，披露了国民党统治集团在解放战争时期的决策内幕及对内对外政策。主要著作有：资中筠的《美国对华政策的缘起和发展（1945—1950）》，根据美国方面大量第一手材料，详细客观地介绍了第二次世界大战结束后，美国对华政策的缘起和发展过程，并探讨这一过程的缘由和规律。它是把美国对华政策从宣传还原为科学的第一部著作。此外，还有项立岭的《转折的一年——赫尔利使华与美国对华政策》，牛军的《从赫尔利到马歇尔——美国调处国共矛盾始末》，屠传德的《美国特使在中国》，华庆昭的《从雅尔塔到板门店》等。

（五）关于中苏关系

主要著作有：向青等的《苏联与中国革命（1919—1949）》，周文祺、诸良如的《特殊而复杂的课题——共产国际、苏联和中国共产党关系编年史》,杨奎松的《中共与莫斯科的关系》《中间地带的革命》《共产国际、苏联与中国革命关系问题研究述评》,中共中央党史研究室第一研究部编的《共产国际、苏联与中国革命关系问题新探》以及牛军的《从延安走向世界——中国共产党对外关系的起源》、杨云若等的《中国革命与对外关系》等,均涉及解放战争时期的中共与外国的关系。20 世纪 90 年代俄罗斯学者发表了一批披露档案文件的文章,如齐赫文斯基《斯大林与毛泽东在 1949 年 1 月间的电报往来》。

四、应知应会

(一)单项选择题

1. 抗战胜利后,中国社会的主要矛盾是(   )。

A. 共产党和国民党的矛盾

B. 中国人民同美帝国主义支持的国民党反动派之间的矛盾

C. 中华民族和外国资本主义的矛盾

D. 中国人民同美帝国主义的矛盾

2. 抗战胜利后,蒋介石三次电邀毛泽东去重庆谈判的最主要原因是(   )。

A. 广大人民要求实现和平民主　　　B. 迫于国内外反对内战的舆论压力

C. 内战准备工作尚未就绪　　　　　D. 想借机诱使共产党交出政权

3. 1945 年 10 月 10 日,国共签署《政府与中共代表会谈纪要》即"双十协定"。根据"双十协定"的相关规定,1946 年 1 月政协会议,受到人民的普遍欢迎,主要是因为它(   )。

A. 通过了有利于人民的协议　　　　B. 冲破了蒋介石的独裁统治

C. 通过了《和平建国纲领》　　　　　D. 体现了党派平等协商的精神

4. 在重庆谈判期间,国民党军队不断发动对解放区的进攻。这说明国民党(   )。

A. 内战是真,和谈是假　　　　　　B. 企图以军事优势争取谈判优势

C. 根本不把中国共产党放在眼里　　D. 军队纪律败坏,根本不服从调遣

5. 抗战胜利以后,中国人民在中国共产党领导下开始了反对国民党反动派的战争,由此进入了第三次国内革命战争时期。在此时期中,国民党统治区掀起了反对蒋介石政府统治的反蒋斗争第二条战线,以下对反蒋斗争第二条战线的准确表

述是(   )。

    A. 国统区的学生运动   B. 国统区的工农运动

    C. 国统区的地下斗争   D. 国统区的民主运动

    6. 从土地革命战争到家庭联产承包制,中国共产党的土地政策在大半个世纪的时间里不断变化着,在近现代史中具有重要的历史意义。请问:在新民主主义革命不同时期中国共产党提出的土地政策共同点是(   )。

    A. 体现中国共产党的民主革命纲领   B. 消灭封建剥削

    C. 维护农民基本利益   D. 促进社会经济发展

    7. 1947年6月,刘伯承、邓小平率领晋冀鲁豫野战军挺进中原,举行鲁西南战役,揭开战略进攻的序幕,并进一步发展为战略反攻,其战略意图是(   )。

    A. 与敌军主力进行决战   B. 全面扩大解放区

    C. 解放中原,进取华中   D. 由内线作战转向外线作战

    8. 1949年3月,中国共产党在河北西柏坡召开七届二中全会,毛泽东主持会议并代表政治局做了重要报告,报告中指出党的一切工作的中心从此应是(   )。

    A. 恢复和发展生产   B. 从乡村转移到城市

    C. 建立中华人民共和国   D. 完成生产资料的社会主义革命

    9. 在新民主主义革命时期,中共中央机关所在地因革命形势的发展变化而几经转移。下列按转移先后顺序排列正确的一组是(   )。

    A. 上海、瑞金、延安、西柏坡、北平

    B. 上海、延安、瑞金、西柏坡、北平

    C. 上海、瑞金、西柏坡、延安、北平

    D. 上海、西柏坡、瑞金、延安、北平

    10. 中国共产党继承了孙中山的未竟事业,这主要表现在(   )。

    A. 完成了反帝反封建的任务

    B. 建立了人民民主专政的国家政权

    C. 实现了平均地权,把土地分给了广大农民

    D. 没收了官僚资本,建立了公有制

    11. 1945年8月,《大公报》报道毛泽东来到重庆的消息时称:"爱好民主自由的人士都知道,这是维系中国目前及未来历史和人民幸福的一个喜讯。"这反映了"爱好民主自由的人士"期盼(   )。

    A. 国共双方和平建新中国

    B. 国共双方消除同抗日

    C. 共产党领导人推翻国民党的统治

D. 共产党与民主党派合作建立新中国

12. 1949 年 3 月,毛泽东在党的七届二中全会上指出:"国营经济是社会主义性质的,合作经济是半社会主义性质的,加上私人资本主义经济,加上个体经济,加上国家和私人合作的国家资本主义经济,这些就是人民共和国的几种主要的经济成分。"这些就构成了( )。

A. 新民主主义的经济形态   B. 旧民主主义的经济形态

C. 社会主义的经济形态   D. 半社会主义的经济形态

13. 1946 年 6 月,蒋介石悍然挑起全面内战。为了拖住敌人,毛泽东和中央军委果断决策暂时放弃延安。毛泽东在对党内的指示中指出:"暂时放弃若干地方若干城市,是为了取得最后胜利,否则就不能取得最后胜利。此点,应使全党和全解放区人民都能明白,都有精神准备。"这一时期的人民军队采取的主要作战方法是( )。

A. 攻坚战   B. 运动战   C. 阵地战   D. 游击战

14. 晋冀鲁豫解放军在鲁西南强渡黄河后,国民党方面"对于解放军下一步究竟是东越运河、直接策应华东野战军打破国民党军的重点进攻,还是南进截断陇海路直趋徐州、粉碎蒋介石的作战计划,捉摸不定"。解放军的"下一步"军事行动及其真实意图是( )。

A. 跃进大别山,开始战略反攻   B. 夺取徐州,准备战略决战

C. 破坏陇海路,支援淮海战役   D. 强渡长江,迅速解放南京

15. 1948 年 6 月,华侨领袖冯裕芳等人在发表的声明中说:"一年以前,都市里许多不关心政治的上层人物,表示并不反对国民党打共产党,但希望早一点打完共产党,快点给他们和平。现在呢,他们改变了,他们希望快点打完国民党,快点给他们和平。"导致上述变化的原因是这些"上层人物"( )。

A. 对国民党独裁统治的失望   B. 受到《国内和平协定》的影响

C. 对政治局势缺乏正确判断   D. 看到国民党军队主力已被消灭

16. 毛泽东指出:"这是一个历史的转折点,这是蒋介石二十年反革命统治由发展到消亡的转折点,这是一百多年来帝国主义在中国的统治由发展到消灭的转折点。"文中的"转折点"是指( )。

A. 人民解放战争的战略防御   B. 人民解放军的战略反攻

C. 人民解放军的战略决战   D. 孟良崮战役胜利

17. "全党必须明白,土地制度的彻底改革,是现阶段中国革命的一项基本任务,如果我们能够普遍地彻底地解决土地问题,我们就获得了足以战胜一切敌人的最基本的条件。"这段话指出了( )。

A. 农民问题是中国革命的基本问题

B. 中国革命中无产阶级实现领导权的中心问题是对于农民的领导

C. 没收地主土地归农民所有，是新民主主义革命的中心任务

D. 严重的问题是教育农民

18. 毛泽东曾经说："我们都应当考试及格，不要退回来……退回去就失败了。我们决不当李自成，我们都希望考个好成绩。"毛泽东说这句话是在（　　）。

    A. 中华人民共和国成立之时   B. 中共中央离开西柏坡时

    C. 内战全面爆发时   D. 中国共产党成立 28 周年时

19. 1947 年 7 月，中国共产党在河北省平山县召开全国土地会议，会上制定和通过了《中国土地法大纲》，该大纲确立的土地制度是（　　）。

    A. 减租减息与交租交息   B. 停止没收地主土地

    C. 没收富农土地   D. 耕者有其田

20. 在毛泽东和中共中央军委的领导和指挥下，在人民群众的热烈支援下，中国人民解放军先后发动了三大战役，国民党赖以维持其反动统治的主要军事力量基本上被摧毁（　　）。

    ① 淮海战役   ② 辽沈战役   ③ 平津战役   ④ 济南战役

    A. ①②③   B. ①②④   C. ②③④   D. ①③④

参考答案：

1. B   2. C   3. A   4. A   5. D   6. C   7. D   8. A   9. A   10. A   11. A
12. A   13. B   14. A   15. A   16. B   17. C   18. B   19. D   20. A

（二）多项选择题

1. 1945 年 8 月，中共中央派以毛泽东为首的代表团前往重庆参加谈判，与国民党蒋介石政府共商国是。中国共产党派代表参加重庆谈判的主要目的是（　　）。

    A. 尽力争取国内和平   B. 揭露美蒋假和平的阴谋

    C. 准备反击蒋介石的反共进攻   D. 团结和教育广大人民

2. 抗战胜利初期，中国共产党的主要政治任务是（　　）。

    A. 参加重庆谈判，商讨建国大计   B. 争取和平民主

    C. 召开政协会议   D. 反对内战独裁

3. 重庆谈判是抗日战争胜利之际，中国共产党和中国国民党两党就中国未来的发展前途、建设大计在重庆进行的一次历史性会谈。下列关于重庆谈判的表述

中,正确的是( )。

A. 共产党与国民党进行了不妥协的斗争

B. 通过的决议是人民力量的胜利

C. 国民党被迫承认了和平建国的基本方针

D. 共产党通过谈判团结和教育了广大人民

4. 国民党军被迫放弃对解放区的全面进攻,而改为对下列哪些解放区的重点进攻?( )

A. 陕北   B. 山东   C. 山西   D. 河南

5. 全面内战爆发前后,国民党反动派在国统区内制造了一系列暴行,主要有( )。

A. 一二·一血案   B. 较场口血案

C. 五二〇血案   D. 下关惨案

6. 在1921年中国共产党诞生到1949年新中国成立以前的时期,中国存在着三种主要的政治力量,有三种建国方案摆在中国人民的面前,但是,从根本上说,可供中国选择的方案主要有( )。

A. 继续半殖民地半封建的旧中国   B. 建立资产阶级的共和国

C. 创建新民主主义的新中国   D. 建立无产阶级专政的共和国

7. 1946年至1948年国统区纸币发行量呈几倍甚至几十倍的增长,这说明( )。

A. 国民政府财政金融体系出现严重危机   B. 国统区经济飞速发展

C. 广大人民生活在水深火热之中   D. 必然导致工商企业的大量破产

8. 全面内战爆发后,国统区的经济陷于空前严重的危机中。导致这种危机的原因是( )。

A. 美国加紧经济侵略   B. 国民政府的野蛮掠夺

C. 大规模战争的巨大消耗   D. 民族资本家将资金转移至境外

9. 1947年10月10日,中共中央正式公布《中国土地法大纲》:"废除封建性及半封建性剥削的土地制度,实行耕者有其田的土地制度;乡村中一切地主的土地及公地,由乡村农会接收,连同乡村中其他一切土地,按乡村全部人口,不分男女老幼,统一平均分配;乡村农会接收地主的牲畜、农具、房屋、粮食及其他财产,并征收富农的上述财产的多余部分,分给缺乏这些财产的农民及其他贫民,并分给地主同样的一份。"以下选项中,对1947年土地改革政策理解正确的有( )。

A. 发展农业生产

B. 没收地主土地,废除封建剥削的土地制度

C. 实行耕者有其田的土地制度

D. 把土地分配给农民

10. 1948 年 9 月,中国人民解放军开始同国民党军队进行战略决战,决战的背景是( )。

A. 敌我双方力量对比发生重大变化 B. 我军兵力迅速增加,装备改善

C. 国民党兵力不足,开始重点防御 D. 翻身农民踊跃参军参战

参考答案:

1. ABD 2. BD 3. ABCD 4. AB 5. ABCD 6. AC 7. ACD 8. ABC
9. ABCD 10. ABCD

(三) 简答题

1. 简述举行重庆谈判的历史原因。

2. 简述《双十协定》签订的意义。

3. 简述反对国民党统治的第二条战线形成的原因及其作用。

4. 中国人民解放军怎样从战略反攻到取得战略决战胜利的?

5. 中国人民政治协商会议的主要内容有哪些? 它的召开有什么意义?

参考答案:

1. 答:首先是国民党方面蒋介石做出和平姿态。因为:第一,国际国内舆论压力;第二,蒋尚未完成打内战的全部准备工作。其次是共产党方面:若不与国民政府进行谈判,则正中蒋介石的圈套,即借此宣传共产党没有和平诚意,制造舆论,将发动内战的责任推到共产党身上;若与之谈判,则可以揭露美蒋反动派假和平的阴谋,还可以团结和教育广大人民。因此,中共中央提出和平、民主、团结三大口号,并决定派代表赴渝谈判。

2. 答:《双十协定》的签订是中国共产党通过这场斗争,在人民面前表明了争取和平的诚意,扩大了共产党的影响;《双十协定》的内容有利于实施民主政治和和平建国,对人民有利;国民党被迫承认和平建国的基本方针,在政治上陷于被动地位。

3. 答:第二条战线是指国统区的爱国民主运动。其形成主要原因是国民党实行一党专政和独裁统治,带有鲜明的民主性质。直接原因是蒋介石集团破坏民主团结,破坏《双十协定》和政协协议,发动全面内战,并制造了一系列暴行,如"一二·一"血案、较场口血案等。

国统区的民主运动作为反对国民党反动统治的第二条战线,不仅有力配合了

解放区的斗争,而且标志着新的人民革命高潮即将到来,使蒋介石政府处于全国各阶层人民的政治包围之中。

4. 答:第一,解放战争进入第二年,敌我双方力量发生了很大变化。中共中央做出了战略反攻的决策。1947 年 6 月底起,刘邓、陈谢、陈粟三路大军挺进中原,开始了战略反攻。第二,解放战争第三年,解放军兵力迅速增长,装备有很大改善,战斗力大大提高。国民党军队人数下降,士气低落。敌我力量对比发生巨大变化。中共中央经过分析,认为战略决战时机已经到来,连续发动了辽沈、淮海、平津三大战役,并取得了胜利。

5. 答:会议的主要内容是讨论新中国的成立问题。具体有:制定《共同纲领》,规定了国家性质;选举了中央人民政府主席、副主席;确定了国家首都、国旗、国歌。会议召开的意义:标志着中国人民民主革命的伟大胜利;帝国主义、封建主义、官僚资本主义三座大山被推翻;中国半殖民地半封建社会的历史从此结束了。

(四) 论述题

为什么说"没有共产党就没有新中国"? 中国革命取得胜利的基本经验是什么?

参考答案:

答:中国革命之所以能够走上胜利发展的道路,是由于有中国共产党的领导。

中国共产党能够制定出适合中国情况的、符合中国人民利益的纲领、路线、方针和政策,为中国人民的斗争指明正确的方向。

中国共产党人在革命过程中始终英勇地站在斗争的最前线,赢得了广大中国人民的衷心拥护。

中国共产党在新民主主义革命阶段的总路线和总政策。

中国共产党在领导人民革命的过程中,积累了丰富的经验,锻造出了有效的克敌制胜的武器。毛泽东指出:"统一战线,武装斗争,党的建设,是中国共产党在中国革命中战胜敌人的三个法宝,三个主要的法宝。"

(五) 材料分析题

材料 1 1945 年,黄炎培访问延安时曾问毛泽东:中共怎样找到一条新路来跳出"其兴也勃焉、其亡也忽焉"的历史周期律? 毛泽东回答说:"我们已经找到新路,我们能跳出这周期律。这条新路,就是民主。只有让人民来监督政府,政府才不敢松懈。只有人人起来负责,才不会人亡政息。"

——选自薄一波:《若干重大决策与事件的回顾》(上卷),中共中央党校出版社,1991年版,第156页

材料2 共产党始终把各民主党派和无党派民主人士作为爱国统一战线的重要组成部分。抗日战争时期,毛泽东同志指出:"我们共产党人对于一切革命的人们,是决不排斥的,我们将和所有愿意抗日到底的阶级、阶层、政党、政团以及个人,坚持统一战线,实行长期合作。"共产党在抗日根据地创建的"三三制"政权,就包含了共产党领导、各党派合作,共产党执政、各党派参政的基本特征,是多党合作的成功实践,为新中国建立以后实行的符合中国国情的新型政党制度奠定了基础。抗战胜利后,国民党坚持独裁内战、迫害民主人士的严酷事实,加深了各民主党派对中共及其政治主张的认识,他们与共产党风雨同舟,患难与共,为彻底推翻国民党反动统治并肩战斗。尽管民主党派中某些领导人曾鼓吹过"中间路线",但随着内战爆发和解放战争的节节胜利,很快出现分化,大多数人逐渐向共产党靠拢。

——选自《毛泽东选集》第二卷,人民出版社,1991年版,第683页

材料3 1948年4月30日,中共中央发布具有重大历史意义的纪念五一国际劳动节口号,提出:"各民主党派、各人民团体、各社会贤达迅速召开政治协商会议,讨论并实现召集人民代表大会,成立民主联合政府。"这个号召得到了各民主党派和社会各界的热烈响应。同时,他们表示自愿接受中国共产党的领导。1949年1月22日,李济深、沈钧儒、马叙伦等民主党派的领导人和著名无党派民主人士55人联合发表《对时局的意见》,一致认定中共提出关于召开政治协商会议、成立联合政府的主张"符合全国人民的要求",并表示"愿在中共领导下,献其绵薄,共策进行"。同年春,毛泽东同志在与有关人士谈话时提出:民主党派应"积极参政,共同建设新中国"。此时,各民主党派和爱国民主人士将在中国共产党领导下,参加新政协并在新中国参政,和共产党一道担负起管理国家和建设国家的历史重任。

——夏燕月:《中国特色政党制度的历史考察》,《新中国60年研究文集》三,中央文献出版社,2009年版

请回答:

1. 请结合材料1、2,谈谈民主党派的历史作用。

2. 请结合以上材料,回答中国共产党领导的多党合作、政治协商的格局是怎样形成的。

参考答案:

1. 答:在抗战胜利后,民主党派在中国的政治舞台上比较活跃。他们对于中国人民解放事业的发展起到了积极的作用。

2. 答:1948年4月30日,中共中央在纪念五一国际劳动节的口号发出后,各

民主党派负责人、无党派民主人士接受中共中央的邀请,陆续进入东北、华北解放区。

1949 年 1 月 22 日,李济深、沈钧儒等民主党派的领导人和著名的无党派人士55 人联合发表《对时局的意见》,表明,中国各民主党派和无党派民主人士自愿接受了中国共产党的领导,决心走人民革命的道路,拥护建立人民民主的新中国。

同年春,毛泽东在同有关人士谈话时提出,民主党派应"积极参政,共同建设新中国"。民主党派参加新政协并将在新中国参政,标志着民主党派地位的根本变化。从此,各民主党派走上了新的历史道路。

历史经验表明,资产阶级共和国的方案在中国是行不通的。中国共产党领导的多党合作和政治协商制度,是在这个基础上形成的。中国这种崭新的政党制度的确立,符合中国历史发展的规律和中国人民的根本利益,也符合各民主党派和无党派民主人士的意愿。

五、实践教学

（一）实践内容

1. 课堂讨论:解放战争时期国民党全国政权迅速败亡原因分析。
2. 视频鉴赏:《重庆谈判》《开国大典》。
3. 主题演讲:新民主主义革命胜利的深远影响。
4. 文献选读:(1)《中国人民政治协商会议共同纲领》,见《建国以来重要文献选编》(第一册),中央文献出版社,2011 年版。

(2)《中国革命和中国共产党》,见《毛泽东选集》(第二卷),人民出版社,1991年版。

（二）实践方案

1. 将学生分为多个小组,以小组为单位进行合作探究,查阅有关文献和网络资源,开展小组讨论并形成书面、PPT 或视频成果,每位同学必须参加讨论,作为平时考量依据。
2. 学生围绕主题演讲自主探究,收集相关正反观点,形成个人演讲报告。引发学生对历史问题的深度思考。
3. 组织学生观看视频,激发学习兴趣,结合教学内容,安排学生交流具体感受和得到的启示,提高思想觉悟。

(三)实践成果

以 PPT、视频或文字成果展示。

(四)实践评价

研究性学习小组成果学术评价。

评价项目	8—10分	5—7分	2—4分	0—1分
资料准备情况	充分,翔实,条理清晰。	基本能构成对研究的支撑。	资料偏差或严重不足。	未提供对研究有益的资料。
研究深度	能在相关资料基础上提出自己的见解,且研究方向正确,研究方法得当。	能在理解的基础上对相关资料准确把握,且研究方向基本正确,研究方法基本适用。	研究方向有偏差,研究方法不恰当,研究不够深入。	未掌握研究内容,未形成相关研究。
展示效果	展示方法恰当,展示能充分体现研究成果。	展示方法基本恰当,展示能简单体现研究成果。	展示方法欠妥,不能够清晰展示研究成果。	未能完成相关展示。
研究收获	对研究课题有清晰、深刻的理解,并形成一定的个人见解。	对研究课题所涵盖的内容基本掌握,能简单介绍。	对所研究的课题形成初步的认识,需要进一步消化、理解。	对所研究课题未形成基本认识。

研究性学习小组成员行为评价。

评价项目	8—10分	5—7分	2—4分	0—1分
小组活动参与度	积极思考并参与讨论及相关活动,为小组研究做出重要贡献。	基本能参与小组讨论及相关活动,偶尔提出有益见解。	活动中态度消极,积极性不高,讨论内容偏离话题的轨道。	不主动参与小组活动。
个体独立研究度	能在充分思考的基础上,为讨论主题提供有益的见解。	对研究课题充分了解,能偶尔提供个人见解。	对小组成员的依赖性强,个人研究成果没有显现。	没有完成相关的研究任务。

续表

评价项目	8—10分	5—7分	2—4分	0—1分
小组配合度	各成员团结、互相尊重，能自我调节分歧，并使研究活动顺利开展。	成员间基本保持配合态度。意见分歧的调节能力较弱，但未对研究成果产生重大影响。	组员间言语过激，严重影响研究效果。	组员之间不能达成基本的尊重，未获得完整的研究成果。

六、推荐阅读

（一）著作

1.《毛泽东选集》第4卷，人民出版社，1991年版。

2.《周恩来选集》上卷，人民出版社，1981年版。

3.《邓小平文选》第1卷，人民出版社，1989年版。

4. 黄友岚:《中国人民解放军战争史》，档案出版社，1992年版。

5. 薛暮桥:《抗日战争时期和解放战争时期山东解放区的经济工作》，山东人民出版社，1984年版。

6. 李新、陈铁健:《争取和平民主》，上海人民出版社，1991年版。

7. 军事科学院军事历史研究部:《中国人民解放军战史》，解放军出版社，1987年版。

8. 丁永隆:《南京政府的覆亡》，河南人民出版社，1987年版。

9. 解力夫:《解放战争实录》，河北人民出版社，1990年版。

10. 彭明:《中国现代史参考资料选编》（第六辑），中国人民大学出版社，1989年版。

11. 曹健民:《中国民主党派的历史和现状》，中国人民大学出版社，1994年版。

12. 萧超然:《中国政治发展与多党合作制度》，北京大学出版社，1991年版。

13. 费正清:《剑桥中华民国史》，中国社会科学出版社，1992年版。

14. 金冲及:《转折年代:中国的1947年》，上海三联书店，2002年版。

15. 费正清:《伟大的中国革命》，世界知识出版社，2000年版。

16. 杨奎松:《中间地带的革命——国际大背景下看中共成功之道》，陕西人民出版，2010年版。

17. 司徒雷登:《在华五十年》，海南出版社，2010年版。

（二）论文

1. 王志刚：《解放战争时期中共与苏联的关系：二十世纪九十年代以来国内的研究进展及评估》，载《中共党史研究》，2012 年第 10 期。

2. 方宁、朱红锋：《解放战争时期民主党派与中国共产党合作历史研究》，载《上海党史与党建》，2009 年第 7 期。

3. 李金铮：《土地改革中的农民心态：以 1937—1949 年的华北乡村为中心》，载《近代史研究》，2006 年第 4 期。

4. 苏少之：《革命根据地新富农问题研究》，载《近代史研究》，2004 年第 1 期。

5. 张学强：《1979 年以来解放战争时期土地改革研究的回顾与思考》，载《广西社会科学》，2003 年第 10 期。

6. 肖甡：《十一届三中全会以来解放战争时期党史研究述评》，载《党史研究与教学》，2002 年第 4 期。

7. 廖崇喜、许克祥：《试论解放战争时期土改运动中的"左"倾错误》，载《西南交通大学学报（社会科学版）》，2000 年第 4 期。

8. 林祥庚：《民主党派在解放战争时期的军事活动》，载《探索与争鸣》，1999 年第 6 期。

9. 郑志廷：《解放战争时期土地改革历史作用新探》，载《贵州社会科学》，1998 年第 3 期。

10. 庞松：《略论解放战争时期中共对上海的接管》，载《近代史研究》，1997 年第 2 期。

11. 岳苏明：《毛泽东的胜利和美国对华政策的失败——对解放战争时期中美关系的回顾和思考》，载《求索》，1996 年第 2 期。

12. 时殷弘：《解放战争时期的美国对华政策与中美关系——中国大陆学者近年研究述评》，载《近代史研究》，1995 年第 5 期。

13. 艾多：《试论解放战争时期民主党派的变化发展及其历史经验》，载《东北师大学报》，1989 年第 6 期。

14. 曲青山、田常春：《论解放战争时期的中国民主同盟与中间路线——兼评民盟历史研究中的两种倾向》，载《青海社会科学》，1987 年第 2 期。

15. 杨先材：《关于解放战争时期党史研究的若干课题》，载《教学与研究》，1984 年第 6 期。

第八章 中华人民共和国的成立与中国社会主义建设道路的探索

一、内容概要

1949年中华人民共和国成立后,中国共产党团结带领中国人民在完成民主革命遗留任务和恢复国民经济的基础上,进行社会主义革命,确立社会主义基本制度,推进社会主义建设,战胜帝国主义、霸权主义的颠覆破坏和武装挑衅,实现了中华民族有史以来最为广泛而深刻的社会变革,实现了一穷二白、人口众多的东方大国大步迈进社会主义社会的伟大飞跃,为实现中华民族伟大复兴奠定了根本政治前提和制度基础。

从1956年到"文化大革命"结束的这段历史,是社会主义建设在探索中曲折发展的历史。社会主义建设在探索中既取得了积极的理论成果,也出现了指导思想上的严重错误;既取得了巨大成就,也出现了严重曲折。

这些成就与经验,为中国共产党在改革开放历史新时期开辟中国特色社会主义道路奠定了基础。取得社会主义建设的积极理论成果和巨大成就是这段历史时期的主流,为探索中国特色社会主义道路提供了理论基础和有利条件。

二、教学设计与教学研究

(一)教学目标与基本要求

1. 认识中国新民主主义社会的性质和特征,了解中国共产党提出过渡时期总路线的历史必然性。

2. 认识中国要实行国家工业化就必须走社会主义道路的原因,懂得社会主义是历史和人民的正确的历史性选择。

3. 了解我国对生产资料私有制的社会主义改造的历程和经验,认识确立社会主义基本制度的伟大意义。

4. 社会主义道路的艰辛探索和曲折发展,认识中国共产党探索中国社会主义建设道路取得的理论和建设成就。

（二）教学内容与逻辑结构

1. 教学内容

（1）新中国的建立与新民主主义社会。包括中华人民共和国的成立以及意义;新民主主义社会的建立及其过渡性。

（2）社会主义道路:历史和人民的选择。包括过渡时期总路线的制定;向社会主义过渡的历史条件。

（3）有中国特色的向社会主义过渡的道路。包括农业、手工业和资本主义工商业社会主义改造的政策、步骤以及基本经验;社会主义改造的评价。

（4）社会主义良好的开端。

（5）社会主义道路的艰辛探索和曲折发展。

2. 逻辑结构

分析新民主主义社会的过渡性质,叙述 1949 年至 1956 年开始采取向社会主义过渡的实际步骤。具体阐述新中国成立后,中国走社会主义工业化道路的历史必然性和实行社会主义改造的必要性。了解历史和人民对社会主义道路的选择。了解社会主义制度建立后的国内良好的局面,进一步了解中国共产党在社会主义建设道路方面所做的探索以及理论创新。

（三）教学重点难点与教学方法

1. 教学重点

（1）新民主主义社会是属于社会主义体系的、向社会主义过渡的社会,中国共产党提出过渡时期总路线的必要性和正确性。

（2）中国采取向社会主义过渡的形式和步骤。

（3）中国要实行国家工业化就必须走社会主义道路的原因,社会主义是历史和人民的正确的历史性选择。

（4）中国共产党探索中国社会主义建设道路取得的理论和建设成就。

2. 教学难点

（1）正确认识中国由新民主主义向社会主义转变的社会历史条件。

（2）正确评价中国的社会主义改造。

（3）如何正确看待在社会主义建设道路探索中出现的错误？

（4）如何正确评价"文化大革命"及"文化大革命"中的中国共产党？

3. 教学方法

主要运用以下四种方法：比较分析的方法、教师主导性与学生主体性相结合的方法、理论与史实相结合的方法以及史实联系实际的方法。为调动学生的主体性，可在教学中采用多种手段，如多媒体教学、课堂讨论与课外阅读。

（四）授课切入与教学案例

授课切入

通过播放经典影片《开国大典》的片段，引出新中国成立初期的形势和中国共产党面临的执政挑战，进而导出新课。本章着重从历史进程和历史事实方面阐明社会主义改造和确立社会主义制度的历史必然性和历史依据，讲解本章是注重历史分析，做到史论结合、论从史出。

教学案例1 没收官僚资本，建立国营经济

官僚资本是旧中国半殖民地半封建社会的畸形产儿，买办性、封建性、垄断性是近代中国官僚资本的主要特征。1927年国民党掌握全国政权后，逐步形成了以蒋介石、宋子文、孔祥熙、陈立夫和陈果夫为代表的四大家族，他们利用手中所掌握的政治、经济特权，巧取豪夺，大量聚敛财富，成为中国最庞大的官僚资本集团。毛泽东曾说："蒋宋孔陈四大家族，在他们当权的二十年中，已经集中了价值达一百万万至二百万万美元的巨大财产，垄断了全国的经济命脉。这个垄断资本，和国家政权结合在一起，成为国家垄断资本主义。这个垄断资本主义，同外国帝国主义、本国地主阶级和旧式富农密切地结合着，成为买办的封建的国家垄断资本主义。这就是蒋介石反动政权的经济基础。"

官僚资本是一种反动的落后的生产关系，给社会生产力的发展造成严重的破坏和阻碍。因此，没收官僚资本归新民主主义的国家所有，没收封建阶级的土地归农民所有，保护民族工商业成为新民主主义革命的三大经济纲领。没收官僚资本，主要是没收以蒋介石为首的官僚资产阶级集团所掌握的买办的、封建的、国家垄断

的资本主义经济。

另一方面，从生产手段和设备规模来看，官僚资本又几乎垄断了中国一切比较先进的近代化生产部门，据统计，新中国成立前夕，四大家族的官僚资本，占旧中国资本主义经济的80％，占全国工业资本的2/3左右，占全国工矿、交通运输固定资产的80％。国民党政府的"资源委员会"共有工矿企业291个，掌握全国钢铁产量的90％，煤产量的33％，电力的67％，水泥产量的45％及全部石油和有色金属的生产。官僚资本不仅控制了重工业生产，而且控制了轻工业生产，仅"中国纺织建设公司"就有64个纺织厂，其纺锭占全国纺锭总数的38％，布机占全国机械化布机总数的60％。官僚资本控制着全国的金融机构和铁路、公路、航空运输以及44％的轮船吨位，还有十几个垄断性贸易公司。因此，没收官僚资本，把其转化为国营经济，使新生的人民政权直接掌握比较强大的对国计民生具有重要作用的生产部门，对新中国的巩固和经济建设将起重要的作用。官僚资本是半殖民地半封建中国的最腐朽的生产关系，严重地阻碍着生产力的发展。

没收官僚资本，是项政策性很强的工作。中共中央为了保证对官僚资本企业接收的完整和顺利，不断总结经验。1948年11月，陈云写了《接收沈阳的经验》，后由中共中央作为成功经验转发给各中央局和各前委。在不断总结经验的基础上，中共中央于1949年上半年先后发出了《关于接收官僚资本企业的指示》《对〈关于接管江南城市指示草案〉的指示》《关于接收平津企业经验介绍》等文件，详尽地规定了有关接收官僚资本企业的方针和政策。

在接管新解放的城市时，注意保护生产设备，防止企业分散破坏。《接收沈阳的经验》中，提出了"各按系统、自上而下、原封不动、先接后分"的接收方法，目的是防止乱接一通，禁止乱搬乱拿，破坏分散物资和企业设备，以将企业完整地接收下来。为了迅速恢复秩序，经验提出首先要恢复电力供应，没有电，电灯不亮，电话不通，自来水没有，电车和火车也无法开动，变成一座死城，秩序就无法控制，生产设备就易遭破坏。经验还提出，要保证接收得好，最重要的还必须使入城部队有良好的纪律教育，都懂得保护工厂，保护城市。此外，接收一个大城市，除方法对头外，还需要有充分准备和各方面能称职的干部，等等。

对政权机构和经济机构采取不同的政策。中共中央在上述文件中指出，要把国民党反动统治的政权机构和它所有的经济机构从原则上区分开来。对于国民党的政权机构，诸如国民党的军队、警察、法庭、监狱等要打碎它。对官僚资本的企业机构，由于我们缺乏管理现代化企业的经验，因此，保留它，实行"原职、原薪、原制度"，而后逐步进行改革。当然，在接收官僚资本企业时，采取不打乱官僚资本的企业机构，但也不是一切保持原样。对国民党、三青团、青年党和特务机关等反动组织,应宣布解散,严禁其继续进行活动。在接收官僚资本企业时,还强调对企业的接收工作与恢复生产紧密结合起来。中共中央指出,对一切接管的工厂,应按照原职原薪立即复工,这是安定人心,解决工人生活的基本环节。只有机器照常转动,人员照常工作,才算真正接收了企业,才有可能开始其他的必要改革工作和建设工作。接管企业的军代表,不直接参与经营管理,主要监督企业的一切活动,了解情况,发动群众,保证上级命令的贯彻和生产的恢复。

没收官僚资本企业,不是在风平浪静中进行的,而是在解放战争尚未完全结束,社会秩序尚不稳定的情况下进行的。在进行中,基本上没有发生生产停顿,企业设备被破坏的现象。如沈阳接收工作,尽管准备时间仓促,但接收工作是顺利的,"一般国民党未搬走的工厂机器,均保持得完整无损"。这说明中共中央制定的接收官僚资本企业的方针政策是正确的。

从1946年解放哈尔滨开始对官僚资本的接收,到1949年年底,全国共计没收官僚资本工业企业2858个,拥有职工129万人,其中包括发电厂138个,采煤、采油企业120个,铁锰矿15个,有色金属矿83个,炼钢厂19个、金属加工厂505个,化工厂107个,造纸厂48个,纺织241个,食品企业844个。另外还有"四行两局"(即中央银行、中国银行、交通银行、中国农民银行、中央信托局和邮政储金汇业局)系统和国民党省市地方系统的银行2400多家,十几个垄断性的贸易公司,以及国民党政府所属全部交通运输企业。这些企业包括了官僚资本的最主要部分,没收了它们,官僚资本就基本上被消灭了。

1951年1、2月,中央人民政府政务院针对在某些私营企业中还隐藏着一些官僚资本股产的情况,颁布了《企业中公股公产清理办法》《关于没收战犯、汉奸、官僚资本家及反革命分子财产的指示》,对隐藏在民族资本企业中的官僚资本,做了一次彻底的清理和处理,圆满地完成了没收官僚资本的任务。这是中国人民几十年来流血牺牲艰难奋战的一个重大成果。

在接管城市、没收官僚资本企业的同时,帝国主义的在华种种特权也随之被破除。人民政府收回各口岸的海关管理权,掌管了中国大门的钥匙,结束了近百年来由外国人掌管中国海关的耻辱历史。

列宁曾经说过:"国家垄断资本主义是社会主义的最充分的物质准备,是社会主义的前阶,是历史阶梯上的一级,在这一级和叫做社会主义的那一级之间,没有任何中间级。"这段话也适合于旧中国的国家垄断资本主义。没收官僚资本企业,把它转变为国营经济,随着其所有制关系的改变,在性质上就发生了根本变化。《共同纲领》明确指出:"国营经济为社会主义性质的经济",是"整个社会经济的领导力量"。

　　当时的社会主义国营经济,除了没收官僚资本,把它改造成国营经济外,还包括各革命根据地建立的公营经济;包括陆续收回的外国资本企业改造成的国营经济。1950年12月,政务院发布《关于管制美国在华财产冻结美国在华存款的命令》,此后,包括其他外国垄断资本在华企业共1 000多家,分别采取管制、征购、征用、代管等措施,先后转归人民共和国所有,成为国营经济的一部分。

　　没收和改造官僚资本,使社会主义国营经济得到空前的发展壮大。1949年,社会主义国营工业在全国大型工业总产值中所占比重为40.3%。国营经济已拥有全国发电量的58%,原煤产量的68%,生铁产量的92%,钢产量的97%,水泥产量的68%,棉纺产量的53%。国营经济还控制了全国的金融、对外贸易、铁路以及大部分现代化交通运输事业。

　　没收官僚资本,使其所有制的性质发生了根本变化。但是,在没收这些企业时,由于采取了"原封不动"的政策,因而保留了许多旧的制度,一些过去骑在人民头上横行霸道的封建把头和反革命分子还没有得到处理。在这种情况下,从1950年开始,党和人民政府在这些企业中开始了民主改革。2月28日,政务院财经委员会发出《关于国营、公营工厂建立工厂管理委员会的指示》。在民主改革中,要清除隐藏在企业内部的反革命分子和封建残余势力,彻底废除包工制、把头制和搜身制等压迫工人的制度。通过近两年的民主改革,国营工矿交通等企业部门,不同程度上改革了帝国主义和官僚资本原来在企业内部所形成的种种吸血的不合理制度和封建把头制度,不同程度上打击了掩藏在企业内部的反革命分子。特别是在镇压反革命运动中,残余的反革命势力已经遭受了很大的打击。但是在大部分企业中,还没有进行系统的清理。其中还混有大批的反动党团、反动会道门分子和少数潜伏的逃亡地主、土匪、恶霸、特务、间谍分子;有些过去曾与国民党反动统治者狼狈为奸的封建把头,还未受到应有的惩治或改造;有些反革命分子,甚至混入了党和青年团内,或者把持了工会。他们在各方面进行破坏活动,压制着工人的政治积极性和生产积极性。

　　在上述情况下,1951年11月5日,中共中央发出了《关于清理厂矿交通等企业中的反革命分子和在这些企业中开展民主改革的指示》,要求各地用足够的力量,发动与依靠工人群众,有计划、有领导、有步骤地清理残存在各企业中的反革命分子,并对旧制度进行民主改革。指示发出后,通过放手发动工人群众,对那些反革命分子和封建把头进行了揭发、控诉和斗争;采用批评自我批评的方法,团结、教育、改造了旧的技术人员,使他们自觉地为人民服务;清除了工人中的行会帮派思想的影响,增强了工人内部的团结;废除了包工、工头、搜身、私刑、不合理的处罚规则和奴役工人的制度;改革了企业的领导机构与行政机构,建立有工人代表和技术人员代表参加的工厂管理委员会、职工代表会,提拔工人群众中有威信的先进分子参加管理,等等。随着国营企业民主改革的开展,私营企业也逐步进行了民主改革。1952年整个工矿交通企业的民主改革基本完成。这一改革调动了工人的生产积极性,有力地促进了国民经济的恢复和发展。

对官僚资本的没收和改造,具有双重的革命性质。一方面,官僚资本是封建的买办资本,没收官僚资本,消灭它的封建性买办性,摧毁国民党反动统治的经济基础,这是民主革命的任务;另一方面,没收官僚资本,建立社会主义国营经济,又具有社会主义革命的性质。社会主义国营经济的发展壮大,直接掌握了国家的经济命脉,为新中国成立初期统一财政经济,平稳物价,恢复国民经济,开始有计划的经济建设,创造了条件。官僚资本和民族资本的比例是八比二,没收官僚资本,就彻底改变了无产阶级和资产阶级的力量对比,使资本主义的其余部分,即民族资本主义工商业不得不依赖于社会主义国营经济,这就为对民族资本主义工商业实行利用、限制和改造的政策,以及引导个体农民、手工业者逐步实现合作化,稳步地实现我国由新民主主义社会向社会主义社会的转变,创造了物质条件。

——何理:《中华人民共和国史》,中国档案出版社,1995年版

【思考与讨论】

1. 中国共产党没收官僚资本的政策是什么?

2. 对官僚资本的没收和改造,使新中国成立初期的中国社会发生了哪些重大变化?

教学案例2　刘鸿生企业集团的社会主义改造

刘鸿生,1888年5月生于上海,是民国时期上海著名的民族资本家,曾有"火柴大王""煤炭大王""水泥大王"之称。

刘鸿生年轻时曾在英商开平矿务总局任买办,20世纪20年代初期开始投身于民族工业,由买办逐步转变为民族资本家。他相继投资创办了水泥、火柴、毛纺、码头以及银行等企业,合重工业、轻工业、商业、运输业和金融业于一体。上海是刘鸿生企业集团的主要基地,全国其他一些省、市,包括台湾及香港等地也有他投资的企业。

20世纪30年代初期,世界经济危机波及中国,上海各行各业弥漫着一片倒闭声,刘鸿生企业集团的境况越来越困难,市场传出刘氏企业要倒的风声,债主纷纷上门讨债。困难之中刘鸿生去找宋子文求援,长期主理南京国民政府金融财务的宋子文不仅不同意,反而嘲笑说:"O.S(即刘的英文名字缩写)的股票不

如草纸了！"后来，刘鸿生企业集团依靠几家大的商业银行的抵押贷款，总算渡过了难关。

抗日战争爆发后，刘鸿生在日本侵略军占领区内的企业受到损失。1938年他出走香港，旋转赴内地。在内地和香港与民营企业或官僚资本合资设立华业和记火柴公司、大中华火柴公司、中国火柴原料公司、中国毛纺织公司、西北毛纺织公司等。还担任国民党政府火柴专卖公司总经理全国专卖总局局长。

抗日战争胜利后，刘鸿生于1945年10月回到上海，任国民党政府行政院善后救济总署执行长兼上海分署署长。1946年春，他在沦陷区的企业全部收回。但除火柴和码头业有暂时的发展外，其余企业经营都很困难。

1946年，国民党政府行将全面崩溃之前又抛出金圆券，实行"限价政策"，强制收兑金银，搜刮民间资财。刘鸿生企业集团在这场灾难中，被迫交出黄金800条，美钞230万元。然而兑换来的金圆券天天贬值，到头来变成一堆废纸。刘氏企业遂全部陷于瘫痪。

面对企业在经济上遭受的沉重打击，刘鸿生逐步看清了国民党的腐败，上海解放前夕，国民党逼他去台湾，他不去，但也未留在上海，曾一度跑到香港，对上海的局势抱着观望的态度。

上海解放后，刘鸿生的二子刘念义两次赴香港报告上海情况，周恩来也派人到香港做上海工商界人士的思想工作，使刘鸿生回大陆之心逐步坚定。1949年10月到北京，受到周恩来总理的接见。随后，他返回上海，受到陈毅市长的热烈欢迎。此后，他历任上海市人民政府委员、华东军政委员会委员、全国政协委员、全国人民代表大会代表、全国工商联常务委员、上海市工商联副主任委员等职。

新中国成立后，刘鸿生企业集团作为民族资本获得党和人民政府的保护。在此之前，1949年6月，以美国为首的敌对势力对上海口岸实行封锁禁运。次年2月又派飞机大肆轰炸，刘鸿生企业集团受到很大损失。中华码头公司由于海口禁运，业务停顿。上海水泥厂和大中华火柴公司因国内水泥、火柴一时过剩，生产无法维持。上海市人民政府本着保护民族资本的政策，大力扶持刘鸿生企业集团克服困难，使其生产逐步恢复。政府有关部门还为刘氏企业修复了电力和提供原材料，使水泥厂恢复了正常生产。同时，又给章华毛纺厂贷款，并安排了制服呢和毛毯的生产任务，职工们也帮助资本家克服困难，主动提出工资打折，每天义务劳动一小时，降低伙食标准。大中华火柴公司所属厂的部分职工还响应政府号召疏散回乡，使企业减轻了负担，渡过了难关。

1952年，针对不法资本家的"五毒"行为，刘鸿生因各企业全部受检查而闷闷不乐。然而，当"五反"运动结束时，刘氏企业全部被评为守法户，出乎刘的意料。中国共产党的实事求是态度，使刘鸿生对未来企业的发展充满了信心。

国民经济恢复时期，上海市政府有关部门对刘鸿生企业集团采取了以收购、加工、订货、统购、包销等形式的国家资本主义初级形式。火柴工业由于新中国成立前的盲目发展，新中国成立后生产严重过剩。但国营商业对刘氏火柴工业收购、订货、包销的数量却逐年上升。随着上海国民经济逐步恢复，国家对上海水泥厂实行加工订货、统购包销，上海水泥厂产量逐年提高，在未增加新设备的情况下，产量超过了抗战前最高纪录的30%。章华毛纺厂还在政府的计划下接受了生产外销呢绒产品的任务。

1953年10月，刘鸿生参加了中华全国工商联合会第一届会员代表大会，当选为执行委员和常委，大会期间听了中央统战部部长李维汉关于党在过渡时期总路线的报告，刘鸿生很受启发和教育。回到上海，他即召开家庭会议，表示："下决心要争取刘氏企业第一批申请公私合营，以实际行动拥护共产党。"

1954年1月，刘鸿生企业集团全部接受社会主义改造，实现了公私合营。在此过程中，刘氏各企业公、私、劳三方成员代表组成清产核资委员会，按照"公平合理、实事求是"的原则，对企业资产进行清理估价，核定公私股份。公私合营后，政府对刘鸿生企业集团中的资本家和资方代理人本着"量才使用，适当照顾"的政策，给予妥善安排。刘鸿生仍担任章华毛纺厂等企业董事长职务；其子也分别在原有的企业担任厂长与经理等重要职务。刘鸿生与二子刘念义、六子刘公诚、二媳夏天锦分别被选为全国和市人民代表。

上海刘鸿生企业集团各企业公私合营后，生产关系发生了变化，根据社会主义经营原则进行了组织改革，调整机构。公私合营后，企业生产不断发展，产品质量稳步提高，出现了一片新气象。水泥产量超过了抗战前最高水平的50%；毛纺厂产量比解放前最高纪录增加了70%。

1956年10月，刘鸿生在上海因心脏病复发不幸病故。在去世前半个月，他曾向媒体发表了一篇《为什么我拥护共产党？》的谈话。其中说道："你问我为什么拥护共产党？我是一个企业家，无论水泥、毛纺、码头、火柴、煤炭、银行业目前都在发展着，规模远较过去大得多，共产党能推动企业发展，能使中国变成工业化的国家，这是我过去五十年的梦想，我为什么不拥护他？""在过去几十年中，从杨树浦到南码头，沿着黄浦江一带是各国的码头，一长串的外国兵舰插着各式各样的国旗。人们走过这里，会不知道这儿究竟是哪国的土地？我自己是搞码头企业的，往往站在码头上摇头。如今呢，这一带地方每个码头上都是五星红旗迎风飘扬，你想想看，一个看过上海五十年变迁的中国人，他心中会不高兴吗？"

在临终前,刘鸿生还嘱咐子女:定息可以分取,但不要拿多,每人至多几万元,多了对你们没有好处。其余的全部捐给国家,这是我对中国共产党一点微小的表示,也是我最后的嘱咐。

——《中国资本主义工商业的社会主义改造》(上海卷),中共党史出版社,1993年版

【思考与讨论】

1. 通过对刘鸿生企业集团接受社会主义改造案例的剖析,进一步阐述马克思主义赎买理论在中国的运用与发展。

2. 社会主义改造是一场伟大的社会变革,它对我国社会生产力的发展起了哪些促进作用?

教学案例3 1949年上海财政经济困境的初步摆脱

1949年5月27日,中国人民解放军占领上海,这座东方大城市终于回到了人民手中。

国民党政府行将垮台之际,上海经济已被拖到山穷水尽的地步。

首先,资金与物资外流。在沪外资企业纷纷收缩和转移,转移的方向主要是日本和香港。上海原有的1800多家外资企业,到1949年已减少到910家。国民党官僚资本控制的资金、物资主要流向台湾或国外。例如,1948年冬,中央银行把黄金200万两运到台湾,解放后接管中央银行时,黄金只剩下6180两。至于部分民族资本企业,在前途未卜的情形下,也通过种种方式把资金抽往台湾、香港或国外,从而使留下来的企业更加难于维持。

其次,物价飞涨,市场环境恶化。在金银外币和重要物资流出上海的同时,从华北等地被驱逐出来的金圆券涌入上海,国民党政府仍然大印钞票,金融市场混乱,人心恐慌,物价一涨再涨。在这种情况下,上海市场投机盛行,人民生活艰难。

再次,工厂停工减产。上海工业在抗战胜利后历经外货倾销、币制改革、限价强售等多次冲击,早已元气大伤。上海刚解放时,"全市煤的存量只够用一个星期,棉花和粮食的存量不足维持一个月的消费。全市一万三千六百四十七家私营工厂中,开工户数只占总数的四分之一。相对景气的棉纺织业,每星期也只能开工三个昼夜。"

总之,上海解放时,经济已陷入全面困境。帝国主义者断言中国的财政经济困难是无法克服的。上海的资本家说:"共产党是军事一百分,政治八十分,财经打零

分。"面临这一严峻考验,党和人民政府没有退缩,而是采取坚决有力的措施,一步一步地整顿经济秩序,争取财政经济状况的好转。

第一,没收官僚资本,建立国营经济。

上海的国营经济主要是在没收官僚资本的基础上建立起来的。解放军占领上海后,立即开始采取"自上而下,按照系统,原封不动,整套接收"的方法接管在沪官僚资本。

在工业方面,接管了中国纺织建设公司、中国纺织机械制造公司、中华烟草公司、中央工业试验所、中国油脂工业公司、亚细亚公司、上海钢铁公司等官僚资本企业。据 1948 的统计,这些企业拥有上海炼钢平炉的全部,电炉的 85.7%,纱锭的 38.5%,织布机的 59.2%。可见它们在上海工业中拥有举足轻重的实力。新中国成立前,上海的铁路、邮电、航空运输全部为官僚资本控制。接管上海时,邮电部门保存较为完好;铁路部门的路线、桥梁、机车损坏严重,尤以桥梁为甚;航空部门只有一些破旧飞机;航运部门接管了 162 艘轮船,计 81 883 吨,其中可航行的只有 119 艘小船,共 34 251 吨。上述运输部门尽管破坏严重,但拥有大批不动产、配套企业和技术员工,解放后经过抢修,铁路和航运迅速投入运营。

在金融方面,上海本是国内金融中心,也是官僚资本银行的大本营,集中了 7 家作为官僚资本金融体系主体的金融机构,即中央银行、中国银行、交通银行、中国农民银行、中央信托局、邮政储金汇业局和中央合作金库,所谓"四行二局一库"。这些银行控制着上海乃至全国的金融命脉。人民政府接管这些银行后,分别不同情况加以改造利用。就这样,到 1950 年上半年,经过对原官僚资本银行的改造,上海建立了中国人民银行领导下的国营金融体系。

第二,打击银圆贩子,占领金融市场。

上海解放时,金融市场混乱,金圆券最多只能作为辅币,真正的通货是金银、外币,而金银、外币仅就数量而言也远不足以胜任通货职能。推行人民币是当时上海市场唯一的出路。但是人民币要占领市场,不仅要取代金圆券,而且必须将当时最受人们信任的金银、外币逐出流通领域。这是具有相当难度的。

上海市军事管制委员会于 1949 年 5 月 28 日,即上海解放的次日,颁发《关于使用人民币及禁用伪金圆券的布告》,宣布自即日起,不得再以金圆券或黄金银圆及外币为计算及清算本位。5 月 29 日,中国人民银行上海市分行公布了收兑金圆券的办法。规定收兑日期从 5 月 30 日开始到 6 日为止,收兑比价为人民币 1 元兑金圆券 10 万元,中国人民银行设兑换所,并委托全市 200 多家银行、钱庄、信托公司及其所属各分支机构,代理收兑工作。

人民币流通的真正障碍是民间留存较多的银圆。在恶性通货膨胀下生活太久

183

的上海人民,对于人民币的信心需要逐步建立。解放后,街头的银圆贩子又叮叮当当地热闹起来了。据估计,6日晚增加到约4万人。银圆黑市价格,袁大头从5月25日合人民币400元涨到6月8日合人民币1 800—2 000元。银圆的暴涨,带动物价上扬,大多数上海市民特别是工薪阶层蒙受了损失,人民币的信誉受到严重威胁。

面对这种情形,人民政府先发动舆论攻势,继而试行抛售银圆打击银圆贩子的办法,均未奏效,遂决定采取强制措施。6月10日上午10点,上海市军管会采取断然措施,包围并占领了作为银圆交易中心的上海证券交易所大楼,将楼内涉嫌操纵银圆者扣押,最终逮捕了其中的238人。银贩亦随之敛迹。6月11日以后,人民政府继续发动全市各阶层群众,扩大反银圆投机的宣传运动,各公司、商店、报馆、社团均纷纷宣布拒用银圆,银圆风潮遂彻底平息,使人民币得以比较顺利地进入流通市场。

第三,打击投机资本,抑制物价波动。

"银圆之战"以后,人民币的地位得到巩固,但是上海以至全国的物价并没有停止上扬的势头。在"银圆之战"中受到打击的上海投机资本不甘心失败,很快转向粮食、棉纱和煤炭市场,利用物资极其匮乏的机会,大做投机生意,引发又一次全国性涨价狂潮。从7月底到10月中旬,不到三个月的时间里,上海物价平均指数上涨了1.5倍,北京、天津等城市上涨1.8倍。有些人发出狂言:只要控制了两白一黑(即粮食、棉纱和煤炭),就能置上海于死地。

在这种情况下,毛泽东和中共中央果断决定,以上海为主战场,打一场平抑物价的"歼灭战"。就在投机资本哄抬物价、囤积居奇的时候,按照中共中央的统一部署,大批粮食、棉纱、煤炭从全国各地紧急调往上海、北京、天津等大城市。11月25日,即物价上涨最猛的那天,各大城市按照中央统一部署,一起动手,双管齐下,一方面敞开抛售紧俏物资,使暴涨的物价迅速下跌;另一方面收紧银根,征收税款。这样一来,投机商资金周转失灵,囤积物资贬值,两头失踏,纷纷破产。到12月10日,"米粮之战"取得决定性胜利。上海一位有影响的民族资本家在事后说:"六月银圆风潮,中共是用政治力量压下去的。这次仅用经济力量就能压住,是上海工商界所料想不到的。""毛泽东还高度评价这两场斗争的胜利,认为它们的意义不下于淮海战役。"

经过"银圆之战"和"米粮之战"两次交锋,民族资产阶级对中国共产党的治国理财能力有所认识,开始认真考虑要接受中国共产党和人民政府的领导。社会主义国营经济初步取得稳定市场的主动权,为争取国家财政经济状况的基本好转创造了条件。1949年下半年,上海工业在较低的基础上有了较大的增长,工业生产初步好转。事实证明,上海已初步摆脱经济困境,这为争取国家财政经济状况的基本好转创造了有利条件。

——根据何沁:《中华人民共和国史》,高等教育出版社,1997 年版;逢先知、金冲及:《毛泽东传(1949—1976)》(上),中央文献出版社,2003 年版;熊月之:《上海通史》,上海人民出版社,1999 年版整理

【思考与讨论】

1. 上海解放后,新生的人民政权在财政经济上面临哪些严峻的考验?

2. 毛泽东为什么要高度评价"银圆之战"和"米粮之战"两场斗争的胜利,认为它们的意义不下于淮海战役?

3. 为什么说 1949 年上海财政经济困境的初步摆脱,为争取国家财政经济状况的基本好转创造了条件?

教学案例 4　1956 年中央领导同志的调查研究与《论十大关系》的发表

1956 年,在党的八大召开前,毛泽东、周恩来、刘少奇、朱德、邓小平、陈云等中央领导同志对社会主义建设问题进行了一次比较全面、系统、深入的调查研究。这次调查研究,对于摸清新中国成立 7 年来在经济、政治、文化等各个方面所发生的新变化、出现的新情况和新问题,并向党的八大提出符合我国实际的全面建设社会主义的路线和纲领,起了极为重要的作用。

一、党的八大的准备过程,也是展开调查研究的过程

1955 年 12 月 5 日,刘少奇在中共中央召集的有党政军各部门负责人参加的座谈会上,对党的八大的准备工作做出部署。他说:准备明年 9 月召开党的八大。为迎接党的八大,使党的八大开好,就要使党的八大的工作和各部门、各地方的工作结合起来。党的八大中央的报告也要与各部门的工作结合起来,所以我准备找各部门的同志个别谈谈,请你们准备。有材料请你们送一些来。由此揭开了 1956 年中央领导同志进行较大规模的一系列调查研究的序幕。

调查期间,发生了赫鲁晓夫在苏共二十大作秘密报告批评斯大林的重大事件。3 月 12 日,毛泽东主持召开中央政治局扩大会议,专门讨论苏共二十大问题。会后,中央领导同志虽然把部分精力转移到处理这个问题上,但仍未中断他们的调查研究。4 月下旬至 5 月初,毛泽东在《论十大关系》的讲话中指出:"最近苏联方面暴露了他们在建设社会主义过程中的一些缺点和错误,他们走过的弯路,你还想走? 过去我们就是鉴于他们的经验教训,少走了一些弯路,现在当然更要引以为戒。"

——《毛泽东文集》第 7 卷,人民出版社,1999 年版,第 23 页

二、这次调查研究的直接成果是形成著名的《论十大关系》

4月25日,中央政治局召开扩大会议,讨论农业生产合作社等问题。会上,毛泽东发表《论十大关系》的讲话,大大超出了原定的会议议题。《论十大关系》的重点是讲经济建设问题,同时也包括与经济建设密切相关的国家政治生活中的一些重要问题。毛泽东把这次调查研究中发现的问题,概括为十大关系,提出了一系列后来为大家所熟知的重要思想。毛泽东指出:"提出这十个问题,都是围绕着一个基本方针,就是要把国内外一切积极因素调动起来,为社会主义事业服务。"

——《毛泽东文集》第7卷,人民出版社,1999年版,第23页

《论十大关系》是中国共产党以苏联为鉴戒,探索适合中国情况的社会主义建设道路的开篇之作。虽然这一探索是初步的,却是比较系统的。它从中国实际情况出发,坚持把马克思主义普遍真理同中国具体实践相结合,体现了解放思想,独立思考,实事求是,按照中国情况办事的精神。《论十大关系》的产生和形成,是1956年调查研究的直接成果。许多重要思想是在调查研究过程中逐步酝酿、产生和形成的。毛泽东后来回忆说:"那个十大关系怎么出来的呢?我在北京经过一个半月,每天谈一个部,找了三十四个部的同志谈话,逐步形成了那个十条。如果没有那些人谈话,那个十大关系怎么会形成呢?不可能形成。"

——毛泽东在中共中央政治局扩大会议上的讲话记录,1958年2月18日

三、《论十大关系》的发表,为党的八大确立了正确的指导思想

党的八大准备工作的重中之重,是起草政治报告。从6月底开始,党的八大政治报告进入具体起草阶段。根据中央决定,刘少奇主持党的八大政治报告起草委员会的工作。这时,毛泽东也把主要精力放在对政治报告的讨论、修改和定稿上。到党的八大召开前夕,毛泽东先后主持了19次中央政治局会议、党的八大政治报告起草委员会会议和少数有关人员参加的会议,讨论党的八大政治报告。9月15日至27日,中国共产党第八次全国代表大会隆重举行。刘少奇代表中央委员会做政治报告。报告总结了党的七大以来特别是新中国成立7年来的基本经验,根据新的形势,向全党提出当前和今后一段时间的基本任务和新的方针政策。整篇报告贯穿着《论十大关系》的基本精神和主要内容。

政治报告正确估量社会主义改造基本完成以后国内阶级关系发生的变化,及时地做出把党的工作重心转移到发展社会生产力上来的战略决策。刘少奇在报告中宣布:"我们党现时的任务,就是要依靠已经获得解放和已经组织起来的几亿劳动人民,团结国内外一切可能团结的力量,充分利用一切对我们有利的条件,尽可能迅速地把我国建设成为一个伟大的社会主义国家。"大会通过的关于政治报告的决议中,对我国生产资料私有制的社会主义改造基本完成以后国内

主要矛盾的变化,作出重要判断:"我们国内的主要矛盾,已经是人民对于建立先进的工业国的要求同落后的农业国的现实之间的矛盾,已经是人民对于经济文化迅速发展的需要同当前经济文化不能满足人民需要的状况之间的矛盾。"

——《刘少奇年谱(1898—1969)》下卷,中央文献出版社,1996年版,第375页

【思考与讨论】

1. 1956年年初,在毛泽东等中央领导人调查研究的同时,国内外形势发生了哪些重大变化?

2. 为什么毛泽东在总结新中国成立后历史经验时,将经过调查研究形成的《论十大关系》看作是一个重要转折?

教学案例5　三线建设的决策和实施

从1964年到1980年,我国在内地的十几个省、自治区开展了一场以战备为中心,以工业交通、国防科技工业为基础的大规模基本建设,称为三线建设。所谓三线,是由沿海、边疆地区向内地划分为三条线,一线指沿海和边疆地区;三线指四川、贵州、陕西、甘肃、湖南、湖北等内地地区,其中西南、西北地区(川、贵、陕、甘)俗称为大三线,中部及沿海地区的腹地俗称小三线;二线指介于一、三线之间的中部地区。三线建设主要是指三线和二线地区的建设,也包括一线的迁移。它历经三个五年计划,共投入2 050余亿元资金和几百万人力,安排了几千个建设项目。规模之大,时间之长,动员之广,行动之快,在我国建设史上是空前的,对以后的国民经济结构和布局,产生了深远的影响。

在1964年5月讨论"三五"计划设想的中央会议上,毛泽东明确地指出:只要帝国主义还存在,就有战争的危险。我们不是帝国主义的参谋长,不晓得它什么时候要打仗。要下决心搞三线建设,一、二线也要搞点军事工业,准备游击战争有根据地,有了这个东西就放心了。8月6日,美国制造北部湾事件,悍然大规模轰炸越南北方的第二天,毛泽东批示说:"要打仗了,我的行动(指他原计划骑马考察黄河)得重新考虑。"他和中央领导人下决心改变原定的国民经济建设部署。8月17日、20日,他在中央书记处会议上两次指出,要准备帝国主义可能发动侵略战争。现在工厂都集中在大城市和沿海地区,不利于备战。各省都要建立自己的战略后方。这一决策思想得到了中央领导人的赞同。会议决定,首先集中力量建设三线,在人力、物力、财力上给予保证。第一线能搬迁的项目要搬,明后年不能见效的项目一律缩小规模。原定的"三五"计划设想由解决"吃穿用"向以战备为中心转移。

中共中央、国务院对三线建设进行了坚实有力的组织领导。1965 年 3 月 29日，中央决定成立西南三线建设总指挥部，李井泉任总指挥，程子华、阎秀峰为副总指挥，后又增加彭德怀等人；不久，又成立西北三线总指挥部，刘澜涛任总指挥，王林、安志文、宋平任副总指挥。4 月，中央再次成立国家建设委员会，谷牧任主任，主要任务之一是抓好西南、西北的三线建设和一、二线的重点项目。1965 年 11 月至次年 1 月，邓小平、李富春、薄一波带领中央有关部委负责人视察了西北、西南的三线部署。

三线建设初期的主要项目有：四川、云南交界的攀枝花钢铁工业基地，成都至昆明的成昆铁路，以重庆为中心的常规兵器工业基地，以成都为中心的航空工业基地，以重庆至万县为中心的造船工业基地，陕西的航空工业、兵器工业基地，甘肃的航空工业基地、酒泉钢铁厂等。毛泽东十分重视攀枝花钢铁基地的建设，从立项到选址、施工多次做出指示说，攀枝花钢铁工业基地的建设要快，但不要潦草，攀枝花搞不起来，睡不着觉。起初，在这个钢铁基地的选址上，发生了意见分歧，迟迟不能定案。毛泽东听取了有关的调查汇报后，毅然决定：攀枝花有铁有煤，钉子就钉在攀枝花！

从 1964 年到 1966 年，经过两年多的努力，三线建设取得了很大的进展。在西北、西南三线部署的新建、扩建、续建的大中型项目达到 300 余项。其中钢铁工业 14 项，有色金属工业 18 项，石油工业 2 项，化学工业 14 项，化肥工业 10 项，森林工业 11 项，建材工业 10 项，纺织工业 12 项，轻工业 8 项，铁道工程 26 项，交通工程 11 项，民航工程 2 项，水利工程 2 项。但是，"文化大革命"的爆发，打乱了这个庞大的建设计划。

在"文化大革命"动乱中，不少三线建设者以他们对祖国始终不渝的热爱和中国共产党坚贞不移的忠诚，身处逆境继续坚持在岗位上。从开国元勋到普通群众，处处都可见到这种感人肺腑的事例。1965 年，彭德怀被任命为西南三线副总指挥，但 1966 年年底就被中央"文化大革命"小组指使人揪回北京。他在屡遭批斗时，从报纸上看到国际市场镁供不应求的销售情况，仍不顾个人安危，给周恩来写信，建议对自己以前看到的安顺场石棉矿渣进行利用，说明这种矿渣"加工后即成钙镁磷肥，用于农作物的底肥是很好的"。归国华侨、著名飞机设计专家陆孝彭被诬蔑为"反革命""特务"，遭到多次审讯和批斗。他想到的仍是叶剑英元帅交给他的试制"强 5"喷气式飞机工作仍未完成，在勒令写交代"罪行"的纸上，继续论证着技术遗留问题和今后的提高方向。

参加三线建设的广大工人、干部、科技人员、解放军官兵及民工队伍，在"文化大革命"动荡的政治环境中，战胜了种种难以想象的困难和恶劣的自然条件，用自己的汗水和生命,谱写出一页页动人的爱国主义篇章。

成昆铁路是联结成都和昆明的重要铁路干线,途经四川西南和云南北部的崇山峻岭,70%的地段地势险恶,地质结构复杂,既有钢铁般坚硬的岩层,也有一炸即塌方的松软泥石,素称"地质博物馆"。干线跨越的大渡河、金沙江等河流两岸分布着高达几百米的悬崖峭壁,人都难以立足。铁路建设条件之艰苦恶劣,是中国铁路史上罕见的。在筑路过程中,承担修建任务的解放军铁道兵部队涌现了许多可歌可泣的英雄事迹,许多人献出了宝贵的生命。官兵们凭借钢钎、大锤、炸药等普通工具,以惊人的毅力,付出巨大的牺牲,终于创造出世界铁路史上的奇迹。

1970年7月1日,总长1085公里的成昆铁路通车。全线修建桥梁991座,总延长92.7公里,相当于56座武汉长江大桥;金沙江大桥主跨192米,是当时全国铁路上跨度最大的钢梁桥。全线修凿隧道、明峒427座,总延长341公里;沙木拉打隧道长6379米,是当时全国铁路上最长的隧道。桥梁和隧道相加的总长度,竟占全线总长度的39.4%。全线有1/3的车站因地势险恶,找不到建站地方,只好建在桥梁上和隧道里。

三线建设重中之重项目的攀枝花钢铁工业基地坐落在四川横断山脉的渡口,气候炎热干燥,交通十分闭塞。民谣说:"两山夹一沟,大沟连小沟,走路凭两腿,运货靠肩头。"建设者的粮食要自己用骡子运,吃水要下到谷底端,常常是野菜就干粮,条件非常艰苦。来自全国各地的工人、干部、专家,发扬"干打垒""人拉肩扛"的大庆精神,经过十余年的艰辛创业和科研攻关,硬是在面积仅2.5平方公里、坡度达10%～20%,通常不具备大规模施工条件的荒凉山坡上,建起了一个现代化的大型钢铁联合企业。从1965年春破土动工,历经"文革"的动乱,建设者们始终坚持生产,到1970年6月炼出了第一炉铁水,1975年又基本建成一期工程投产。攀枝花钢铁工业基地逐渐形成了年产生铁160万～170万吨、钢150万吨、初轧坯125万吨、钢材90万～110万吨的综合生产能力。到1980年,主要产品产量达到和超过了设计水平,成为西南最大的钢铁工业基地。

进入19世纪70年代前期,随着越南战争和平谈判取得进展和中美、中苏关系逐步缓和,三线建设基本上不再投入新的项目,进入了搞好续建和配套工程的后期阶段。这一时期的重点工程有四川西昌卫星发射中心等。1972年,周恩来主持中央工作时,国家计委果断地提出了进口的设备大部分放在沿海,小部分放在内地的原则,指出:"沿海工业发展得快一些,从长远看,对促进内地建设是有利的。"三线和沿海地区的建设开始得到并重。1975年邓小平复出主持中央工作时,积极执行了三线建设的部署,同时尽可能地注意纠正一些片面强调战备的偏差。他具体指出："许多三线的工厂，分散在农村，也应当帮助附近的社队搞好农业生产。一个大厂就可以带动周围一片。""文化大革命"结束后，到 1980 年，国家经济战略方针实行重大转变，三线建设基本结束。

——根据《建国以来毛泽东文稿》，中央文献出版社，1996 年版；《邓小平文选》（第 2 卷），人民出版社，1994 年版；陈东林：《七十年代前期的中国第二次对外引进高潮》，《中共党史研究》，1996 年第 2 期整理

【思考与讨论】

1. 20 世纪 60 年代中期，毛泽东与党中央为什么要做出加强"三线"建设的战略决策？

2. 为什么说"三线"建设不仅极大地增强了我国的国防力量，而且对改善工业布局和城市布局起了重要的促进作用？

三、学术动态

（一）关于新民主主义社会的研究

1. 关于新民主主义社会论

目前学术界关于新民主主义社会论的研究主要集中在对其形成和发展、中断的原因、与社会初级阶段的关系等方面多有探讨。在著作方面，主要有：薄一波《若干重大决策与事件的回顾》（上册）、于光远的《从"新民主主义社会论"到"社会主义初级阶段论"》，于光远著述、韩钢诠释的《"新民主社会论"的历史命运——读史笔记》，吴茜的《新民主主义社会论理论探源》。在论文方面，主要有：陈龙《新民主主义社会论研究述评》、黄爱军《"新民主主义社会论"的说法值得商榷》、王效和王燕《马克思主义社会形态理论视角下的新民主主义社会论》、刘晶芳《继承、创新与局限——新民主主义社会论与马克思主义关系考析》、王敦琴《"新民主主义社会论"理论体系探索》、王也扬《历史地看待毛泽东的新民主主义论及其变化》、郭德宏《关于新民主主义社会理论的若干问题》、李安增《过渡时期总路线与新民主主义社会论》与胡绳《毛泽东的新民主主义社会论再评论》。

2. 关于新民主主义社会论提前结束的原因

目前学术界关于新民主主义社会论中断的原因，进行了热烈的讨论，提出了多种观点。在专著方面，主要有：胡绳《中国共产党的七十年》、石仲泉《毛泽东的艰辛

开拓》、张国星和何明《共和国开国岁月》（上、下）。在论文方面，主要有：黄爱军《新民主主义社会提前结束原因研究述论》、阿荣和白文丽等《毛泽东新民主主义社会论形成发展和中断之历史考察》、吴茜《试析马克思主义东方理论对新民主主义社会论历史命运的影响》、项东《新民主主义社会实践特点探析——新民主主义社会中断原因的另一种解读》、曹顺霞《新民主主义社会理论和实践中断原因探析》、杨国辉《"放弃新民主社会论"辨析》、王敦琴《毛泽东缘何放弃了新民主主义社会论》、王智《试析新民主主义社会理论与实践中断的原因》和张继昌《再论毛泽东放弃新民主主义社会论的思想动机》，都对新民主主义社会论提前结束的原因进行了分析。

（二）党在过渡时期的总路线

目前学术界关于党在过渡时期的总路线方面的研究成果颇丰，主要集中在过渡时期总路线提出的时间问题、过渡时期总路线提出的理论依据问题、领袖人物与过渡时期总路线的关系问题、过渡时期总路线提出所具备的历史条件研究、党过渡时期总路线宣传动员研究、过渡时期总路线与党的七届二中全会路线的关系问题及过渡时期总路线的效果评价研究等方面。在专著方面，主要有：中共中央研究室编著的《中国共产党（第二卷）》、庞松的《中华人民共和国史（1949—1956）》、林蕴晖的《凯歌进行的时期》等。在论文方面，主要有：陈奇勇《过渡时期总路线形成过程初探》、王凤贤《过渡时期总路线提出的历史必然性》、庞松《党对国家资本主义过渡途径的探索——制定党在过渡时期总路线的重要认识环节》、鲁振祥等《关于过渡时期总路线的提出问题文献发表情况简述》、逄先知和李捷《毛泽东与过渡时期总路线》、肖冬《二十年过渡时期总路线研究综述》、戴光前《试析过渡时期总路线》、鲁振祥《关于过渡时期总路线的评价问题》、李运祥和孟国祥《关于过渡时期总路线提出的历史条件》、孙友葵和王玉贵《也谈党在过渡时期的总路线》、周震《过渡时期总路线的宣传和鼓动》及时戈《对过渡时期总路线及其实质的再认识》。

（三）关于社会主义改造

关于我国社会主义改造问题，一直以来都是众多专家学者学术研究的重点对象。多年来，国内学者从多种视角开展对社会主义改造的探索研究，取得了较多的成果，主要集中在对社会主义改造的原因及历史必然性、社会主义改造与社会主义改革的关系、社会主义改造的总体评价和经验教训、农业的社会主义改造、手工业的社会主义改造、资本主义工商业的社会主义改造等方面的研究。在专著方面，主要有：沙健孙《中国共产党和资本主义、资产阶级》、张玉瑜《过渡时期中国民族资本主义的历史命运》、徐行《近代中国社会主义思潮与社会改造》、李伟《毛泽东与中国社会改造》与高宝柱《中国历史上最伟大最深刻的社会变革》。在论文方面,主要有:杨光《近30年来关于我国社会主义改造问题的研究综述》、朱险峰《社会主义改造的评价问题述评》、郑有贵《公有制的建立是新中国经济发展奇迹的基石——基于社会主义改造历史地位的分析》、罗平汉《关于社会主义改造的几个问题》、沙建孙《对资本主义工商业进行社会主义改造的基本经验》、李新昌《我国社会主义改造的成功经验及其存在问题》、杜润生《中国农村的社会主义改造与经济体制改革》、李力安《对中国社会主义改造问题再认识的认识》、朱小玲《正确认识社会主义改造与社会主义改革的关系》、周含华等《对中国农业社会主义改造历史意义的再评价》和张家芳《社会主义改造决策形成的阶级阶层因素初探》。

(四) 关于党的八大的研究

党的八大是一次具有里程碑意义的大会。关于党的八大的研究学界出了很多的学术成果。著作方面如石仲泉《中共八大史》、王双梅《刘少奇与中共八大》、程波《中共八大决策内幕》和杨胜群《五十年的回望:中共八大纪实》。论文期刊由于研究的视角不同,成果颇丰,主要分为以下几点。

1. 关于党的八大前后党对社会主义道路的探索及其贡献

研究成果主要有:金春明《探索中国之路的里程碑》、石仲泉《党的八大与党领导的二十世纪中国的两次伟大革命(续)》、龚育之《八大的历史地位和研究八大的现实意义》、陈国权等《中共八大研究二题》、田居俭《八大前后关于改进体制的探索》、王骏《中共中央三代领导集体与中国工业化》、武国友《论中共八大的社会发展战略及其运作中的变轨问题》、王素莉《党的八大路线与中国社会主义发展的战略选择》、武力《论八大对苏联工业化模式认识的深化及其历史局限》、赵万钧《浅谈中共八大对苏联模式的突破》和邢和明《八大前后中共对苏联模式的思考与改革》。

2. 关于加强执政党的建设的研究

研究成果主要有:王顺喜《对党的八大关于执政党建设问题的再思考》、陈明显《中共八大与反对个人崇拜的斗争》、张冠军《1950年代中期党代会常任制改革及启示》、田冰《八大对党代表大会常任制的设计》、彭厚文《中共八大前后毛泽东对改革党和国家领导制度的探索》、肖建杰《八大关于执政党建设理论及其现实意义》、朱绍格与石红艳《中共八大选举刍议》、王进芬《中共八大与党内民主》、曾景忠《中共八大与党内民主》、张晓峰《八大对防"左"的认识》和齐卫平《试论中共八大关于执政党问题的认识》。

3. 关于八大路线中断时间及中断原因研究

研究成果主要有:李桂花《浅析干部素质与八大路线中断之内在联系》、吴赋光《毛泽东的两大理论失误与八大工作重心转移的失败》、田荣山《对八大正确路线中断的再认识》、孟显才《党的八大对民主和法制建设的贡献》、张文标《八大路线未能坚持和贯彻的深层原因》、谭双泉等《中共八大正确路线中断原因浅析》、沈慧《对八大路线中断的再认识》、王璐《空想社会主义与中共八大路线的中断》、林蕴晖《中共八大:探索在矛盾中起步》、庞松《略论八大前后党对社会主义认识的二重性》、钟廷豪《试论中共八大正确路线未能贯彻执行的原因》、沈春敏《对"八大正确路线中断的原因"的分析》、邹宇雷《对未能坚持中共八大路线的历史考察》、阎朦《对八大路线中断的再认识》、黎见春《从中共第八届中央委员会的结构看八大路线的中断》。

(五) 关于反右派斗争的研究

关于反右派斗争的研究是随着反右派斗争的发生而开始的。1957 年至 1958 年大陆相继出版和发表了不少有关反右派斗争的学习资料、著作和文章。由于当时出版部门和作者都是在"左"的理论指导下展开的,因而这些著作和文章的学术价值和研究结论自然大打折扣。此后 20 余年间,大陆对这一事件的研究,几乎是一片空白。而在这段时间内,海外出现了一些成果。如 1958 年陈权编写的《"鸣放"选萃》(第一、二册)、1959 年查尔默斯·约翰逊著的《中国共产党对知识阶级的政策》、1960 年美国学者罗德里克·麦克法夸尔著的《百花齐放运动与中国的知识分子》、1960 年陈锡恩著的《中国知识分子的思想改造》、1966 年展望杂志编写的《鸣放回忆》等。由于立场不同、观点庞杂和资料所限,海外学者对这段历史的研究也受到了限制。从总体上看,对反右派斗争这一重大历史事件的学术研究,始自 1981 年党的十一届六中全会通过的《关于建国以来党的若干历史问题的决议》(以下简称《决议》)。此后,海内外对反右派斗争的研究才获得较大的进展,并取得了一些研究成果,主要体现在以下几个方面。

第一,整理和公布了部分史料,出版了一些反右派斗争亲历者的回忆录、传记。整理和公布的史料有:中央文献研究室主编的《建国以来重要文献选编》和《建国以来毛泽东文稿》、国防大学党史党建政工研究室主编的《中共党史参考资料》等。出版的回忆录、传记有:李立三的《回忆与研究》、薄一波的《若干重大决策与事件的回顾》、吴冷西的《忆毛泽东》、汪国训的《反右派斗争的回顾与反思》、叶永烈的《反右派始末》、牛汉等的《记忆中的反右派运动》、章诒和的《往事并不如烟》。

第二,发表了一批具有较高学术价值的论文。如赵社民的《关于反右派斗争扩大化的严重后果和教训》和《反右派运动与阶级斗争扩大化》、宋茂戈的《反右派斗争扩大化对社会主义事业的危害》、王素莉的《反右派斗争研究综述》、齐卫平的《1957年整风运动的两个指示及其反右派斗争发生的原因》、胡尚元的《对1957年反右派的两个问题的再认识》、张智新的《中国共产党对反右派斗争的认识评价历程》和王东的《反右派斗争理论之反思》等。

第三,出版了一些基层反右派斗争和不同领域反右派斗争的研究成果。关于基层反右派斗争的著作和论文有:湖南省慈利县中央党史联络组和慈利县史志办公室编辑的《五十年回首》、吴忠礼的《宁夏的反右派斗争》、浦玉生的《盐城地区的整风运动与反右斗争》涂天向与刘桂芳的《武汉市反右派运动始末》等。关于不同领域反右派斗争的著作和论文有:杜光的《中央高级党校反右派内幕》、吴继金的《反右派斗争中的美术界》、李锐的《反右派中新闻界"第一大案"》、朱正的《出版界的反右派斗争》和黎白的《回顾总政创作室反右派运动》等。

第四,出版和翻译了一些反右派斗争的相关论著。国内出版的相关论著有:朱正的《反右派斗争始末》和《1957年的夏季:从百家争鸣到两家争鸣》、朱地的《1957:大转弯之谜——整风反右实录》和《一九五七年的中国》、于风政的《改造:194—1957年的知识分子》、华民著的《中国大逆转:反右运动史》和丁抒的《阳谋——"反右"前后》(修订本)等。翻译的相关著作有:(英)纳拉纳拉扬·达斯的《中国的反右运动》、费正清和罗德里克·麦克法夸尔主编的《剑桥中华人民共和国史1949—1965》、(美)莫里斯·梅斯纳著的《毛泽东的中国及其发展——中华人民共和国史》和罗德里克·麦克法夸尔的《文化大革命起源(1956—1957)》(第1、2卷)等。

此外,还有许多反右派斗争的相关专题散见于历史教材及其相关著作中。如王一凡和陈明显的《中国共产党历次整党整风》、朱凯的《中国共产党整党整风精神史论》和张耀灿主编的《中国共产党思想政治工作史论》等著作都把反右派斗争作为一个专题研究。

(六) 关于"文化大革命"的研究

"文化大革命"是中共党史、当代中国史研究中的重大课题。对于"文化大革命"的研究尽管由于种种原因还不很深入,但仍取得了不少成果。著作方面,如周明主编的《历史在这里沉思》(一、二、三卷)、谭宗级的《十年后的评说——"文化大革命"史论集》、王年一的《大动乱的年代》、席宣和金春明的《"文化大革命"

简史》、罗德里克·麦克法夸尔所撰《"文化大革命"的起源》、费正清等主编、金光耀等翻译的《剑桥中华人民共和国史》(1966—1982)和莫里斯·迈斯纳著、杜蒲等翻译的《毛泽东的中国及后毛泽东的中国》。学术论文方面,如郑谦的《"文化大革命"中知识青年上山下乡运动五题》、柳国庆的《近十五年来周恩来与"文化大革命"研究述评》、李安增的《近三十年来"文化大革命"成因问题研究述评》、吴超的《"文化大革命"起源研究述评》、金春明的《"文化大革命"与毛泽东》、马英民的《"文化大革命"时期民众主流意识探析》、王海光的《十一届三中全会以来"文化大革命"研究的新进展》、金春明的《再论"文化大革命"起因》《"两个文革说"与"文化大革命"的定性研究》《六十年代"左"倾错误的发展与"文化大革命"的爆发》、张曙的《"文革"中的知识青年上山下乡运动研究述评》、关海庭的《"文化大革命"中知识青年上山下乡运动述论》、张化的《二十年后对"文化大革命"的再思考——从〈"文化大革命"简史〉谈起》、刘国新的《"文化大革命"史研究:现状与评述》、郑惠的《对"文化大革命"几个问题的认识(上)》、张化的《"文化大革命"中党和人民的斗争历程研究综述》、郭文亮的《国内"文化大革命"研究概述》、翟作君和朱敏彦的《关于"文化大革命"研究的综述》和黄国雄的《文化大革命若干问题研究综述》。

四、应知应会

(一) 单项选择题

1. 中华人民共和国成立后,中国进入的社会形态是( )。
A. 新民主主义社会　　　　B. 社会主义社会
C. 共产主义社会　　　　　D. 社会主义初级阶段

2. 1951年年底到1952年春,中国共产党在党政机关中开展的"三反"运动是( )。
A. 反贪污、反浪费、反官僚主义
B. 反主观主义、反宗派主义、反党八股
C. 反受贿、反贪污、反自由主义
D. 反浪费、反行贿、反形式主义

3. 第一个照会中国政府,决定同中华人民共和国建立外交关系的国家是( )。

A. 朝鲜　　　　　　B. 越南　　　　　　C. 苏联　　　　　　D. 南斯拉夫

4. 在抗美援朝战争中担任中国人民志愿军司令员兼政治委员的是（　　）。

A. 朱德　　　　　　B. 彭德怀　　　　　C. 陈毅　　　　　　D. 刘伯承

5. 新民主主义社会是过渡性的社会,它属于（　　）。

A. 资本主义体系　　　　　　　　　B. 封建主义体系

C. 社会主义体系　　　　　　　　　D. 共产主义体系

6. 中共中央正式提出过渡时期总路线是在（　　）。

A. 1951 年　　　　B. 1952 年　　　　C. 1953 年　　　　D. 1954 年

7. 中国共产党在过渡时期总路线的主体是实现（　　）。

A. 国家的社会主义工业化

B. 国家对农业的社会主义改造

C. 国家对手工业的社会主义改造

D. 国家对资本主义工商业的社会主义改造

8. 新中国的第一个五年计划中,集中主要力量发展的是（　　）。

A. 农业　　　　　　B. 轻工业　　　　　C. 交通运输业　　　D. 重工业

9. 我国对资本主义工商业进行社会主义改造所采取的基本政策是（　　）。

A. 加工订货　　　　B. 经销代销　　　　C. 统购包销　　　　D. 和平赎买

10. 在对资本主义工商业的社会主义改造过程中,当个别企业公司合营后,企业的利润实行（　　）。

A. 归国家所有　　　B. 归企业所有　　　C. 用于工人的工资　D. 四马分肥

11. 社会主义制度在中国确立的时间是（　　）。

A. 1949 年　　　　B. 1952 年　　　　C. 1956 年　　　　D. 1958 年

12. 1956 年 4 月,毛泽东在《论十大关系》中提出的建设社会主义的基本方针是（　　）。

A. 要把国内外一切积极因素调动起来,为社会主义事业服务

B. 在综合平衡中稳步前进

C. 鼓足干劲,力争上游,多快好省地建设社会主义

D. 调整、巩固、充实、提高

13. 在社会主义制度确立后,国家政治生活的主题是（　　）。

A. 正确处理敌我矛盾

B. 正确处理社会主义国家之间的矛盾

C. 正确处理社会主义与资本主义的矛盾

D. 正确处理人民内部矛盾

14. 以毛泽东为代表的中国共产党人开始探索中国自己的社会主义建设道路的标志是（　　）。

　　A. 1956 年 1 月召开的最高国务会议

　　B.《论十大关系》的发表

　　C. 党的八大的召开

　　D.《关于正确处理人民内部矛盾的问题》的发表

15. "文化大革命"的性质是（　　）。

　　A. 反革命动乱

　　B. 由领导者错误发动、被反革命集团利用的内乱

　　C. 社会主义革命的继续

　　D. 封建主义的复辟动乱

16. "文化大革命"期间,中国共产党粉碎"四人帮"反革命集团是在（　　）。

　　A. 1967 年　　　　　B. 1971 年　　　　　C. 1972 年　　　　　D. 1976 年

17. 1964 年 10 月,新中国在尖端科技领域取得的重大成果是（　　）。

　　A. 第一颗原子弹实验成功　　　　　　B. 第一颗氢弹实验成功

　　C. 第一颗人造地球卫星发射成功　　　D. 第一颗月球探测卫星发射成功

18. 1950 年至 1953 年间,同中国共同倡导和平共处五项原则的国家有（　　）。

　　A. 苏联、印度　　B. 印度、缅甸　　C. 缅甸、泰国　　C. 苏联、泰国

19. 1972 年 2 月,和我国发表上海联合公报,打开两国关系正常化大门的是（　　）。

　　A. 苏联　　　　　B. 印度　　　　　C. 美国　　　　　D. 日本

20. 从 1953 年到 1978 年的 25 年间,我国最大的建设成就就是（　　）。

　　A. 基本建立了独立的、比较完整的工业体系和国民经济体系

　　B. 人民生活水平普遍提高,初步解决了温饱问题

　　C. 国际地位得到提高

　　D. 制定了两个科技长远发展规划,成功爆炸了第一颗原子弹

参考答案:

　　1. A　2. A　3. C　4. B　5. C　6. C　7. A　8. D　9. D　10. D　11. C　12. A　13. D　14. B　15. B　16. D　17. A　18. B　19. C　20. D

（二）多项选择题

1. 新中国成立初期进行的运动主要有（　　）。

A. 土地改革运动　　　　　　　　B. 镇压反革命运动

C. 抗美援朝运动　　　　　　　　D. 三反五反运动

2. 1951 年底到 1952 年春,中国共产党在党政机构工作人员中开展的"三反"运动是(　　)。

A. 反贪污　　　　B. 反浪费　　　　C. 反主观主义　　　D. 反官僚主义

3. 新中国建立初期,新民主主义社会的经济成分除国营经济外,还有(　　)。

A. 合作社经济　　　　　　　　B. 个体经济

C. 私人资本主义经济　　　　　　D. 国家资本主义经济

4. 党在过渡时期总路线的"两翼"是指(　　)。

A. 实现国家的社会主义工业化

B. 实现对农业的社会主义改造

C. 实现对手工业的社会主义改造

D. 实现对资本主义工商业的社会主义改造

5. 新中国成立初期,党和人民政府对民族资产阶级采取的政策是(　　)。

A. 限制　　　　B. 团结　　　　C. 教育　　　　D. 改造

6. 新中国成立初期,着重发展的初级形式的国家资本主义是(　　)。

A. 加工订货　　　B. 公私合营　　　C. 经销代销　　　D. 股份制

7. 我国对个体农业社会主义改造的过渡性经济组织形式包括(　　)。

A. 互助组　　　　　　　　　　B. 初级农业生产合作社

C. 人民公社　　　　　　　　　D. 高级农业生产合作社

8. 对资本主义工商业的社会主义改造的国家资本主义的初级形式有(　　)。

A. 加工订货　　　B. 统购包销　　　C. 代购代销　　　D. 公私联营

9. 新中国发展国民经济第一个五年计划的规定是(　　)。

A. 集中主要力量发展重工业

B. 相应地发展交通运输业、轻工业、农业等

C. 相应地培养建设人才

D. 逐步人民的生活水平

10. 1956 年 9 月召开的党的八大提出在社会主义改造基本完成后,我国国内的主要矛盾是(　　)。

A. 无产阶级和资产阶级的矛盾

B. 人民对于经济文化迅速发展的需要同当前经济文化不能满足人民需要的状况之间的矛盾

C. 人民大众同地主阶级国民党残余势力的矛盾

D. 人民对建立先进工业国的要求同落后的农业国的现实之间的矛盾

11. 在大规模进行社会主义建设的初期,体现以毛泽东为代表的中国共产党人探索自己的社会主义建设道路所取得的思想理论成果的重要文献有(　　)。

A.《论十大关系》

B.《中共八大文献》

C.《关于正确处理人民内部矛盾的问题》

D.《1957 年夏季形势》

12. 在对经济体制改革的初步探索中,陈云曾提出过"三个主体"和"三个补充"的重要思想,其主要内容是(　　)。

A. 国家经营和集体经营是主体,一定数量的个体经营为补充

B. 公有制是主体,一定数量的私有制经济为补充

C. 计划生产是主体,一定范围的自由生产为补充

D. 国家市场是主体,一定范围的自由市场为补充

13. 从"一五"时期到 1976 年,涌现出大量英雄模范人物,他们是(　　)。

A. 焦裕禄　　　　B. 孔繁森　　　　C. 王进喜　　　　D. 雷锋

14. 20 世纪六七十年代,我国在核技术、人造卫星和运载火箭等尖端科学技术领域取得的重要成就有(　　)。

A. 爆炸了第一颗原子弹　　　　B. 中近程地地导弹发射成功

C. 爆炸了第一颗氢弹　　　　D. 第一颗人造地球卫星发射成功

15. 1964 年 12 月,周恩来在第三届全国人民代表大会第一次会议上,正式宣布把我国建设成为社会主义强国的现代化目标是(　　)。

A. 现代工业　　　　　　　　B. 现代农业

C. 现代国防　　　　　　　　D. 现代科学技术

参考答案:

1. ABCD　2. ABD　3. ABCD　4. BCD　5. ACD　6. AC　7. ABD　8. ABCD　9. ABCD　10. BD　11. ABC　12. ACD　13. ACD　14. ABCD　15. ABCD

(三) 简答题

1. 新中国建立初期中国共产党面临的主要问题和考验。

2. 简述抗美援朝精神。

3. 中国共产党提出的过渡时期总路线是什么？

4. 简述党的八大对中国社会主义改造完成后，国内的主要矛盾和主要任务的分析。

5. 简述陈云"三个主体、三个补充"思想的基本内容。

6. 简述毛泽东关于中国社会主义社会两类矛盾学说的主要内容。

参考答案：

1. 答：(1) 能不能保卫人民胜利的成果，巩固新生的人民政权。当时，解放全中国的任务还没有完成。

(2) 能不能战胜严重的经济困难，迅速恢复和发展国民经济。

(3) 能不能巩固民族独立，维护国家主权和安全。以美国为首的西方资本主义阵营不愿意看到的。它们企图通过实行强硬的对华政策，即政治上孤立、经济上封锁、军事上威胁的政策，从根本上搞垮新中国。

(4) 能不能经受住执政的考验，继续保持谦虚、谨慎、不骄、不躁的作风和艰苦奋斗的作风。

2. 答：在抗美援朝战争中，英雄的中国人民志愿军锻造了伟大抗美援朝精神：始终发扬祖国和人民利益高于一切、为了祖国和民族的尊严而奋不顾身的爱国主义精神，英勇顽强、舍生忘死的革命英雄主义精神，不畏艰难困苦、始终保持高昂士气的革命乐观主义精神，为完成祖国和人民赋予的使命、慷慨奉献自己一切的革命忠诚精神，为了人类和平与正义事业而奋斗的国际主义精神。

3. 答：中共中央于1953年正式提出党在过渡时期的总路线，明确规定："党在这个过渡时期的总路线和总任务，是要在一个相当长的时期内，逐步实现国家的社会主义工业化，并逐步实现国家对农业、对手工业和对资本主义工商业的社会主义改造。"这是一条"一化三改""一体两翼"的总路线，即社会主义建设同社会主义改造同时并举的总路线，体现了发展生产力和变革生产关系的有机统一。

4. 答：(1) 1956年9月15日至27日，中国共产党第八次全国代表大会在北京举行。大会正确地分析了国内的主要矛盾和主要任务。

(2) 国内的主要矛盾，已经是人民对于建立先进的工业国的要求同落后的农业国的现实之间的矛盾，已经是人民对于经济文化迅速发展的需要同当前经济文化不能满足人民需要的状况之间的矛盾。这些矛盾的实质，在我国社会主义制度已经建立的情况下，也就是先进的社会主义制度同落后的社会生产力之间的矛盾。

(3) 党和全国人民的当前的主要任务，是集中力量来解决人民对于经济文化迅速发展的需要，同当前经济文化不能满足人民需要的状况之间的矛盾，把我国尽快地从落后的农业国变为先进的工业国。

5. 答:(1)陈云在党的八大的发言中提出"三个主体、三个补充"的思想,即:国家经营和集体经营是主体,一定数量的个体经营为补充;计划生产是主体,一定范围的自由生产为补充;国家市场是主体,一定范围的自由市场为补充。

(2)这个思想为大会所采纳,并写入决议,成为突破传统观念、探索适合中国特点的经济体制的重要举措。

6. 答:(1)毛泽东在《关于正确处理人民内部矛盾的问题》中,系统地阐述了社会主义社会的两类社会矛盾学说。

(2)其主要内容有:第一,明确指出社会主义社会中存在敌我之间和人民内部两类性质根本不同的矛盾。提出了正确处理两类社会矛盾的基本方法和具体方针。对于敌我矛盾需要用强制的、专政的方法去解决,对于人民内部矛盾只能用民主的、说服教育的、"团结——批评——团结"的方法去解决。第二,提出要把正确处理人民内部矛盾的问题作为国家政治生活的主题。

(3)《关于正确处理人民内部矛盾的问题》是一篇重要的马克思主义文献。它运用马克思主义对立统一规律,创造性地阐述了社会主义社会矛盾学说,是对科学社会主义理论的重要发展。

(四)论述题

1. 过渡时期总路线是如何反映历史的必然性?
2. 结合当代中国发展进步的事实,谈谈你是如何认识建立社会主义制度的重大意义的。
3. 我国建立独立的、比较完整的工业体系和国民经济体系的重大意义有哪些?
4. 作为新时代的青年,应当如何弘扬社会主义革命和建设时期形成的历久弥新的时代精神?

参考答案:

1. 答:中共中央于1953年正式提出党在过渡时期的总路线反映历史的必然性。

第一,社会主义工业化是国家独立富强的首要条件。

实现国家现代化,是近代以来无数仁人志士孜孜以求的理想,也是中国共产党领导人民实现国家独立富强的必由之路。要改变落后面貌,巩固国家政权,就必须通过社会主义道路实现国家工业化。

第二,资本主义经济力量弱小,发展困难,不可能成为中国工业起飞的基础。

中国的民族资本主要是商业资本和金融资本,这些工业企业大多规模小,技术设备落后,劳动生产率很低。为了改变这种情况,就必须在这此企业中改善经营管理,提高产品的质量,并且按照国家需要增加生产,培养技术人才,积累资金。而要如此,就必须对这些企业逐步实行社会主义改造。

第三,对个体农业进行社会主义改造,是保证工业发展、实现国家工业化的一个必要条件。

土地改革后,农业生产摆脱了封建生产关系的束缚,一个时期有过较大发展;但这种发展又受到土地私有基础上的个体经营限制。只有引导个体农民组织起来走合作化的道路,农业生产力才能得到发展,农村也才能够为工业化提供必要的商品粮食、轻工业原料、工业品市场和积累工业发展的资金等条件。

第四,当时的国际环境也促使中国选择社会主义。

新中国成立后,中国不但不可能从资本主义大国得到什么援助,而且连进行普通的贸易和交往都很困难。当时只有社会主义国家和第二次世界大战后为争取民族独立而斗争的国家同情中国,只有苏联能够援助中国。这也是促使中国共产党提出开始向社会主义逐步过渡的一个因素。

2. 答:社会主义制度的确立标志着中国这个占世界 1/4 人口的东方大国进入了社会主义社会。此后,党面临的根本任务,就是领导全国各族人民在社会主义制度基础上,充分发挥社会主义制度的优越性,大力发展社会生产力,为实现国家富强、人民幸福而奋斗。

第一,社会主义基本制度的确立极大地提高了工人阶级和广大劳动人民的积极性、创造性,为社会生产力的大发展开辟了广阔道路。

农业和手工业由个体所有制变为社会主义的集体所有制,私营工商业由资本主义所有制变为社会主义所有制,这就使社会生产力从旧的生产关系的束缚中解放出来,巩固和扩大了人民民主专政政权的经济基础。生产资料所有制适应了社会化大生产的客观需要,社会主义制度集中力量办大事的独特优势得以充分发挥,国家大规模工业化建设顺利开启,为在社会主义条件下取得比资本主义更快的现代化发展速度、更高的劳动生产率铺平了道路,极大地促进了我国社会生产力的发展。

第二,社会主义基本制度的确立为当代中国的一切发展进步提供了根本政治保障。

中国共产党是全国各族人民的领导核心,是领导中国社会主义事业的核心力量。人民代表大会制度是实现社会主义民主的基本形式,充分体现了一切权力属于人民的原则,是人民管理国家的最好组织形式。中国共产党领导的多党合作和政治协商制度,是马克思主义政党理论和统一战线学说与中国实际相结合的产物,有利于坚持和改善中国共产党的领导,又能充分吸纳各方面的意见,集中全国人民的意志和力量,实现广泛民主和集中领导的统一,充满活力和富有效率的统一。民族区域自治制度是我国一项基本民族政策,有利于保证国家的统一和民族自治权利。

第三,社会主义基本制度的确立为社会主义先进文化的发展指明了前进方向。

党领导了对旧有学校教育和文化事业的有步骤的改革,团结和争取一切爱国的知识分子为人民服务。广大人民群众逐渐树立起走社会主义道路的意识,爱国主义、集体主义等观念越来越深入人心。以马克思主义为核心的社会主义主流意识形态地位稳步提升,占据优势和主导地位,确保了党和国家事业沿着社会主义方向胜利前进。

3. 答:从"一五"计划开始,我国建立了独立的比较完整的工业体系和国民经济体。

(1)在"一五"计划的基础上,国家以大中型建设项目为中心,进行大规模投资,建成一批门类比较齐全的基础工业项目,涉及冶金、汽车、机械、煤炭、石油、国防等领域,为国民经济的进一步发展打下坚实的基础。

(2)从经济建设和国防建设的战略布局考虑,国家开展大规模的"三线"建设,"三线"建设不仅极大地增强了国防力量,而且在很大程度上改变了旧中国工业布局不平衡的状况,使一大批当时顶尖的军工企业、国有企业、科研院所来到西部,为西部地区提供了难得的发展机遇。

(3)独立的、比较完整的工业体系和国民经济体系的建立,从根本上解决了工业化中"从无到有"的问题,使中国在赢得政治上的独立之后赢得了经济上的独立,为中国以后的发展奠定了牢固的物质技术基础,而且也为中国同包括西方发达国家在内的世界各国在平等互利的原则下发展对外贸易和经济往来创建了前提。

4. 答:在面对重重困难艰辛探索适合中国国情的社会主义建设道路过程中,涌现出大量先进典型和英雄模范人物,抒写了无数改天换地的壮丽诗篇,形成跨越时空、历久弥新的时代精神。

以铁人王进喜为代表的大庆石油工人,为早日甩掉中国"贫油"的帽子,以"宁肯少活20年,拼命也要拿下大油田"的豪情,以"有条件要上,没有条件创造条件也要上"的决心,建设起我国最大的石油基地—大庆油田,铸就爱国、创业、求实、奉献的大庆精神、铁人精神。河南兰考县委书记焦裕禄,以"生也沙丘,死也沙丘,父老生死系"的赤诚,以"心中装着全体人民"的公仆情怀,诠释着亲民爱民、艰苦奋斗、科学求实、迎难而上、无私奉献的焦裕禄精神。河南林县人民创造了一代中国农民改天换地的传奇,缔造了红旗渠精神;在平凡工作岗位上甘当螺丝钉,勇于奉献,乐于助人,表现出崇高的共产主义情操的雷锋精神;把热血洒在戈壁滩,把青春和生命奉献给新中国国防建设事业,将热爱祖国、无私奉献、自力更生、艰苦奋斗、大力协同、勇于登攀的"两弹一星"精神,永久镌刻在中国大地上,成为全国各族人民宝贵的精神财富和不竭的动力源泉。

为了建设繁荣富强的新中国,翻身做了主人的中国人民与时间赛跑,用生命和鲜血描绘了幅幅最新最美的图画,用实际行动证明:同困难作斗争,是物质的角力,也是精神的对垒。精神是一个民族赖以长久生存的灵魂,唯有精神上达到一定的高度,这个民族才能在历史的洪流中屹立不倒、奋勇前进。

(五) 材料分析题

材料分析题一

材料 1 1949 年 10 月 1 日 15 时整,北京天安门城楼上毛泽东向全世界庄严宣告:"中华人民共和国中央人民政府今天成立了!"

广场沸腾了! 震天的欢呼直冲云霄,帽子、围巾甚至报纸在空中飞舞!

身着深色旗袍的宋庆龄站在城楼上,看着眼前涌动的人潮,看着广场上矗立的孙中山画像,不禁热泪盈眶。8 天后,她这样向世人讲述在天安门城楼的那一刻——

"连年的伟大奋斗和艰苦的事迹,又在我眼前出现。但是另一个念头抓住我的心,我知道,这一次不会再回头了,不会再倒退了,这一次,孙中山的努力终于结了果实,而且这果实显得这样美丽。"

——摘编自《人民日报》,2009 年 9 月 6 日

材料 2 2009 年 10 月 1 日上午 10 时整,首都各界庆祝中华人民共和国成立 60 周年大会在北京天安门广场隆重举行,20 万军民以盛大的阅兵仪式和群众游行欢庆伟大祖国的这一盛大节日。

天安门城楼红墙正中悬挂着新中国缔造者毛泽东的巨幅彩色画像。人民英雄纪念碑前竖立着伟大的革命先行者孙中山先生的画像,纪念碑两侧超宽电子屏上"伟大的中华人民共和国万岁""伟大的中国共产党万岁"等标语格外醒目。广场东西两侧,56 根绘有各族群众载歌载舞图案的民族团结柱,象征着 56 个民族共同擎起祖国繁荣富强的伟大基业。

胡锦涛发表重要讲话。他指出:"60 年前的今天,中国人民经过近代以来 100 多年的浴血奋战终于夺取了中国革命的伟大胜利,毛泽东主席在这里向世界庄严宣告了中华人民共和国的成立。中国人民从此站起来了,具有 5 000 多年文明历史的中华民族从此进入了发展进步的历史新纪元。"

——摘编自《人民日报》,2009 年 10 月 2 日

请回答:

1. 如何理解宋庆龄所说的"孙中山的努力终于结了果实"?

2. 为什么说中华人民共和国的成立标志着"中华民族从此进入了发展进步的历史新纪元"?

材料分析题二

材料 1 "在 1955 年夏季以后,农业合作化以及对手工业和个体商业的改造要求过急,工作过粗,改变过快,形式也过于简单划一,以致在长期内遗留了一些问题。"

——《〈关于建国以来党的若干历史问题的决议〉注释本》,人民出版社,1983 年版,第 18 页

材料 2 "但整个说来,在一个几亿人口的大国中比较顺利地实现了如此复杂、困难和深刻的社会变革,促进了农业和整个国民经济的发展,这的确是伟大的历史性胜利。"

——《〈关于建国以来党的若干历史问题的决议〉注释本》,人民出版社,1983 年版,第 18 页

请回答:

1. 材料 1 所分析的是社会主义改造的什么方面?

2. 根据以上材料,谈谈你对社会主义改造的认识。

参考答案:

材料分析题一

1. 答:孙中山立志救亡图存、振兴中华,领导辛亥革命,结束中国的君主专制制度,建立资产阶级共和国,但是民主共和的理想没有实现。中国共产党人继承孙中山的遗志,开辟了中国革命的正确道路和新的发展方向,领导全国人民进行艰苦卓绝的斗争,终于完成反帝反封建的民主革命任务,建立了中华人民共和国。

2. 答:中华人民共和国的成立,宣告中国人民当家做主的时代已经到来,中国历史由此开辟了一个新纪元。国家统一基本完成,对外获得民族独立;人民民主专政国家政权建立,人民当家做主;中国共产党成为执政党。这些为社会主义基本制度的建立和当代中国一切发展进步奠定了根本政治前提。新中国成立以来,中国共产党团结带领全国各族人民在革命、建设、改革的伟大实践中,取得了举世瞩目的伟大成就,贫穷落后的中国变成了一个初步繁荣昌盛、充满生机和活力的社会主义国家。

材料分析题二

1. 答:材料 1 分析的是社会主义改造存在的缺点和偏差。在社会主义改造后期,由于追求单一的社会主义公有制,没有认识到社会主义初级阶段经济成分的多

样性和复杂性，出现了"要求过急，工作过粗，改变过快，形式也过于简单划一"，以致长期遗留了一些问题。

2. 答：(1)科学评价社会主义改造关系到如何评价中国共产党和人民共和国半个多世纪的历史；关系到能不能坚持党的基本路线；关系到能不能坚持改革的社会主义方向等重大问题。

(2)尽管社会主义改造过程中出现了某些缺点和偏差，但社会主义改造却实现了生产关系的伟大变革，使中国的社会主义制度得以建立，正是经过社会主义改造，才从新民主主义社会进入社会主义社会的初级阶段的。

(3)社会主义改造不仅没有阻碍生产力的发展，而且成了生产力发展的直接推动力，成为我国今后一切进步和发展的基础。

五、实践教学

(一) 实践内容

1. 课堂讨论：中国社会主义改革与社会主义改造的关系。
2. 视频鉴赏：《社会主义改造胜利大联欢》《伟大的土地改革》。
3. 主题演讲：中国特色社会主义改造的历史意义。
4. 文献选读：(1)《革命的转变和党在过渡时期的总路线》，见《毛泽东文集》(第六卷)，人民出版社，1999年版。

(2)《关于农业互助合作的两次谈话》，见《毛泽东文集》(第六卷)，人民出版社，1999年版。

(二) 实践方案

1. 将学生分为多个小组，以小组为单位各自进行主题演讲准备。围绕选题，小组成员根据自己特长、兴趣及活动要求进行分工，进行合作探究，查阅有关文献和网络资源，开展小组讨论并形成书面、PPT或视频成果，各小组代表通过研讨成果向大家进行主题演讲。

2. 学生围绕文献选读自主探究，形成学习体会，进行课堂交流互动，引发学生对历史问题的深度思考。

3. 组织学生进行视频鉴赏，激发学习兴趣，提高思想觉悟，加深学生对历史进程的了解。

（三）实践成果

以 PPT、视频或文字成果展示。

（四）实践评价

研究性学习小组成果学术评价。

评价项目	8—10 分	5—7 分	2—4 分	0—1 分
资料准备情况	充分，翔实，条理清晰。	基本能构成对研究的支撑。	资料偏差或严重不足。	未提供对研究有益的资料。
研究深度	能在相关资料基础上提出自己的见解，且研究方向正确，研究方法得当。	能在理解的基础上对相关资料准确把握，且研究方向基本正确，研究方法基本适用。	研究方向有偏差，研究方法不恰当，研究不够深入。	未掌握研究内容，未形成相关研究。
展示效果	展示方法恰当，展示能充分体现研究成果。	展示方法基本恰当，展示能简单体现研究成果。	展示方法欠妥，不能够清晰展示研究成果。	未能完成相关展示。
研究收获	对研究课题有清晰、深刻的理解，并形成一定的个人见解。	对研究课题所涵盖的内容基本掌握，能简单介绍。	对所研究的课题形成初步的认识，需要进一步消化、理解。	对所研究课题未形成基本认识。

研究性学习小组成员行为评价。

评价项目	8—10 分	5—7 分	2—4 分	0—1 分
小组活动参与度	积极思考并参与讨论及相关活动，为小组研究做出重要贡献。	基本能参与小组讨论及相关活动，偶尔提出有益见解。	活动中态度消极，积极性不高，讨论内容偏离话题的轨道。	不主动参与小组活动。
个体独立研究度	能在充分思考的基础上，为讨论主题提供有益的见解。	对研究课题充分了解，能偶尔提供个人见解。	对小组成员的依赖性强，个人研究成果没有显现。	没有完成相关的研究任务。

评价项目	8—10分	5—7分	2—4分	0—1分
小组配合度	各成员团结、互相尊重，能自我调节分歧，并使研究活动顺利开展。	成员间基本保持配合态度。意见分歧的调节能力较弱，但未对研究成果产生重大影响。	组员间言语过激，严重影响研究效果。	组员之间不能达成基本的尊重，未获得完整的研究成果。

六、推荐阅读

（一）著作

1.《毛泽东文集》第6卷、第7卷，人民出版社，1999年版。

2.《毛泽东外交文选》，中央文献出版社、世界知识出版社，1994年版。

3.《周恩来选集》（下卷），人民出版社，1984年版。

4.《刘少奇选集》（下卷），人民出版社，1985年版。

5.《邓小平文集》第1卷，人民出版社，1994年版。

6.《陈云文集》第2卷，人民出版社，1995年版。

7.《建国以来重要文献选编》，中央文献出版社，1993年版。

8.《胡乔木回忆毛泽东》，人民出版社，1994年版。

9.《邓子恢文集》，人民出版社，1996年版。

10. 金冲及、黄峥：《刘少奇传》（下），中央文献出版社，1998年版。

11. 林蕴晖：《凯歌进行的时期》，河南人民出版社，1989年版。

12.《抗美援朝战争史》，军事科学出版社，2000年版。

13. 徐焰：《毛泽东与抗美援朝战争》，解放军出版社，2003年版。

14. 沈志华：《毛泽东、斯大林与朝鲜战争》，广东人民出版社，2003年版。

15. 龚育之：《党史札记》，浙江人民出版社，2002年版。

16. 逄先知、金冲及：《毛泽东传（1949—1976年）》（上），中央文献出版社，2003年版。

17. 汪东林：《梁漱溟问答录》，湖北人民出版社，2004年版。

18. 罗平汉：《土地改革运动史》，福建人民出版社，2005年版。

19. 于光远著述、韩钢诠释：《新民主主义社会论的历史命运——读史笔记》，长江文艺出版社,2005 年版。

20. 金冲及:《周恩来传 1949—1976 年》,中央文献出版社,2008 年版。

21. 林蕴晖:《国史札记》,东方出版中心,2008 年版。

22. 薄一波:《若干重大决策与事件的回顾》上卷,中共党史出版社,2008 年版。

23. 《建国以来党的若干历史问题的决议》,人民出版社,2009 年版。

24. 李维汉:《回忆与研究》,中共党史出版社,2013 年版。

25. 《中国共产党的九十年》,中共党史出版社,2016 年版。

26. 《彭德怀传》,当代中国出版社,2006 年版。

27. 孙其明:《中苏关系始末》,上海人民出版社,2002 年版。

28. 朱正:《1957 年的夏季:从百家争鸣到两家争鸣》,河南人民出版社,1998 年版。

29. 谢春涛:《大跃进狂澜》,河南人民出版社,1990 年版。

30. 李锐:《庐山会议实录》,河南人民出版社,2001 年版。

31. 肖冬连:《求索中国——“文革”前 10 年史》,红旗出版社,1999 年版。

32. 席宣、金春明:《“文化大革命”简史》,中共党史出版社,1996 年版。

33. 张化、苏采青:《回首“文革”》,中共党史出版社,2000 年版。

34. 罗德里克·麦克法夸尔:《文化大革命的起源》,魏海平、艾平译,河北人民出版社,1989 年版。

(二)论文

1. 董志凯:《三大改造对我国工业化初创阶段的两重作用》,载《中共党史研究》,1989 年第 1 期。

2. 龚育之:《周恩来和建国以来党的知识分子政策》,载《中共党史研究》,1998 年第 2 期。

3. 李安增、陈招顺:《对农业社会主义改造的再评价》,载《经济评论》,1998 年第 6 期。

4. 李力安:《对中国社会主义改造问题再认识的认识》,载《当代中国史研究》,1999 年第 21 期。

5. 李安增:《过渡时期总路线与新民主主义社会论》,载《党史研究与教学》,1999 年第 6 期。

6. 胡绳:《毛泽东的新民主主义论再评价》,载《中国社会科学》,1999 年第 3 期。

7. 刘大军：《怎样认识中国社会主义道路的选择和私营经济的发展》，载《思想理论教育导刊》，2000 年第 8 期。

8. 郭德宏：《关于新民主主义社会理论的若干问题》，载《中国党政干部论坛》，2000 年第 3 期。

9. 李新昌：《我国社会主义改造的成功经验及其存在问题》，载《唯实》，2000 年第 3 期。

10. 王也扬：《历史地看待毛泽东的新民主主义论及其变化》，载《中共党史研究》，2001 年第 3 期。

11. 武力：《新民主主义社会提前终结的历史分析》，载《党史研究与教学》，2003 年第 3 期。

12. 沙健孙：《对资本主义工商业进行社会主义改造的基本经验》，载《思想理论教育导刊》，2004 年第 9 期。

13. 綦军：《对"三大改造"历史必然性的思考》，载《内蒙古民族大学学报（社会科学版）》，2004 年第 3 期。

14. 朱佳木：《由新民主主义向社会主义的提前过渡与优先发展重工业的战略抉择》，载《当代中国史研究》，2004 年第 5 期。

15. 沙健孙：《关于社会主义改造问题的再评价》，载《当代中国史研究》，2005 年第 1 期。

16. 沈志华：《1956 年初中共对知识分子政策的调整》，载《社会科学》，2006 年第 8 期。

17. 邢和明：《从新民主主义论到过渡时期总路线——兼论两种社会模式的转变》，载《中共党史研究》，2006 年第 4 期。

18. 张垚蕾：《近二十年关于社会主义改造的研究综述》，载《黑河学刊》，2011 年第 5 期。

19. 郑有贵：《公有制的建立是新中国经济发展奇迹的基石——基于社会主义改造历史地位的分析》，载《马克思主义研究》，2016 年第 7 期。

20. 尹建军：《社会主义改变了中国的命运—从新民主主义革命到社会主义实践》，载《党建研究》，2018 年第 8 期。

21. 王毅：《论建国初期江苏资本主义工商业社会主义改造的特点和历史局限性》，载《中共南京市委党校学报》，2018 年第 3 期。

22. 谈家水：《反右派斗争研究述评》，载《党史研究与教学》，2008 年第 2 期。

23. 沈传宝：《马克思主义中国化在"文化大革命"中的曲折命运和经验教训》，载《中共党史研究》，2008 年第 2 期。

24. 董一冰、田克勤:《毛泽东对"干群关系"的认识与"文化大革命"的发生》,载《湖南科技大学学报(社会科学版)》,2007 年第 1 期。

25. 沙健孙:《毛泽东与中共八大路线的制定和扩大党内民主》,载《当代中国史研究》,2006 年第 5 期。

26. 张金才:《试析中共八大能够制定正确路线的主要原因》,载《中共党史研究》,2006 年第 5 期。

27. 邢和明:《八大前后中共对苏联模式的思考与改革——兼论党对中国社会主义建设道路的有益探索》,载《当代中国史研究》,2005 年第 1 期。

28. 李安增:《"文化大革命"成因的法制因素探析》,载《中共党史研究》,2004 年第 6 期。

29. 孙其明:《从整风转向反右原因何在——二论 1957 年的整风反右运动》,载《同济大学学报(社会科学版)》,2004 年第 3 期。

30. 孙其明:《毛泽东为什么要发动整风运动——一论 1957 年的整风反右运动》,载《同济大学学报(社会科学版)》,2004 年第 2 期。

31. 齐卫平、年士萍:《1957 年整风运动的两个指示及其反右派斗争发生的原因》,载《北京党史》,2003 年第 2 期。

32. 王海光:《十一届三中全会以来"文化大革命"研究的新进展》,载《党史研究与教学》,2002 年第 6 期。

33. 齐卫平:《试论中共八大关于执政党问题的认识》,载《华东师范大学学报(哲学社会科学版)》,2002 年第 6 期。

34. 康沛竹:《中共"八大"前后对经济体制改革的探索》,载《北京大学学报(哲学社会科学版)》,2002 年第 5 期。

35. 金春明:《再论"文化大革命"起因》,载《上海行政学院学报》,2002 年第 1 期。

36. 齐卫平、赵雷:《中共八大关于社会主要矛盾结论的认识分歧及其后果》,载《河南师范大学学报(哲学社会科学版)》,2001 年第 4 期。

第九章

改革开放与中国特色社会主义的开创和发展

一、内容概要

粉碎"四人帮"后,人民群众强烈要求彻底扭转十年内乱造成的严重局面,使党和国家从危难中重新奋起。这个时期,世界经济快速发展,科技进步日新月异,国内外发展大势要求中国共产党尽快就关系党和国家前途命运的大政方针作出政治决断和战略选择。1978 年 12 月,中国共产党第十一届中央委员会第三次全体会议召开。这次会议实现了历史性的伟大转折,开启了改革开放和社会主义现代化建设新时期。从此,中国共产党带领全国各族人民踏上了中国特色社会主义开创与接续发展的征程。

党的十一届三中全会后,以邓小平为主要代表的中国共产党人,制定中国共产党在社会主义初级阶段的基本路线,制定并稳步推进社会主义现代化建设三步走战略,逐步形成了建设中国特色社会主义的一整套路线、方针、政策,形成了邓小平理论。1989 年 6 月党的十三届四中全会以来,以江泽民为主要代表的中国共产党人,在领导建设中国特色社会主义的实践中,形成了"三个代表"重要思想,实现了指导思想上的与时俱进。2002 年 11 月党的十六大以来,以胡锦涛为总书记的中共中央,在推进全面建设小康社会的进程中,提出了科学发展观以及构建社会主义和谐社会和建设社会主义新农村等一系列重大战略思想。

二、教学设计与教学研究

(一)教学目标与基本要求

1. 了解"文化大革命"结束后,以邓小平为代表的中国共产党冲破"两个凡是"

束缚,完成指导思想上的拨乱反正,领导人民改革开放,开创社会主义现代化建设新局面的重大意义。

2. 了解党的十一届三中全会的历史功绩,认识党的十一届三中全会是中华人民共和国成立以来中共历史上具有深远意义的伟大转折。

3. 了解中国特色社会主义的历史进程及其每一个发展阶段的重要标志,了解改革开放的全面开展和巨大成就。

(二) 教学内容与逻辑结构

1. 教学内容

(1) 历史性的伟大转折和改革开放的起步。

(2) 改革开放和现代化建设新局面。

(3) 把中国特色社会主义全面推向 21 世纪发展。

(4) 在新的形势下坚持和发展中国特色社会主义。

2. 逻辑结构

本章主要围绕党的十一届三中全会以来,以邓小平为主要代表的中国共产党人,带领全党和全国人民,总结经验,解放思想,实事求是,实现全党工作中向以经济建设的转移,实行改革开放的政策,找到了一条充满生机的中国特色社会主义的强国之路,并形成了邓小平理论,引导我国社会主义现代化事业不断前进。党的十三届四中全会以来,以江泽民为主要代表的中国共产党人高举邓小平理论的旗帜,继续深化改革,扩大对外开放,积累了治党治国新的宝贵经验,提出了"三个代表"的重要思想和中国跨世纪发展的新战略,中国的综合国力大幅度提升,人民生活总体上实现了由温饱到小康的历史性跨越。党的十六大以来,以胡锦涛为主要代表的中国共产党人,坚持邓小平理论和"三个代表"重要思想为指导,根据新的发展要求,形成了以人为本、全面协调可持续发展的科学发展观。中国的综合国力和人民的生活水平都迈上一个大台阶,国家的面貌发生新的历史性变化,把中国特色社会主义伟大事业推进到新的发展阶段。

(三) 教学重点难点与教学方法

1. 教学重点

(1) 了解新时期我国实现改革开放的历史背景、基本历史进程、取得的重大成就。

(2) 深刻领悟党的十一届三中全会实现了中华人民共和国成立以来党和国家

历史上具有深远意义的伟大历史性转折,中国由此进入改革开放和现代化建设的新时期。

(3) 中国特色社会主义道路开辟和发展的历史进程,认识中国共产党在社会主义初级阶段的基本理论、基本路线、基本纲领和基本经验。

2. 教学难点

(1) 邓小平对社会主义的新认识。

(2) 了解并掌握中国特色社会主义是怎样开创的及中国特色社会主义是怎样持续发展的。

(3) 把握邓小平理论、"三个代表"重要思想和科学发展观马克思主义中国化理论成果的创立,是中国共产党人在新的伟大实践中,把马克思主义基本原理和中国具体实际相结合,与时俱进,理论创新的伟大理论成果。

3. 教学方法

本课程以课堂讲授为主,采用启发引导式、讨论研究式或专题式等教学方法,借助幻灯、录像等传统教学手段和 CAI 教学手段组织教学。

(四) 授课切入与教学案例

授课切入

播放开国大典视频。导出 20 世纪中国有三件里程碑式的三件大事:除了新中国成立,还有辛亥革命、改革开放。从而导出新课——第十章《改革开放与现代化建设新时期》。

教学案例 1

1976 年 10 月,江青反革命集团被粉碎之后,华国锋担任党政军最高领导职务。

1976 年 10 月 26 日,华国锋在听了中宣部的汇报时说:要集中批"四人帮",连带"批邓";"四人帮"的路线是极右路线;凡是毛主席讲过的,点过头的,都不要批评;天安门事件(四五运动)要避开不说。实际上提出了"两个凡是"的思想。"两个凡是"最早在 1977 年 2 月 7 日《人民日报》《红旗》杂志、《解放军报》的社论《学好文件抓住纲》中提出。

"两个凡是"源于 1977 年 2 月 7 日的两报一刊社论《学好文件抓住纲》,表述为:"凡是毛主席作出的决策,我们都必须拥护;凡是毛主席的指示,我们要始终不渝地遵循。"社论是汪东兴提议写的,也经过了当时的政治局同意。"两个凡是"有特定的指向,目的是高举毛主席的旗帜。

这篇社论中提出"凡是毛主席作出的决策,我们都坚决维护;凡是毛主席的指示,我们都始终不渝地遵循"。"两个凡是"提出后,遭到了邓小平、陈云等人的坚决反对,并引发了全党范围内关于真理标准问题的大讨论。

"两个凡是"一提出,尚未恢复职务的邓小平就提出了旗帜鲜明的反对意见。1977 年 4 月 10 日,他致信党中央,郑重提出:"我们必须世世代代地用准确的完整的毛泽东思想来指导我们全党、全军和全国人民"。(以下凡引此书,只注卷数和页码。)这封信经中央转发,对于在全党范围内削减"两个凡是"的影响,起到了一定的作用。

5 月 24 日,他在同中央两位同志的谈话中进一步提出,"'两个凡是'不行。""毛泽东思想是个思想体系。"实事求是"是个重要的理论问题,是个是否坚持历史唯物主义的问题。"

"文化大革命"十年,中国经历了一场深重的灾难。"四人帮"的倒台,让从梦魇中醒来的人们看到了希望,也充满了期待。然而,中国要前进,就必须打破把毛泽东的话作为判断一切是非标准的神学信条,也就是说必须打破"两个凡是"的精神枷锁。

1977 年 3 月的中央工作会议召开后不久,邓小平对前来看望他的中央办公厅的两位负责人说:"两个凡是"不行。按照"两个凡是",就说不通为我平反的问题,也说不通肯定 1976 年广大群众在天安门广场的活动"合乎情理"的问题。在 1977 年 4 月 10 日写给党中央的信中,他提出,"必须世世代代地用准确的完整的毛泽东思想来指导我们全党、全军和全国人民"。所谓"准确""完整",就是强调要把毛泽东思想作为一个科学的理论体系看待,强调着重掌握贯穿其中的科学观点和科学方法,而不是搞断章取义和"句句是真理"。"准确的完整的毛泽东思想"概念的提出,为批判"两个凡是"提供了有力的理论武器。

在 7 月召开的党的十届三中全会上,恢复了邓小平的职务。他在全会闭幕时发言,进一步阐述了完整地、准确地理解毛泽东思想的问题,强调不能够只从个别词句来理解毛泽东思想,要善于学习、掌握和运用毛泽东思想的体系来指导我们的各项工作,这样才不至于割裂、歪曲毛泽东思想。

在毛泽东逝世一周年之际,聂荣臻、徐向前、陈云、张鼎丞等老一辈革命家纷纷撰文纪念。他们在文章中响应邓小平的主张,强调要用科学的态度对待毛泽东思想。聂荣臻指出:我们的一切正确思想,归根结底,只能从实践中来,从实际经验中来,并且必须回到实践中去,通过实践的检验。陈云也在文中写道:实事求是不是一个普通的作风问题,而是马克思主义唯物主义的根本思想路线问题。

1977 年 3 月,胡耀邦受命出任中央党校副校长。1977 年年底,在中央党校学习和工作的 1 000 多名高中级干部为研究"文革"以来的党史问题时,提出了不少现实中和理论中的难题。胡耀邦听取汇报后，让大家解放思想，突破禁区，大胆研究。他提出两条原则："一个是完整、准确地运用毛泽东思想的问题，一个是实践是检验真理的标准问题。"

1977年10月，南京大学哲学系教师胡福明给《光明日报》寄来一篇题为《实践是检验真理的标准》的稿件。报社理论部对文章作了多次修改，准备在理论版哲学专栏发表。1978年4月上旬，正在中央党校学习的《光明日报》新任总编辑杨西光看到清样，说："这是一篇重要文章，放在哲学版，可惜了。"他提议作者进一步修改，加强现实针对性，并约请正在写同一主题文章的中央党校理论研究室的孙长江，共同研讨修改。文章经过反复修改，由孙长江定稿，定名为《实践是检验真理的唯一标准》。杨西光与中央党校哲学教研室主任吴江商定，为扩大文章影响，先在《理论动态》上发表，第二天再由《光明日报》公开见报。吴江就此请示胡耀邦，得到胡耀邦的批准。胡耀邦亲自审定了全文，于5月10日刊登在中央党校内部刊物《理论动态》上。11日，《光明日报》以特约评论员名义公开发表此文。

文章重申了"实践是检验真理的唯一标准"这个马克思主义认识论的基本原理，强调理论与实践相统一是马克思主义的最基本原则，一个理论是否正确地反映了客观实际，是不是真理，只能靠社会实践来检验。马克思主义理论的宝库并不是一堆僵死不变的教条，它在实践中不断增加新的观点、新的结论，抛弃那些不适合新情况的个别旧观点、旧结论。我们要完成中国共产党在新时期的总任务，面临着许多新问题，需要我们去认识、去研究，躺在马列主义、毛泽东思想的现成条文上，甚至拿现成的公式去限制、宰割、裁剪无限丰富的飞速发展的革命实践，是错误的。我们要有共产党人的责任心和胆略，研究生动的实际生活，要研究现实的确切的事实，研究新的实践中提出的新问题。只有这样，才是对待马克思主义的正确态度，才能逐步前进。

文章发表的当天下午，新华社立即向全国播发。第二天，全国的主要报纸纷纷转载。尽管文章所阐述的，是马克思主义的基本观点，但批判的锋芒直指"两个凡是"，反映了广大人民群众的心声，引起了强烈的社会反响。

中国共产党第十一届中央委员会第三次全体会议于1978年12月18日至22日在北京举行。出席会议的有中央委员169名，候补中央委员112名。中央及地方有关部门的负责人列席了会议。

全会的中心议题是讨论把全党的工作重点转移到社会主义现代化建设上来。

这次全会前，召开了历时36天的中央工作会议。在中央工作会议上，党的许多老一辈革命家和领导骨干，对"文化大革命"结束后两年来党的领导工作中出现的失误提出了中肯的批评，对党的工作重点转移到经济、政治方面的重大决策，党的优良传统的恢复和发扬等,提出了积极的建议。邓小平在会议闭幕式上作了题为《解放思想,实事求是,团结一致向前看》的重要讲话。这次中央工作会议,为随即召开的十一届三中全会作了充分准备。邓小平的讲话实际上成了三中全会的主题报告。

党的十一届三中全会结束了粉碎"四人帮"之后两年中党的工作在徘徊中前进的局面,实现了建国以来党的历史的伟大转折。这个伟大转折,是全局性的、根本性的。

——根据人民网-中国共产党新闻网整理

【思考与讨论】

1. 分析提出批判"两个凡是"历史和政治的原因。

2. 实践是检验真理的唯一标准提出的历史意义。

3. 谈谈你对党的十一届三中全会的认识。(从政治、思想、组织路线、重大历史问题的拨乱反正,党的民主集中制原则和改革开放等方面进行解答)

教学案例 2

自从 1982 年邓小平在中国共产党十二大开幕词中提出建设有中国特色的社会主义以来,我们党坚定不移地走中国特色社会主义道路。党的十八大进一步丰富和发展中国特色社会主义理论。

党的十二大以来党的会议的主题:

十三大:沿着有中国特色的社会主义道路前进。

十四大:加快改革开放和现代化建设步伐,夺取中国特色社会主义事业的更大胜利。

十五大:高举邓小平理论伟大旗帜,把建设中国特色社会主义事业全面推向二十一世纪。

十六大:全面建设小康社会,开创中国特色社会主义事业新局面。

十七大:高举中国特色社会主义伟大旗帜,为夺取全面建设小康社会新胜利而奋斗。

十八大:高举中国特色社会主义伟大旗帜,以邓小平理论、"三个代表"重要思想、科学发展观为指导,解放思想,改革开放,凝聚力量,攻坚克难,坚定不移沿着中国特色社会主义道路前进,为全面建成小康社会而奋斗。

——摘自《十二大以来历次党的全国代表大会主题的演进及其缘由》,《哈尔滨市委党校学报》,2013 年第 1 期

【思考与讨论】

1. 中国特色社会主义取得了哪些重大理论成果?

2. 怎样坚定不移走中国特色社会主义伟大道路？

教学案例 3

材料 1 1910 年，上海人陆士谔在幻想小说《新中国》里记载了一个神奇的梦，梦中主人公随时光穿梭，看到"万国博览会"在上海浦东举行，为方便市民参观，上海滩建成了浦东大铁桥和越江隧道，还造了地铁，工厂中的机器有鬼斧神工之妙，租界的治外法权已经收回，汉语成了世界通用的流行语言……最后梦中人一跤跌醒，却言道："休说是梦，到那时，真有这景象也未可知。"

1920 年，孙中山先生完成《建国方略》一书，书中提出了修建三峡水利、建设高原铁路系统等宏伟设想，构想了工厂遍地、机器轰鸣、高楼大厦矗立城乡、火车轮船繁忙往返的现代化景象，描绘了"万众一心，急起直追，以我五千年文明优秀之民族，应世界之潮流，而建设一政治最修明、人民最安乐之国家"的愿景。

1935 年，方志敏在《可爱的中国》中写道："中国一定有个可赞美的光明前途……到那时候，到处都是活跃跃的创造，到处都是日新月异的进步，欢歌将代替了悲叹，笑脸将代替了哭脸，富裕将代替了贫穷，康健将代替了疾苦，智慧将代替了愚昧，友爱将代替了仇杀，生之快乐将代替了死之悲哀，明媚的花园，将代替了凄凉的荒地！这时，我们民族就可以无愧色地立在人类的面前，而生育我们的母亲，也会最美丽地装饰起来，与世界上各位母亲平等地携手了。""这么光荣的一天，决不在辽远的将来，而在很近的将来。"

——摘编自《经济日报》，2012 年 12 月 12 日；《方志敏文集》

材料 2 2012 年 11 月 29 日，中共中央总书记习近平到国家博物馆参观《复兴之路》展览，在 19 世纪末列强割占领土、设立租借地、划定势力范围示意图前，在鸦片战争期间虎门的大炮前，在反映辛亥革命的文物和照片前，在《共产党宣言》第一个中文全译本前，在《中国共产党的第一个纲领》等反映中国共产党成立的文物和照片前，在李大钊狱中亲笔自述前，在中华人民共和国第一面五星红旗前，在党的十一届三中全会照片前，习近平不时停下脚步，认真观看，仔细询问和了解有关情况。在参观过程中，习近平发表了重要讲话，他提出，每个人都有理想和追求，都有自己的梦想，实现中华民族伟大复兴。

——摘自《人民日报》，2012 年 11 月 30 日

【思考与讨论】

1. 为什么"实现中华民族伟大复兴，就是中华民族近代以来最伟大的梦想"？

2. 为什么说"现在，我们比历史上任何时期都更接近中华民族伟大复兴的目

标"?

三、学术动态

关于改革开放的研究一直以来是史学界高度关注和重视的领域,每逢改革开放周年纪念时往往是研究的高峰时期,近些年来,与改革开放有关的成果,从整体上呈现数量多、专题覆盖广的特点。关于代表性改革开放成果,有改革开放资料类大致包括中央文献汇编、习近平论述摘编、改革开放专题性资料、亲历者回忆资料、地方改革开放资料汇编;有改革开放总体研究类大致包括改革开放理论探索、改革开放经验总结、改革开放史研究、全面深化改革研究;还有改革开放专题研究类大致包括政治、经济、文化、社会、民族、区域改革开放等。

随着改革开放进程的不断推进,大量新的关于改革开放资料被整理出版。代表性的著作有:乔石《乔石谈改革与发展》(人民出版社 2017 年版)、中共中央文献研究室《习近平关于全面深化改革论述摘编》(中央文献出版社 2014 年版)、欧阳淞和高永中《改革开放口述史》(中国人民大学出版社 2014 年版)、中共中央组织部办公厅《改革开放 30 年组织工作大事资料摘编》(党建读物出版社 2009 年版)、中共中央文献研究室《改革开放三十年重要文献选编》(中央文献出版社 2008 年版),等等。

近年来,随着改革开放研究的全面深入,一批对改革开放进行总体研究的论著纷纷问世。代表性的著作有:曹普《当代中国改革开放史》(人民出版社 2016 年版)、中共中央党史研究室第三研究部《中国改革开放史》(辽宁人民出版社 2002 年版)、钟启泉《改革开放若干重大理论问题回顾》(广西人民出版社 1998 年版)、任启文《改革开放与思维方式的转换》(河南人民出版社 1993 年版)。代表性的论文有:秦宣《论中国共产党总结改革开放经验的特色与启示》(《中共福建省委党校学报》2019 年第 1 期)、王楠《论中国特色的改革开放——对 30 年改革开放的中国经验的总结》(《大众文艺》2010 年第 9 期)、朱佳木《新中国两个 30 年与中国特色社会主义道路》(《当代中国史研究》2009 年第 5 期)、黄梅红《中国改革开放三十年的四点反思》(《改革与开放》2009 年第 11 期)。

有关改革开放的专题研究著述,覆盖面较广(具体包括政治、经济、文化、社会、民族、区域改革开放等方面),研究成果丰硕,研究也较深入。

政治方面:中国特色社会主义政治制度是中国共产党和中国人民的伟大创造,相关研究不断推进。在专著方面主要有:何哲《改革开放后中国共产党的执政转型基于党内法规与类法规文件的分析》(国家行政学院出版社 2016 年版)、侯为民《两个坚定不移,避免老路邪路——改革开放焕发社会主义巨大活力》(国家行政学院出版社 2016 年版)、汪玉凯等《中国行政体制改革 30 年回顾与展望》(人民出版社 2008 年版)、中国法学会《中国法治建设 30 年》(人民出版社 2008 年版)。在论文方面主要有:黄宗良和项佐涛《中国化马克思主义的伟大历史成果——改革开放 40 年中国的社会发展、党的执政理念和执政经验》(《当代世界与社会主义》2018 年第 6 期)、吴大兵和岳琦琳《改革开放以来中国共产党巩固执政基础的基本经验》(《重庆社会科学》2017 年第 10 期)、陶厚勇和高晓林《改革开放初期党应对执政考验、化解执政风险的经验与启示》(《理论导刊》,2015 年第 6 期)、张祥《改革开放环境下党的执政安全面临的挑战与对策研究》(《改革与开放》2011 年第 2 期)。

经济方面:经济是改革开放最重要也是最成功的领域。其中,经济体制改革、农村改革、对外开放等问题一直是学界关注的重点。在专著方面主要有:刘伟、张辉、黄昊《改革开放以来中国产业结构转型与经济增长》(中国计划出版社 2017 年版),逄锦聚《中国经济研究第 2 辑——经济新常态与全面深化改革》(经济科学出版社 2016 年版),常健聪《改革开放以来我国经济发展的一些关键性问题的理论和实证研究》(经济日报出版社 2016 年版),国家发展和改革委员会经济体制综合改革司、国家发展和改革委员会经济体制与管理研究所《改革开放三十年:从历史走向未来——中国经济体制改革若干历史经验研究》(人民出版社 2008 年版),郭书田《中国农村改革开放经历回顾》(中国农业出版社 2008 年版)。在论文方面主要有:张艳萍《改革开放以来社会主义市场经济体制改革历程与启示——基于对社会主义经济核算论战的思考》(《理论月刊》2019 年第 2 期)、程承坪等《改革开放以来中国经济增长的世界意义》(《江西社会科学》2018 年第 12 期)、郭旭红和武力《改革开放以来中国经济发展若干问题论述》(《中共党史研究》2017 年第 6 期)、姜力和李玉勇《改革开放以来农村政策的回顾和反思——基于农村经济状况演进视角》(《农业经济》2012 年第 12 期)、沈贝贝等《改革开放后我国经济增长研究》(《改革与开放》2011 第 22 期)。

文化方面:学界围绕改革开放以来的文化发展、文化事业、文化产业等诸多议题展开了广泛讨论。代表性的著作有:蔡武《筑牢文化自信之基——中国文化体制改革 40 年》(广东经济出版社 2017 年版)、高旭国和闫慧霞《改革开放以来生态文学创作研究》(中国农业出版社 2015 年版)、王一川《改革开放时代的电影文化修辞》(中国电影出版社 2015 年版)、蔡武《改革、发展、繁荣——改革开放 30 年中国文化发展报告》(文化艺术出版社 2008 年版)、张颐武《中国改革开放 30 年文化发展史》(上海大学出版社 2008 年版)。代表性的论文有:李文军和李巧明《改革开放 40 年我国文化产业发展历程及其取向》(《改革》2018 年第 12 期)、卢文忠《改革开放以来我国社会文化思潮的演进逻辑与历史效应》(《理论导刊》2018 年第 12 期)、戴翊《试论改革开放与上海文化事业的发展》(《上海党史研究》1998 年 S1 期)。

社会方面:改革开放以来,中国社会发生了深刻变化。理论界围绕着中国社会建设和治理发生的新变化和面临的新问题,以及社会变迁的深刻影响进行了研究。代表性著作有:宋晓梧《构建共享型社会——中国社会体制改革 40 年》(广东经济出版社 2017 年版)、董怀良《改革开放以来中国婚姻"私事化"研究(1978—2000)》(社会科学文献出版社 2016 年版)、李红艳《观看与被看凝视与权力——改革开放以来媒介与农民工关系研究》(中国言实出版社 2016 年版)、王兆成《乡土中国——从美国学者持续考察的山东邹平看中国改革开放 30 年》(山东人民出版社 2008 年版)、沙吉才《改革开放中的人口问题研究》(北京大学出版社 1994 年版)。代表性的论文有:谢勇和吴大华《改革开放以来我国社会治理模式的变迁及其理念转向研究》[《重庆邮电大学学报(社会科学版)》2018 年第 6 期]、郭星华和石任昊《从社会管制、社会管理到社会治理——改革开放以来中国现代法治建设的变迁》(《黑龙江社会科学》2014 年第 6 期)、毛丽娅《改革开放以来成都基督教青年会、女青年会社会服务探析》[《西昌学院学报(社会科学版)》2014 年第 1 期]、陈杰《先行一步——改革开放中的广州社会与华侨华人、港澳同胞》(《特区经济》2011 年第 8 期)。

区域改革开放方面:关于各地方改革开放实践方面的研究,学术界主要针对北京、上海、广东、深圳等改革先行区和开放最前沿地区,并取得了较为丰富的研究成果。代表性的著作有:王在亮《改革开放以来中国区域合作理论研究》(中国社会科学出版社 2016 年版)、中共湖南省委党史研究室《湖南改革开放实录》(湖南人民出版社 2016 年版)、国务院研究室义乌报告课题组《义乌报告——中国改革开放进程中的典范》(中国经济出版社 2014 年版)、中共广东省委办公厅等《广东改革发展纪实》(红旗出版社 2012 年版)、中共北京市委党史研究室《北京改革开放 30 年》(全 20 册)(中央文献出版社 2008 年版)、上海社会科学院《纪念上海改革开放 30 周年丛书》(全 5 册)(上海社会科学院出版社 2008 年版)。代表性的论文有:石碧华《改革开放 40 年 中国区域发展战略的演变及成效》(《中国社会科学报》2018 年 11 月 21 日)、罗清和等《从经济特区到自由贸易区:中国改革开放路径与目标》(《当代中国史研究》2018 年 2 期)、李文明《邓小平改革开放理论与深圳经济特区建设》(《改革与开放》2010 年第 22 期)、高尚全《继续发挥经济特区在改革开放和现代化建设中的示范带头作用》,(《中共党史研究》2010 年第 11 期)。

从已有研究状况来看,学界对改革开放的探索呈现百花盛开的局面,学术上的可喜进步,对于继续推进改革开放的伟大实践也具有重要现实意义。

四、 应知应会

（一）单项选择题

1. 1978 年开始的关于真理标准问题大讨论，强调的是（　　）。

A. 实践是检验真理的唯一标准　　　　B. 拨乱反正

C. 改革开放　　　　　　　　　　　　D. "两个凡是"

2. 实现新中国成立以来党的历史上具有深远意义伟大转折的会议是（　　）。

A. 党的十届三中全会　　　　　　　　B. 党的十一届三中全会

C. 党的十一届六中全会　　　　　　　D. 党的十二大

3. 1979 年召开的中共中央工作会议，为坚决纠正前两年经济工作中的失误，认真清理过去在这方面长期存在的"左"倾错误影响，提出对国民经济实行的方针是（　　）。

A. 调整、巩固、整顿、提高　　　　　B. 调整、改革、整顿、提高

C. 调整、改革、充实、提高　　　　　D. 调整、巩固、充实、提高

4. 经济体制的改革首先取得突破性的进展是在（　　）。

A. 城市　　　B. 农村　　　C. 工业　　　D. 第三产业

5. 1980 年 5 月，中央决定在深圳、珠海、汕头、（　　）设立经济特区，采取多种形式吸引和利用外资，学习外国的先进技术和经营管理方法。

A. 厦门　　　B. 宁波　　　C. 海口　　　D. 福州

6.（　　）年 1 月 1 日，中美两国正式建立外交关系。当天，美国政府宣布：与台湾"断交"，终止美台"共同防御条约"，从台湾撤出美国军队。

A. 1977　　　B. 1978　　　C. 1979　　　D. 1980

7. 1981 年通过《关于建国以来党的若干历史问题的决议》的是（　　）。

A. 党的十一届五中全会　　　　　　　B. 党的十二届三中全会

C. 党的十一届六中全会　　　　　　　D. 党的十二届六中全会

8. 1982 年 9 月 1 日至 11 日，中国共产党第十二次全国代表大会在北京召开，邓小平在开幕词中提出（　　）。

A. 建设有中国特色的社会主义　　　　B. 建设中国特色的社会主义经济

C. 建设中国特色的社会主义理论　　　D. 建设中国特色的社会主义

9. 1987 年党的十三大比较系统地阐述了关于社会主义初级阶段理论，完整地

概括了中国共产党在社会主义初级阶段的（　　　）的基本路线。

    A．"一个中心,两个基本点"　　　　　　B．"一个中心"

    C．"两个基本点"　　　　　　　　　　　D．"体制改革"

    10.（　　　）将社会主义初级阶段基本路线概括为"一个中心,两个基本点"。

    A．党的十二大　　　B．党的十三大　　　C．党的十五大　　　D．党的十六大

    11．党的十三大提出了（　　　）。

    A．全面建设小康社会的奋斗目标

    B．党在社会主义初级阶段的基本纲领

    C．建设中国特色社会主义的基本经验

    D．党在社会主义初级阶段的基本路线

    12．（　　　）为景山学校题词:"教育要面向现代化,面向世界,面向未来。"

    A．邓小平　　　　　B．胡耀邦　　　　　C．李鹏　　　　　　D．江泽民

    13．1990 年 4 月,根据邓小平的建议,启动了（　　　）开发开放的战略举措。

    A．上海浦东新区　　　　　　　　　　　B．海南

    C．西部　　　　　　　　　　　　　　　D．珠江三角洲

    14．1990 年 11 月年 26 日,经国务院授权、（　　　）批准,上海证券交易所正式成立。这是中华人民共和国成立以来在大陆开业的第一家证券交易所。

    A．中国人民银行　　B．财政部　　　　　C．国家工商总局　　D．证监会

    15．1992 年邓小平在视察南方讲话中指出:社会主义的本质,是解放生产力,发展生产力,消除两极分化,最终达到（　　　）。

    A．小康社会　　　　B．生活富裕　　　　C．经济繁荣　　　　D．共同富裕

    16．社会主义的本质是（　　　）。

    A．解放生产力,发展生产力,消灭剥削,消除两极风化,最终达到共同富裕

    B．以经济建设为中心

    C．改革开放

    D．坚持四项基本原则

    17．1992 年召开的党的十四大明确提出,我国经济体制改革的目标是建立（　　　）。

    A．社会主义市场经济体制　　　　　　　B．社会主义有计划商品经济体制

    C．计划为主、市场为辅的经济体制　　　D．市场为主、计划为辅的经济体制

    18．党的十五大提出了（　　　）。

    A．全面建设小康社会的奋斗目标

    B．党在社会主义初级阶段的基本路线

C. 建设中国特色社会主义的基本经验

D. 党在社会主义初级阶段的基本纲领

19. 改革开放以来我国不断改革和完善所有制结构,确立了(   )。

A. 以公有制为主体,多种所有制共同发展的基本经济制度

B. 以公有制经济为主体,个体和私营经济为补充的基本经济制度

C. 社会主义市场经济体制

D. 以间接管理为主,宏观调控的管理体制

20. 党的十六大提出了(   )。

A. 党在社会主义初级阶段的基本路线

B. 党在社会主义初级阶段的基本纲领

C. 社会主义现代化建设的战略目标

D. 全面建设小康社会的奋斗目标

21. 构建和谐社会的战略目标使我国社会主义建设事业的总体布局由三位一体发展为四位一体,新增加的一项内容是(   )。

A. 社会建设   B. 政治建设   C. 经济建设   D. 文化建设

22. (   ),胡锦涛正式提出了坚持以人为本,全面协调可持续的科学发展观。

A. 党的十六大   B. 党的十七大

C. 党的十六届一中全会   D. 党的十六届三中全会

23. 科学发展观的基本要求是(   )。

A. 和谐发展   B. 以人为本

C. 统筹兼顾   D. 全面协调可持续

24. 中国对香港恢复行使主权是在(   )。

A. 1996 年 7 月 1 日   B. 1997 年 1 月 1 日

C. 1997 年 7 月 1 日   D. 1998 年 1 月 1 日

25. 香港、澳门的回归,使"一国两制"(   ),标志着祖国统一大业又向前迈出了重要的一步。

A. 开始酝酿   B. 正式提出

C. 从科学构想变为现实   D. 完成历史使命

参考答案:

1. A 2. B 3. B 4. B 5. A 6. C 7. C 8. A 9. A 10. B 11. D
12. A 13. A 14. A 15. D 16. A 17. A 18. D 19. A 20. D 21. A
22. D 23. D 24. C 25. C

（二）多项选择题

1. 1978年《光明日报》发表《实践是检验真理的唯一标准》,引发了关于真理标准问题的大讨论。这次讨论(　　)。

A. 否定了"两个凡是"的错误观点

B. 打破了长期以来的个人崇拜和教条主义的束缚

C. 为党的十一届三中全会的召开奠定了思想基础

D. 完成了党的思想路线、政治路线的拨乱反正

2. 中国共产党十一届三中全会标志着新时期党的基本路线的思想开始形成,主要表现在提出了(　　)。

A. 社会主义初期阶段的理论　　　　B. 把工作重点转移到经济建设上来

C. 分三步走实现现代化的战略部署　D. 实行改革开放的决策

3. 党的十一届三中全会以后,首先在农村试行经济体制改革的两个省份是(　　)。

A. 广东　　　　　B. 福建　　　　　C. 安徽　　　　　D. 四川

4. 党的十一届三中全会以后,广东成为最早对外开放的地区之一,其优势在于广东(　　)。

A. 毗邻港澳,有对外开放的地利优势

B. 作为侨乡,有利于吸引华侨回国投资

C. 历来是对外开放的门户

D. 具有比国内其他地区更雄厚的工业基础

5. 1981年党的十一届六中全会通过的《关于建国以来党的若干历史问题的决议》科学地评价了毛泽东思想(　　)。

A. 是马克思列宁主义在中国的运用和发展

B. 是被实践证明了关于中国革命和建设的正确的理论原则和经验总结

C. 是中国共产党集体智慧的结晶

D. 是我们党的宝贵的精神财富

6. 1987年党的十三大(　　)。

A. 作出了《关于社会主义精神文明建设指导方针的决议》

B. 比较系统阐述了关于社会主义初级阶段的理论

C. 完整地概括了"一个中心、两个基本点"的基本路线

D. 制定了下一步经济体制改革和政治体制改革的基本任务和奋斗目标

7. 中国共产党在社会主义初级阶段的基本路线的主要内容是(　　)。

A. 以经济建设为中心　　　　　　　　B. 坚持四项基本原则

C. 坚持改革开放　　　　　　　　　　D. 坚持自力更生、艰苦创业

8. 邓小平在 1992 年初南方谈话中指出,我国社会主义建设必须"两手抓两手都要硬"的"两手"是(　　)。

A. 改革开放　　　　　　　　　　　　B. 经济建设

C. 文化建设　　　　　　　　　　　　D. 打击各种犯罪活动

9. 邓小平在南方谈话中指出,判断改革开放得失成败的标准应该主要看(　　)。

A. 是否有利于发展社会主义社会的生产力

B. 是否有利于发展社会主义社会的先进文化

C. 是否有利于增强社会主义国家的综合国力

D. 是否有利于提高人民的生活水平

10. 1994 年,中央提出了"抓住机遇、深化改革、扩大开放、促进发展、保持稳定"的基本方针。江泽民提出改革、发展、稳定的关系是(　　)。

A. 稳定是前提　　　　　　　　　　　B. 改革是动力

C. 发展是目标　　　　　　　　　　　D. 三者互相促进

11. 党的十五大(　　)。

A. 把邓小平理论确立为党的指导思想

B. 提出党在社会主义初级阶段的基本纲领

C. 提出公有制的实现形式可以而且应当多样

D. 提出依法治国是党领导人民治理国家的基本方略

12. 胡锦涛在 2003 年正式提出了科学发展观,其基本的内涵包括以下几点(　　)。

A. 以人为本　　　B. 全面发展　　　C. 可持续发展　　　D. 跨越式发展

13. 胡锦涛在全国科学技术大会上提出了走中国特色自主创新道路,建设创新型国家的指导方针,即(　　)。

A. 自主创新　　　B. 重点跨越　　　C. 支撑发展　　　D. 引领未来

14. 2006 年 10 月,党的十六届六中全会审议通过了《中共中央关于构建社会主义和谐社会若干重大问题的决定》,提出:(　　)构成社会主义核心价值体系的基本内容。

A. 马克思主义指导思想

B. 中国特色社会主义共同理想

C. 以爱国主义为核心的民族精神和以改革创新为核心的时代精神

D. 社会主义荣辱观

15. 下列哪些是改革开放和现代化建设取得的成就？（　　　）

A. 国民经济保持持续快速健康发展

B. 形成了全方位、多层次、宽领域的对外开放格局

C. 祖国统一大业取得重大进展

D. 经济增长的资源环境代价过大

参考答案：

1. ABC　2. BD　3. CD　4. ABC　5. ABCD　6. BCD　7. ABCD　8. AD
9. ACD　10. ABCD　11. ABCD　12. ABC　13. ABCD　14. ABCD　15. ABC

（三）简答题

1. 为什么说党的十一届三中全会是新中国成立以来的伟大历史转折？

2. 简述改革、稳定和发展的关系。

3. 简述中国共产党在社会主义初级阶段的基本路线。

4. 论述树立和落实科学发展观对我国现代化建设有什么重要意义？

5. 简述党的十一届三中全会以来，改革开放和社会主义现代化建设取得了哪些巨大成就？

参考答案：

1. 答：党的十一届三中全会是新中国成立以来党的历史上具有深远意义的伟大转折。

全会结束了粉碎"四人帮"后党和国家工作在徘徊中前进的局面，标志着中国共产党重新确立了马克思主义的思想路线、政治路线、组织路线，开始了在思想、政治、组织等领域的全面拨乱反正。

形成了以邓小平为核心的党中央领导集体，揭开了我国改革开放的序幕，开辟了建设中国特色社会主义的新道路，标志着中国从此进入了改革开放和社会主义现代化建设的历史新时期。党和国家充满希望和活力地踏上了实现社会主义现代化的伟大征程。

2. 答：三者是辩证统一、相互促进的。稳定是前提、改革是动力、发展是目的。

（1）要把改革的力度、发展的速度和社会可以承受的程度统一起来，做到在政治和社会稳定中推进改革和发展，在改革和发展的推进中实现政治和社会的长期稳定。

（2）把不断改善人民生活作为处理改革发展稳定关系的重要结合点。人民群众是改革发展的主体和动力，是稳定的力量源泉和深厚基础。改善人民生活，让人

民共享改革和发展的成果,是我们致力于发展、积极推进改革、坚持维护稳定的共同目的。所以,要做到把不断改善人民生活,让人民共享改革和发展的成果,作为处理改革发展稳定关系的重要结合点。

3. 答:党在社会主义初级阶段的基本路线是:领导和团结全国各族人民,以经济建设为中心,坚持四项基本原则,坚持改革开放,自力更生,艰苦创业,为把我国建设成为富强、民主、文明的社会主义现代化国家而奋斗。

4. 答:科学发展观,第一要义是发展,核心是以人为本,基本要求是全面协调可持续,根本方法是统筹兼顾。

科学发展观是马克思主义关于发展的世界观和方法论的集中体现,是同马克思列宁主义、毛泽东思想、邓小平理论、"三个代表"重要思想既一脉相承又与时俱进的科学理论,是对经济社会发展一般规律认识的进一步深化,是推进社会主义经济建设、政治建设、文化建设、社会建设全面发展的指导方针。

5. 答:改革开放以来,我国改革开放和社会主义现代化建设取得了巨大成就:

第一,国民经济保持持续快速健康发展,人民生活总体上达到小康水平,现代化建设事业稳步推进,综合国力和国际竞争力显著提高。第二,社会主义市场经济体制初步建立并不断完善,各项改革事业取得重大进展。第三,全方位对外开放取得新突破,形成全方位、多层次、宽领域的对外开放格局。第四,社会主义民主政治建设取得重要进展。第五,社会主义精神文明建设成效显著。第六,民族和宗教政策得到全面贯彻。第七,国防和军队建设迈出新步伐。第八,祖国统一大业取得进展。第九,积极开展全方位外交。第十,全面推进党的建设新的伟大工程。

(四)论述题

1. 为什么说党的十一届三中全会是新中国成立以来的伟大历史转折?
2. 中国特色社会主义是怎样开创的?
3. 中国特色社会主义是怎样持续发展的?

参考答案:

1. 答:党的十一届三中全会是新中国成立以来党的历史上具有深远意义的伟大转折。

党的十一届三中全会结束了粉碎"四人帮"后党和国家工作在徘徊中前进的局面,标志着中国共产党重新确立了马克思主义的思想路线、政治路线、组织路线,开始了在思想、政治、组织等领域的全面拨乱反正;形成了以邓小平为核心的党中央领导集体,揭开了我国改革开放的序幕,开辟了建设中国特色社会主义的新道路,标志着中国从此进入了改革开放和社会主义现代化建设的历史新时期。党和国家充满希望和活力地踏上了实现社会主义现代化的伟大征程。

2. 答：中国特色社会主义的开创，是中国共产党和全国人民一道持续奋斗、探索创新的结果。

以毛泽东为主要代表的中国共产党人，把马克思列宁主义的基本原理同中国革命的具体实践相结合，创立了毛泽东思想。在毛泽东思想指引下，党带领全国各族人民完成了新民主主义革命，进行了社会主义改造，确立了社会主义基本制度，成功实现了中国历史上最深刻最伟大的社会变革，为新的历史时期开创中国特色社会主义提供了宝贵经验、理论准备、物质基础。

党的十一届三中全会以来，以邓小平为主要代表的中国共产党人，带领全党全国各族人民深刻总结我国社会主义建设正反两方面经验，解放思想，实事求是，作出把党和国家工作中心转移到经济建设上来、实行改革开放的历史性决策，开辟了社会主义事业发展的新时期，逐步形成了建设中国特色社会主义的路线、方针、政策，科学回答了建设中国特色社会主义的一系列基本问题，创立了邓小平理论，成功开创了中国特色社会主义。

邓小平理论的形成，是中国特色社会主义道路成功开创的重要标志，同时为中国特色社会主义道路奠定了坚实的理论基础。

3. 答：中国特色社会主义，是中国共产党人在长期探索中国社会主义发展道路过程中形成的重大理论成果和实践成果，是中国共产党人把马克思主义基本原理同中国具体实际相结合所做出的正确的历史选择。

党的十三届四中全会以来，以江泽民为主要代表的中国共产党人，带领全党全国各族人民坚持党的基本理论、基本路线，在国内外形势十分复杂、世界社会主义出现严重曲折的严峻考验面前捍卫了中国特色社会主义。在建设中国特色社会主义的实践中，积累了治党治国新的宝贵经验，形成了"三个代表"重要思想。在重要思想的指导下，开创全面改革开放新局面，推进党的建设新的伟大工程，成功把中国特色社会主义推向21世纪。

党的十六大以来，以胡锦涛为主要代表的中国共产党人，根据新的发展要求，形成了科学发展观的重要思想，提出构建社会主义和谐社会战略任务，形成中国特色社会主义事业总体布局，成功在新的历史起点上坚持和发展了中国特色社会主义。

党的十八大以来，以习近平为主要代表的中国共产党人，顺应时代发展，创立了习近平新时代中国特色社会主义思想。在习近平新时代中国特色社会主义思想指导下，统筹"五位一体"总体布局，协调推进"四个全面"战略布局，坚持稳中求进工作总基调，迎难而上、开拓进取，取得了改革开放和社会主义现代化建设的开创性成就,推动中国特色社会主义进入新时代。

实践表明,中国特色社会主义道路,是我国进一步实现民族振兴、国家富强、人民幸福、社会和谐的必由之路、成功之路、胜利之路,是历史的选择、人民的选择、时代的选择。我们将坚定不移地高举中国特色社会主义道路的伟大旗帜,把我国建设成为富强民主文明和谐美丽的社会主义现代化强国,早日实现中华民族的伟大复兴。

(四) 材料分析题

材料分析题一

材料 1 1978 年我国做出改革开放的战略决策时,美国《时代》杂志曾质疑说:"他们的目标几乎不可能按期实现,甚至不可能实现。"经过近 40 年的改革开放,我国国内生产总值、外贸进出口总额均已达到世界第二位,经济总量占世界经济的份额提升到 10％左右,对世界经济增长的贡献率年平均超过 20％。据世界银行统计,我国已进入中高收入国家行列。

在物质文化生活得到提高之后,人民群众对未来期待更高,过去施工建厂,首先考虑的是经济利益,今天引进项目,担心的却是环境污染;过去期盼吃饱穿暖,今天却追求吃得健康、安全;过去梦想有车有房,现在则忧虑 PM2.5 排放,城乡居民收入整体都有提高,但城乡区域发展差距和居民收入分配差距依然较大,近 10 年来中国基尼系数始终处于 0.4 以上,超出国际公认"警戒线"……这个经济飞速发展、财富不断积累的世界第二大经济体,在创造着"中国式奇迹"的同时,仍有一些"中国式难题"亟待破解。

"改革开放是我们党的历史上一次伟大觉醒,正是这个伟大觉醒孕育了新时期从理论到实践的伟大创造。"习近平总书记在党的十八大之后首次到地方调研就选择了广东,并向深圳莲花山顶的邓小平钢像敬献了花篮。习近平总书记表示,之所以到广东来,就是要到在我国改革开放中得风气之先的地方,现场回顾我国改革开放的历史进程,将改革开放继续推向前行。我们来瞻仰邓小平钢像,就是要表明我们将坚定不移推进改革开放,奋力推进改革开放和现代化建设取得新进展、实现新突破、迈上新台阶。

——摘编自《人民日报》,2013 年 3 月 22 日;新华网,2012 年 12 月 11 日等

材料 2 1992 年,邓小平同志在南方谈话中说:"不坚持社会主义,不改革开放,不发展经济,不改善人民生活,只能是死路一条。"回过头来看,我们对邓小平同志这番话就有更深的理解。所以,我们讲,只有社会主义才能救中国,只有改革开

放才能发展中国、发展社会主义、发展马克思主义。

正是从历史经验和现实需要的高度,党的十八大以来,中央反复强调,改革开放是决定当代中国命运的关键一招,也是决定实现"两个一百年"奋斗目标、实现中华民族伟大复兴的关键一招,实践发展永无止境,解放思想永无止境,改革开放也永无止境,停顿和倒退没有出路,改革开放只有进行时、没有完成时。

——摘自习近平:《关于〈中共中央关于全面深化改革若干重大问题的决定〉的说明》,《人民日报》,2013 年 11 月 16 日

请回答:

1. 如何看待改革开放进程中的"中国式奇迹"与"中国式难题"?
2. 运用社会基本矛盾原理分析为什么"改革开放只有进行时、没有完成时"?

材料分析题二

材料 1　航海家哥伦布完成了他的前无古人的探险活动后、向支持他探险的西班牙国王和王后汇报他的发现时说:"地球是圆的。"他因为这一伟大的发现而名垂后世。但是,时隔 500 多年后,美国《纽约时报》中东事务专栏作家、普利策奖获得者托马斯·弗里德曼沿着哥伦布的航程,从美国乘飞机出发,经由法兰克福一直向东飞行,来到了印度的"硅谷"——班加罗尔。经过一段时间的观察,他有了一个破天荒的发现。他回到美国后,悄悄地对他的太太说了一句话:"亲爱的,我发现这个世界是平的。"

"世界是平的",并不是说地球已改变了它的物理形态,但这个论点的提出有着划时代的意义。它揭示出当今世界正在发生的深刻而又令人激动的一个变化——全球化的趋势。它以高科技发展为动力,在地球各处勇往直前、势不可挡,世界也因此从一个球体变得平坦。

"世界是平的",意味着在今天这样一个因信息技术而紧密、方便的互联世界中,全球市场、劳动力和产品都可以被整个世界共享,一切都有可能以最有效率和最低成本的方式实现。

"世界是平的",改变着每一个人的工作方式、生活方式和思想方式,乃至一个人的生存方式。因此,生活在当今时代的每一个人,都面临平坦的世界这样巨大的变化,我们将如何自处?看来,在这个世界里,要想脱颖而出,最重要的一点是不断强化自己的竞争力,首先要培养"学习如何学习"的能力——不断学习和教会自己处理旧事物和新事物的新方式。

——摘编自《人民日报》,2007 年 7 月 26 日;《人民日报(海外版)》,2012 年 11 月 1 日

材料 2　弗里德曼在《世界是平的》一书中,以丰富生动的语言描述了全球化

带来的挑战和益处。其中一段话颇令人回味:"小时候父母常常说,儿子啊,乖乖把饭吃完,因为中国和印度的小孩没饭吃。现在,父母会对孩子说,女儿啊,乖乖把书念完,因为中国和印度的小孩正在等着抢你的饭碗。"

——摘编自(美)托马斯·弗里德曼《世界是平的——21世纪简史》,何帆等译,湖南科学技术出版社,2016年版

请回答:

1. 在"世界变平"的时代,为什么每个人"要培养'学习如何学习'的能力"?

2. 从"抢饭"到"抢饭碗"的变化说明了什么?

参考答案:

材料分析题一

1. 答:改革开放过程中的"中国式奇迹"主要是在近40年的改革开放过程中,党领导人民取得了一系列辉煌的成就。"中国式难题"主要是指在取得这些伟大成就的同时,我们也付出了一些代价,包括生态平衡被破坏、雾霾污染严重,等等。

2. 答:按照毛泽东对社会主义社会基本矛盾的理论分析。第一,指出社会主义社会仍然存在矛盾。第二,系统地阐明了社会主义社会基本矛盾的性质和特点。第三,提出了通过社会主义制度本身解决社会基本矛盾的思想。第四,毛泽东指出,我国存在两种不同性质的矛盾,即敌我矛盾和人民内部矛盾,正确处理人民内部矛盾是国家政治生活的主题。

按照邓小平对社会主义社会基本矛盾理论的丰富和发展:第一,判断一种生产关系和生产力是否相适应,要从实际出发,具体问题具体分析,主要看它是否适应当时当地生产力的要求,能否推动生产力发展。第二,提出在社会主义社会依然有解放生产力的问题。第三,把社会主义社会基本矛盾、主要矛盾和根本任务统一起来。第四,指出了解决社会主义初级阶段主要矛盾的途径是改革。

由此可见,"改革开放只有进行时,没有完成时"。

材料分析题二

1. 答:当今世界是一个不断开放和发展的世界,特别是在信息化日益增强的过程中,生产力水平在不断提高,要求人们必须不断学习,增强个人知识,提高学习能力,进而适应日益发展的时代要求。

当今世界是不断变化的,新的生活方式和思维方式的涌现,需要人们不断学习,不断进步,从而学习适应社会发展的需求。

在日益竞争激烈的社会当中,人们唯有不断学习、不断进步,才能培养和锻炼自己的生活技能,提高自己认识新事物,处理新问题的能力。

2. 答:从"抢饭到抢饭碗"说明经过近40年的改革开放,在国际社会中,中国

的综合国力不断增强,中国和平崛起。但是,在中国的和平崛起中,中国不谋求地区霸权和势力范围,不排挤任何国家,将始终秉承自强不息、开拓进取、开放包容、同舟共济的"亚洲精神",永做亚洲其他国家的好邻居、好朋友、好伙伴。

中国将继续贯彻与邻为善、以邻为伴、睦邻友好的周边外交方针,发展同周边国家和亚洲其他国家的友好合作关系,积极开展双边和区域合作,共同营造和平稳定、平等互信、合作共赢的地区环境。中国将继续加强同发展中国家的团结合作,深化传统友谊,扩大互利合作,通过援助和投资方式,真诚帮助发展中国家实现自主发展,维护发展中国家正当权益和共同利益。

五、实践教学

(一) 实践内容

家乡改革开放成就调查(县/区/乡镇/街道/社区)。

(二) 实践方案

调查时间、地点、对象及调查方式(走访、座谈、观察、录像/文献调查等)。

(三) 实践成果

调查报告字数不少于 5 000 字,主要包括下面四个部分:

1. 家乡基本情况概述。
2. 家乡发展特色(尤其是在创新、协调、生态、开放、共享发展等方面)。
3. 家乡发展中存在的难题。
4. 对策或建议。

(四) 实践评价

教师根据学生调查报告完成的情况进行考核,纳入平时成绩。

六、推荐阅读

(一) 著作

1.《关于建国以来党的若干历史问题的决议·注释本》,人民出版社,1985 年版。

2.《邓小平文选》,人民出版社出版,1993—2010年版。

3.《江泽民文选》,人民出版社,2006年版。

4.《胡锦涛文选》,人民出版社,2016年版。

5.《习近平新时代中国特色社会主义思想学习问答》,学习出版社、人民出版社,2021年版。

6. 任启文:《改革开放与思维方式的转换》,河南人民出版社,1993年版。

7. 沙吉才:《改革开放中的人口问题研究》,北京大学出版社,1994年版。

8. 王宝发:《改革开放中的民事审判理论与实践》,吉林人民出版社,1996年版。

9. 钟启泉:《改革开放若干重大理论问题回顾》,广西人民出版社,1998年版。

10. 于幼军、黎元江:《社会主义五百年》,广东教育出版社,2001年版。

11. 施永康:《中国近代改革开放经济思想史》,福建教育出版社,2002年版。

12. 郭书田:《中国农村改革开放经历回顾》,中国农业出版社,2008年版。

13.《浙江改革开放史》课题组:《浙江改革开放史》,中共党史出版社,2008年版。

14. 王敏:《新疆改革开放文学三十年》,新疆大学出版社,2008年版。

15. 中央文献研究室、中国外文局:《习近平谈治国理政》,外文出版社,2014年版。

16. 施文:《辉煌30年——1978—2008福建民族工作改革开放三十年》,福建省民族与宗教事务厅,2009年版。

17. 中共中央文献研究室:《习近平关于全面深化改革论述摘编》,中央文献出版社,2014年版。

18. 刘艳:《改革开放以来马克思主义理论教育思想发展研究》,中国书籍出版社,2015年版。

19. 江苏省教育学会:《为了教育的明天:改革开放时期的江苏师范教育》,江苏凤凰教育出版社,2015年版。

20. 高旭国、闫慧霞:《改革开放以来生态文学创作研究》,中国农业出版社,2015年版。

21. 王一川:《改革开放时代的电影文化修辞》,中国电影出版社,2015年版。

22. 王崎峰:《改革开放以来中国大学生精神生活研究》,武汉理工大学出版社,2016年版。

23. 中共浙江省委党史研究室:《探析浙江改革开放:教育体制改革与教育发展的"浙江现象"》,中共党史出版社,2016年版。

24. 董怀良:《改革开放以来中国婚姻"私事化"研究(1978—2000)》,社会科学文献出版社,2016 年版。

25. 柏必成:《改革开放以来我国住房政策的变迁:轨迹与动力分析——基于政策变迁理论的研究》,武汉大学出版社,2016 年版。

26. 李红艳:《观看与被看凝视与权力——改革开放以来媒介与农民工关系研究》,中国言实出版社,2016 年版。

27. 曹普:《当代中国改革开放史》,人民出版社,2016 年版。

28. 郜志刚:《改革开放以来中国共产党社会公正思想研究》,人民出版社,2016 年版。

29. 何哲:《改革开放后中国共产党的执政转型——基于党内法规与类法规文件的分析》,国家行政学院出版社,2016 年版。

30. 侯为民:《两个坚定不移,避免老路邪路——改革开放焕发社会主义巨大活力》,国家行政学院出版社,2016 年版。

31. 王在亮:《改革开放以来中国区域合作理论研究》,中国社会科学出版社,2016 年版。

32. 中共湖南省委党史研究室:《湖南改革开放实录》,湖南人民出版社,2016 年版。

33. 赵新国:《民族政策的实践与发展——以改革开放以来的云南为例》,人民出版社,2016 年版。

34. 常健聪:《改革开放以来我国经济发展的一些关键性问题的理论和实证研究》,经济日报出版社,2016 年版。

35. 刘伟、张辉、黄昊:《改革开放以来中国产业结构转型与经济增长》,中国计划出版社,2017 年版。

36. 乔石:《乔石谈改革与发展》,人民出版社,2017 年版。

37. 金冲及:《生死关头——中国共产党的道路抉择》,三联书店,2016 年版。

(二) 论文

1. 秦宣:《论中国共产党总结改革开放经验的特色与启示》,载《中共福建省委党校学报》,2019 年第 1 期。

2. 张艳萍:《改革开放以来社会主义市场经济体制改革历程与启示——基于对社会主义经济核算论战的思考》,载《理论月刊》,2019 年第 2 期。

3. 黄宗良、项佐涛:《中国化马克思主义的伟大历史成果——改革开放 40 年中国的社会发展、党的执政理念和执政经验》,载《当代世界与社会主义》,2018 年第 6 期。

4. 程承坪等:《改革开放以来中国经济增长的世界意义》,载《江西社会科学》,2018 年第 12 期。

5. 李文军、李巧明:《改革开放 40 年我国文化产业发展历程及其取向》,载《改革》,2018 年第 12 期。

6. 郭旭红、武力:《改革开放以来中国经济发展若干问题论述》,载《中共党史研究》,2017 年第 6 期。

7. 吴大兵、岳琦琳:《改革开放以来中国共产党巩固执政基础的基本经验》,载《重庆社会科学》,2017 年第 10 期。

9. 陶厚勇、高晓林:《改革开放初期党应对执政考验、化解执政风险的经验与启示》,载《理论导刊》,2015 年第 6 期.

10. 庾荣:《当代伊斯兰教公益慈善事业的实践及特点》,载《红河学院学报》,2015 年第 4 期。

11. 毛丽娅:《改革开放以来成都基督教青年会、女青年会社会服务探析》,载《西昌学院学报(社会科学版)》,2014 年第 1 期。

12. 郭星华、石任昊:《从社会管制、社会管理到社会治理——改革开放以来中国现代法治建设的变迁》,载《黑龙江社会科学》,2014 年第 6 期。

13. 张祥:《改革开放环境下党的执政安全面临的挑战与对策研究》,载《改革与开放》,2011 年第 2 期。

14. 陈杰:《先行一步:改革开放中的广州社会与华侨华人、港澳同胞》,载《特区经济》,2011 年第 8 期。

15. 沈贝贝等:《改革开放后我国经济增长研究》,载《改革与开放》,2011 第 22 期。

16. 张玉姬、刘立夫:《改革开放三十年来的中国佛教慈善公益事业》,载《佛教文化》,2010 年第 2 期。

17. 王楠:《论中国特色的改革开放——对 30 年改革开放的中国经验的总结》,载《大众文艺》,2010 年第 9 期。

18. 李文明:《邓小平改革开放理论与深圳经济特区建设》,载《改革与开放》,2010 年第 22 期。

19. 高尚全:《继续发挥经济特区在改革开放和现代化建设中的示范带头作用》,载《中共党史研究》,2010 年第 11 期。

20. 黄梅红:《中国改革开放三十年的四点反思》,载《改革与开放》,2009 年第 11 期。

21. 赵培成:《改革开放以来的五台山佛教》,载《五台山研究》,1994 年第 4 期。

第十章

中国特色社会主义进入新时代

一、内容概要

党的十八大以来,在以习近平同志为核心的党中央坚强领导下,在习近平新时代中国特色社会主义思想科学指导下,中国共产党以巨大的政治勇气和强烈的责任担当,自信自强、守正创新,统揽伟大斗争、伟大工程、伟大事业、伟大梦想,解决了许多长期想解决而没有解决的难题,办成了许多过去想办而没有办成的大事,推动党和国家事业取得历史性成就、发生了历史性变革。经过长期努力,中国特色社会主义进入了新时代,这是我国发展新的历史方位。中华民族日益走近世界舞台中央,迎来了实现伟大复兴的光明前景,比历史上任何时期都更接近伟大复兴的目标,比历史上任何时期都更有信心、有能力实现这个目标。

实现中华民族伟大复兴是近代以来中国人民和中华民族最伟大的梦想。180多年来,中国人民为实现伟大民族复兴接力奋斗。1921年中国共产党成立后,党团结带领中国人民,书写了中华民族几千年历史上最恢宏的史诗,从根本上改变了中华民族的面貌。今天中华民族向世界展现的是一派欣欣向荣的气象,正以不可阻挡的步伐迈向伟大复兴。

二、教学设计与教学研究

(一)教学目标与基本要求

1. 了解全面建设小康社会目标的确定和实现民族复兴中国梦的提出,深刻认识"五位一体"总体布局和"四个全面"战略布局的科学内涵和历史地位。

2. 了解党的十八大以后五年的历史性成就和历史性变革,了解改革开放 40

多年取得的巨大成就,深刻认识党的十九大的历史性贡献。

3. 领会习近平新时代中国特色社会主义思想的核心内容,认识中国特色社会主义进入新时代的重大意义。

(二)教学内容与逻辑结构

1. 教学内容

(1) 开拓中国特色社会主义更为广阔的发展前景。

(2) 夺取新时代中国特色社会主义伟大胜利。

(3) 全面建成小康社会和开启全面建设社会主义现代化国家新征程。

2. 逻辑结构

本章共分三节。

第一节"开拓中国特色社会主义更为广阔的发展前景"。该节含七个目。分别论述全面建设小康社会目标的确定、实现民族复兴中国梦的提出、统筹推进"五位一体"总体布局、协调推进"四个全面"战略布局、全面推进国防和军队现代化建设、坚持"一国两制"和推进祖国统一、全面推进中国特色大国外交和推动构建人类命运共同体。

第二节"夺取新时代中国特色社会主义伟大胜利"。该节含六个目。分别阐述确立习近平新时代中国特色社会主义思想为指导思想;坚持党的全面领导和提高党的建设质量;党和国家组织机构和管理体制的系统性整体性重构;坚持和完善中国特色社会主义制度,推进国家治理体系和治理能力现代化;在应对风险挑战中推进各项事业;向第二个百年奋斗目标进军。

第三节"全面建设小康社会和开启全面建设社会主义现代化国家新征程"。该节含五个目。分别论述脱贫攻坚战取得全面胜利,全面建成小康社会宏伟目标如期实现,把握新发展阶段、贯彻新发展理念、构建新发展格局,奋力夺取全面建设社会主义现代化国家新胜利,隆重庆祝中国共产党成立 100 周年。

(三)教学重点难点与教学方法

1. 教学重点

(1) 党的十八大以来五年的历史性成就和历史性变革。

(2) 中国特色社会主义进入新时代的重大意义。

(3) "五位一体"总体布局和"四个全面"战略布局。

2. 教学难点

(1) 如何认识新时代中国与世界关系的历史性变化?

(2) 如何理解新时代坚持和发展中国特色社会主义?

3. 教学方法

主要运用以下四种方法:比较分析的方法、教师主导性与学生主体性相结合的方法、史论结合的方法以及联系现实的方法。为调动学生的主体性,可在教学中采用多种手段,如多媒体教学、课堂讨论与课外阅读。

(四) 授课切入与教学案例

授课切入

通过播放经典视频《厉害了,我的国》,将党的十八大以来中国的发展和成就,以及党的十九大报告中习近平总书记提出的中国特色社会主义进入新时代这一重大论述,以纪录片的形式呈现在大银幕上,激发学生学习热情,导出新课。本章着重讲授 2012 年党的十八大以来的情况。这一时期是改革开放和社会主义现代化建设取得历史性成就的时期;是中国特色社会主义进入新时代的时期;是决胜全面建设小康社会、开启全面建设社会主义现代化国家新征程的时期。本章讲解要运用马克思主义的立场、观点、方法,注重历史分析,做到史论结合、论从史出。

教学案例 1　2018 年度生态文明建设十件大事

一、"生态文明"写入宪法。3 月 11 日,十三届全国人大一次会议第三次全体会议表决通过了《中华人民共和国宪法修正案》。"贯彻新发展理念""推动物质文明、政治文明、精神文明、社会文明、生态文明协调发展""把我国建设成为富强民主文明和谐美丽的社会主义现代化强国"等内容涉及建设生态文明和美丽中国,是本次宪法修正案中的一个突出亮点。

二、全国生态环境保护大会召开。5 月 18 日至 19 日,全国生态环境保护大会在北京召开。这次会议是我国生态文明建设和生态环境保护发展历程中,规格高、规模大、影响广、意义深的历史性盛会;是新时代生态文明建设的根本遵循和行动指南。

三、深化国家生态环境和自然资源机构改革迈出重要步伐。党的十九届三中全会通过了《中共中央关于深化党和国家机构改革的决定》和《深化党和国家机构改革方案》,对生态文明建设管理体制进行系统性、整体性、重构性的改革。十三届全国人大一次会议表决通过了关于国务院机构改革方案的决定,批准了这个方案,组建自然资源部、生态环境部以及国家林业和草原局等部门,整合组建生态环境保护综合执法队伍,统一实行生态环境保护执法。

四、中共中央、国务院印发《关于全面加强生态环境保护坚决打好污染防治攻坚战的意见》。6月,中共中央、国务院印发《关于全面加强生态环境保护坚决打好污染防治攻坚战的意见》,明确了打好污染防治攻坚战的时间表、路线图、任务书,确定到2020年,生态环境质量总体改善,主要污染物排放总量大幅减少,环境风险得到有效管控,生态环境保护水平同全面建成小康社会目标相适应。7月,十三届全国人大常委会第四次会议听取和审议大气污染防治法执法检查报告并作出《关于全面加强生态环境保护依法推动打好污染防治攻坚战的决议》。同月,国务院印发《打赢蓝天保卫战三年行动计划》,明确了大气污染防治工作的总体思路、基本目标、主要任务和保障措施,要求坚决打赢蓝天保卫战,实现环境效益、经济效益和社会效益多赢。

五、乡村振兴战略强调以绿色发展为引领。中共中央、国务院出台了关于实施乡村振兴战略的意见,印发了《乡村振兴战略规划(2018—2022年)》,明确要求统筹推进农村经济建设、政治建设、文化建设、社会建设、生态文明建设和党的建设,让农业成为有奔头的产业,让农民成为有吸引力的职业,让农村成为安居乐业的美丽家园;要坚持人与自然和谐共生,牢固树立和践行绿水青山就是金山银山的理念,以绿色发展引领乡村振兴。

六、全国人大表决通过《土壤污染防治法》。8月31日,第十三届全国人大常委会第五次会议审议通过《土壤污染防治法》,标志着土壤污染防治制度体系基本建立。《土壤污染防治法》明确了企业防止土壤受到污染的主体责任,强化污染者的治理责任,明确政府和相关部门的监管责任,建立农用地分类管理和建设用地准入管理制度,加大环境违法行为处罚力度,为扎实推进"净土保卫战",提供了坚强有力的法治保障。

七、中央环保督察组对20个省份实施"回头看"。为按照党中央、国务院决策部署,中央生态环保督察组分两批共对20个省份实施督察"回头看",紧盯督察整改,重拳打击敷衍整改、表面整改、假装整改及"一刀切"等生态环保领域形式主义、官僚主义问题;同时针对污染防治攻坚战7大标志性战役及其他重点领域,每个省份统筹安排1个专项督察。通过"回头看",有效推动习近平生态文明思想贯彻落实,进一步压实地方党委政府生态环保责任,解决一大批突出生态环境问题,助推经济高质量发展。两批"回头看"公开103个典型案例,推动解决7万多个群众身边的生态环境问题,问责超过8 000人,有效传导压力,倒逼整改落实。

八、中央严肃查处秦岭北麓西安境内违建别墅问题。《中共中央办公厅关于陕西省委、西安市委在秦岭北麓西安境内违建别墅问题上严重违反政治纪律以及开展违建别墅专项整治情况的通报》将秦岭北麓西安境内违建别墅问题作为严重违反政治纪律的典型案例，重视程度高、追责力度大、震慑效果强、影响范围广，对生态环境系统具有很强的针对性、指导性，对生态环境保护工作具有历史性、标志性意义。

九、生态环境部命名第二批"绿水青山就是金山银山"实践创新基地和国家生态文明建设示范市县。12 月 15 日，在中国生态文明论坛南宁年会上，生态环境部对第二批 16 个"绿水青山就是金山银山"实践创新基地和第二批 45 个国家生态文明建设示范市县进行了授牌命名。这些被命名的地区是近年来各地深入贯彻习近平生态文明思想、推进生态文明建设实践中涌现出的先进典型，发挥了重要引领和示范作用。

十、生态文明建设得到国际社会高度认可。9 月 27 日，联合国环境规划署将年度"地球卫士奖"中的"激励与行动奖"颁给浙江"千村示范、万村整治"工程。这是联合国最高环保荣誉，充分说明中国和浙江推进生态文明建设的努力和成效得到国际社会认可。浙江"千万工程"是"绿水青山就是金山银山"理念在基层农村的成功实践。多名海外专家认为，"千万工程"不仅是中国在生态文明建设领域的生动实践，而且对世界其他国家也有借鉴意义。

——中央广电总台国际在线，2019 年 2 月 2 日

【思考与讨论】

1. 将"生态文明"写入宪法修正案意味着什么？
2. 新时代我国生态文明建设的主要成就包括哪些？

教学案例 2　厉害了，我的国

《厉害了，我的国》是在《辉煌中国》的基础上改编而成，将党的十八大以来中国的发展和成就，以及十九大报告中习近平总书记提出的中国特色社会主义进入新时代这一重大论述，以纪录片的形式首次呈现在大银幕上。观众在观影后表示该片非常震撼，对中国工程、中国制造都充满了自信，说到底是对中国特色社会主义道路充满了自信。这部影片让观众真切地感受到一个创新强国、研发强国、责任强国，更让观众深刻地意识到，身处一个伟大的时代、一个全新的时代。在未来的工作中，要像片中的中国梦的创造者那样，以更优的姿态投入每项工作中，要坚决成为这个时代中一名坚定的奋斗者和奉献者。还有观众表示，观看了这部影片有两个感受，一是震撼，二是自豪。震撼的是中国从党的十八大到十九大这五年来的发

展现状处在世界大国之列,自豪的是自己能生在这个强大的国家而感到骄傲和自豪。作为展现新时代祖国复兴强盛的写实记录电影,《厉害了,我的国》恢宏写实的镜头下,不仅将中国在科技领域取得的非凡成就跃然光影,同时电影在后半段也以普通人的视角为切入,着力展现平凡百姓的生活轨迹,从基层扶贫到筑起最大人工林的坝上人,从细致入微的健康管理员到军纪严明的威武雄师,多角度地展现了在以习近平新时代中国特色社会主义思想为指导取得的卓越成就,令人不禁热泪盈眶,由衷发出一句赞叹:"厉害了,我的国!"

——新浪网,2018 年 4 月 9 日

【思考与讨论】

1. 新时代中国特色社会主义取得了哪些成就?
2. 如何建设更加"厉害"的"我的国"?

三、学术动态

党的十八大以来的这段时期,我国的发展波澜壮阔,成就举世瞩目。政治、经济、文化、外交、理论创新、社会治理等问题成为当前学术界研究的热点。

关于"中国道路"研究渐入高潮。学者们围绕"中国道路"内涵,分析了"中国道路"的特征、机遇与挑战、前景,对"中国道路"与"苏联模式""中国模式"及"中国梦"的关系进行了探讨,并从对中国特色社会主义建设、国际示范效应、对社会主义运动的影响、对马克思主义理论体系的深化等方面梳理了中国道路的影响。仅从中国知网检索发现,关于"中国道路"的核心文章每年都有 100 多篇。此外,《人民日报》《光明日报》等主流报纸,人民网、光明网、求是网等主流网络也刊发了不少关于"中国道路"的研究文章。同时,关于"中国道路"研究的著作每年都有大量出版,但大体上主要是从中国道路的内涵、特征、影响等方面展开对中国道路的解读,如胡鞍钢的《中国道路与中国梦想》(浙江人民出版社 2013 年版)、侯惠勤的《中国道路和中国模式》(社会科学文献出版社 2015 年版)、詹真荣的《全球化视域下的中国道路研究》(浙江大学出版社 2016 年版)、法国宏观经济学家米歇尔·阿格里塔(Michel Aglietta)的《中国道路:超越资本主义与帝制传统》(格致出版社 2016 年版)、韩庆祥和黄相怀的《中国道路能为世界贡献什么》(中国人民大学出版社 2017 年版)、鄢一龙的《中国道路辩证法:社会主义探索四个三十年》(浙江人民出版社 2017 年版),等等。

围绕"中国道路"这一主题,学界理论界还举办了一系列国内外研讨交流活动。

有的研讨会直接以"中国道路"为主题,有的则把"中国道路"作为一项重要议题。2013 年 11 月,在中央文献研究室举办的"中国梦与中国道路"理论研讨会中,与会专家、学者立足于党和国家重要文献,阐述了改革开放以来中国特色社会主义道路形成发展的背景、过程、主要内容、基本经验、基本规律。还有不少学术会议、研讨会,尽管不是以"中国道路"为主题,但把"中国道路"作为一项重要议题。同时,为了促进中外学术交流对话,加强对中国特色社会主义道路、理论体系、制度成就的对外宣传,提升中国话语权和软实力,各类围绕"中国道路"举办的国际学术会议也日益增多。2015 年 10 月,首届世界马克思主义大会在北京举办,在"中国道路和中国话语体系"分论坛中,学者们取得了一定的共识:中国特色社会主义道路的成功既有时代背景,也有主观努力;既有外部原因,也有独特的内部条件。2016 年 8 月,"中国道路澳洲论坛"在澳大利亚纽卡斯尔市和新西兰召开,国内外学者围绕"中国道路:内涵、特征、经验、建议、前景"展开交流。

各类相关著作、论文的出版发表、学术研讨会的召开推进了中国道路研究的深化。未来的研究应加强对马克思主义经典作家关于道路理论的研究,加强中国道路国外成果研究,综合运用多种研究方法研究。(朱宗友、孙健《党的十八大以来"中国道路研究综述"》,《观察与思考》2017 年第 10 期)

党的十八大报告首次提出我国到 2020 年"全面建成小康社会"后,这一命题很快成为学术界关注和研究的热点。学者围绕着"全面建成小康社会"的基本内涵、提出过程、哲学思考、重要意义、关键内容、指标体系、与"五大发展理念"和"四个全面"战略布局以及其他具体问题的关系、制约因素与存在问题、实现路径等问题研究取得了较为丰硕的成果,出版了大量著作和论文。著作方面如,谭琳的《全面建成小康社会与性别平等》(社会科学文献出版社 2014 年版)、项飞的《全面建成小康社会——引领民族复兴的战略目标学习读本》(人民日报出版社 2015 年版)、赵军的《全面建成小康社会研究》(中国人民大学出版社 2016 年版)、中央文献研究室的《习近平关于全面建成小康社会论述摘编》(中央文献出版社 2016 年版)、魏后凯的《中国农村发展报告:2016:聚焦农村全面建成小康社会》(中国社会科学出版社 2016 年版)、陈宝生的《全面建成小康社会——凝聚全民最大公约数》(党建读物出版社 2016 年版)、艾四林的《新发展理念与全面建成小康社会》(中国文史出版社 2017 年版)等,这些著作对"全面建成小康社会"进行了较为全面系统的研究,提出了许多重要的理论观点。论文方面,通过《中国知网》检索发现,从 2002 年 11 月首次提出"全面建设小康社会"到 2017 年 10 月,标题中包括"全面建成小康社会"的学术论文高达 1 400 多篇,特别是 2012 年 11 月党的十八大报告正式提出"全面建成小康社会"以来,每年发表的论文均超百篇。在"全面建成小康社会"研究方面,学术界对"全面建成小康社会"与其他问题的关系及其历史地位和意义关注得较多。此外,《人民日报》《光明日报》等权威报纸的理论版也发表了一批重要文章,如刘永富的《打赢全面建成小康社会的扶贫攻坚战》(《人民日报》2014 年 4 月 9 日第 7 版)、唐洲雁的《全面建成小康社会的历史意义》(《人民日报》2015 年 12 月 31 日第 7 版)、蔡昉的《践行五大发展理念全面建成小康社会》(《光明日报》2015 年 11 月 5 日第 1 版)、韩振峰的《党对全面建成小康社会奋斗目标的认识过程》(《光明日报》2016 年 2 月 24 日第 14 版)等。另外,各方举办多次研讨会。如 2013 年 9 月 16 日,中国妇女研究会年会暨"全面建成小康社会与性别平等"研讨会在上海举行;2014 年 4 月 9 日,中国人民大学出版社组织的"全面建成小康社会"学术研讨会在人民大学逸夫会议中心召开;2015 年 4 月 24 日至 25 日,由中国自然辩证法研究会主办,广西自然辩证法研究会、广西民族大学承办的"自主创新、科技进步与全面建成小康社会"学术研讨会在广西民族大学召开;2016 年 4 月 28 日至 5 月 1 日,由中央社会主义学院牵头组织的"五大发展理念与全面建成小康社会"学术研讨会在长沙召开;2016 年 10 月 15 日,由中国社会保障学会主办、江西财经大学财税与公共管理学院承办的"全国统筹与全面建成小康社会"学术研讨会在南昌召开;等等。这些学术会议的举办进一步推动了"全面建成小康社会"的研究。(马文起《国内学术界关于"全面建成小康社会"的研究述评》,《沈阳干部学刊》2018 年第 1 期)

全面从严治党是学术界研究的重点之一。习近平总书记明确提出"全面从严治党"之后,学术界对此进行了深入的研究,取得了一系列重要的理论成果。在这方面主要代表性论文有:肖贵清和杨万山《全面从严治党的时代意义及基本途径》(《山东社会科学》2015 年第 7 期)、刘汉峰《全面从严治党的思考》(《中国特色社会主义研究》2015 年第 1 期)、刘宁宁和汪海燕《论"全面从严治党"思想的理论与实践》(《马克思主义研究》2015 年第 7 期)、莫纪宏《"四个全面":习近平治国理政思想的精髓》[《新疆师范大学学报(哲学社会科学版)》2015 年第 3 期]、郭玥《全面从严治党与新形势下党的建设》(《理论与改革》2015 年第 3 期)、齐卫平《全面从严治党的基本思想和主要特点》[《新疆师范大学学报》(哲学社会科学版)》2015 年第 5 期]、赵小青《全面从严治党的现实进展与发展进路——从十八大以来的治党实践谈起》[《四川理工学院学报(社会科学版)》2016 年第 2 期]、阮博《全面从严治党若干问题研究述评》(《社会主义研究》2016 年第 1 期)。这些文章对全面从严治党理论、全面从严治党路径、全面从严治党的意义进行了多角度探讨。

学术界对"五位一体"总体布局深入研究。党的十八大提出,建设中国特色社会主义,总依据是社会主义初级阶段,总布局是"五位一体",总任务是实现社会主义现代化和中华民族伟大复兴。这标志着中国特色社会主义事业总体布局已经拓展为经济建设、政治建设、文化建设、社会建设和生态文明建设"五位一体"。学术界对于中国特色社会主义事业总体布局的研究,从不同的研究视角出发,主要围绕着演进历程、历史动因、意义与实现途径等问题展开,取得了积极的成果。

学术界关注习近平生态文明思想研究。党的十八大以来,随着"五位一体"战略总布局的深入推进,生态文明成为社会主义现代化强国建设的重要维度。目前,国内学术界就习近平生态文明思想产生的理论背景、主要内涵、理论特色、重大意义以及实践路径展开了较为深入的研究,取得了一些成果。但在理论深度、研究视野和现实针对性方面还有不足之处。因此,增强对习近平生态文明思想内涵的学理论证,拓展全球视野,强化与他国经验的横向比较,避免过度理论式解读,注重区域生态治理实践的具体分析应是今后研究的重点和方向。

四、应知应会

（一）单项选择题

1. 党的十八大精神,归结到一点就是(　　　)。

A. 坚持和发展中国特色社会主义经济

B. 坚持和发展中国特色社会主义

C. 坚持和发展中国特色社会主义民主政治

D. 坚持和发展中国特色社会主义法治

2. 开启中国特色社会主义新时代的标志是(　　)。

A. 党的十八大的召开　　　　　　B. 党的十九大的召开

C. 党的十七大的召开　　　　　　D. 党的十六大的召开

3. 中国已经进入全面建成小康社会的决定性阶段的标志是(　　　)。

A. 党的十六大的召开　　　　　　B. 党的十七大的召开

C. 党的十八大的召开　　　　　　D. 党的十九大的召开

4. 习近平总书记指出,中华民族近代以来最伟大的梦想是(　　　)。

A. 实现中华民族伟大复兴

B. 实现祖国的统一

C. 实现中华民族的独立和人民的幸福

D. 实现全面建成小康社会

5. 党的十八大阐明中国特色社会主义的总依据是(　　　)。

A. 社会主义初级阶段　　　　　　B. 生产力落后,多层次性

C. 和平与发展的时代主题　　　　D. 全面建设小康社会的目标

6. 党的十八大指出,同马克思列宁主义、毛泽东思想、邓小平理论、"三个代表"重要思想一道,是我们党必须长期坚持的指导思想是(　　　)。

A. 科学发展观　　　　　　　　　B. 四项基本原则

C. 党的领导　　　　　　　　　　D. 新发展理念

7. 党的十八届一中全会批准为中央纪律检查委员会书记的是(　　　)。

A. 李克强　　　　B. 张德江　　　　C. 王岐山　　　　D. 刘云山

8. 习近平总书记首次提出实现民族复兴中国梦的思想是在(　　　)。

A. 党的十八大上的讲话　　　　　B. 党的十九大上的讲话

C. 十二届人大一次会议上的讲话　D. 参观"复兴之路"展览时的讲话

9. 党的十八大以后,我国发展面临的国际国内环境复杂严峻,中国经济发展进入新常态。中国经济进入新常态的表现不包括(　　　)。

A. 从内向型走向外向型

B. 经济结构不断优化升级

C. 从要素驱动、投资驱动转向创新驱动

D. 从高速增长转为中高速增长

10. 为在发展中保障和改善民生,中共中央提出一切工作的出发点和落脚点是(　　　)。

A. 促进社会公平正义

B. 尊敬人民福祉,促进人的全面发展

C. 坚持全覆盖、保基本、多层次、可持续发展

D. 加快推进健康中国建设

11. 塞罕坝精神指的是(　　　)。

A. 自力更生、艰苦奋斗、可持续发展　　B. 牢记使命、艰苦创业、绿色发展

C. 自立自强、勇敢无畏、造福人民　　　D. 自强不息、尊重自然、敬畏生命

12. 党的十八大后,党中央提出并形成了"四个全面"的战略布局,即全面建成小康社会,全面深化改革,全面依法治国和(　　　)。

A. 全面提高生产力　　　　　　　B. 全面以德治国

C. 全面从严治党　　　　　　　　D. 全面改善民生

13.《中共中央关于全面推进依法治国若干重大问题的决定》提出,全面推进依法治国的总目标是(　　　)

A. 建设中国特色社会主义法治体系,建设社会主义法治国家

B. 坚持党的领导,全面建成小康社会

C. 加快推进健康中国建设

D. 加强和创新社会治理,完善中国特色社会主义治理体系

14. 2013 年 11 月,党的十八届三中全会审议通过《中共中央关于全面深化改革若干重大问题的决定》,指出全面深化改革总目标是( )。

A. 完善和发展中国特色社会主义,推进国家治理体系和治理能力现代化

B. 坚持社会主义市场经济改革方向,以促进社会主义公平正义,增进人民福祉

C. 进一步解放思想,解放发展社会生产力,解放和增强社会活力

D. 让发展成果更多惠及全体人民

15. 2017 年 3 月,十二届全国人大五次会议为编纂好民法典奠定坚实基础,通过的法律文献是( )。

A.《中华人民共和国民法通则》　　B.《中华人民共和国民法总则》

C.《中华人民共和国民法原则》　　D.《中华人民共和国民法规则》

16. 中国国家宪法日是( )。

A. 11 月 6 日　　B. 12 月 4 日　　C. 7 月 21 日　　D. 8 月 11 日

17. 2015 年 11 月,中共中央召开扶贫开发工作会议,提出坚持( ),坚决打赢脱贫攻坚战。

A. 精准扶贫,精准脱贫　　　　B. 努力扶贫,努力脱贫

C. 积极扶贫,积极脱贫　　　　D. 全面扶贫,全面脱贫

18. 党的十八届六中全会号召全党同志牢固树立政治意识、大局意识、核心意识和( )。

A. 经济意识　　B. 看齐意识　　C. 法治意识　　D. 道德意思

19. 党的十八大后,党和国家事业之所以取得历史性成就,发生历史性变革最根本的最重要的在于有( )。

A. 时代提供的机遇

B. 全国人民的共同努力

C. 世界人民的支持

D. 习近平新时代中国特色社会主义思想的科学指引,有以习近平同志为核心的党中央的坚强领导

20. 在全面建成小康社会决胜阶段,中国特色社会主义进入新时代的关键时期,召开的一次十分重要的大会是( )。

A. 党的十六大　　B. 党的十九大　　C. 党的十八大　　D. 党的十五大

21. 党的十九大的一个重大历史贡献,是通过了党章修正案。这一修正案将下列思想确定为党的行动指南(　　)。

　　A. 社会主义初级阶段基本路线

　　B. 可持续发展观

　　C. "三个代表"重要思想

　　D. 习近平新时代中国特色社会主义思想

22. 习近平新时代中国特色社会主义思想的核心要义是(　　)。

　　A. 实现社会主义现代化和中华民族伟大复兴

　　B. 建成富强民主文明和谐美丽的社会主义现代化国家

　　C. 坚持和发展中国特色社会主义

　　D. 坚持以人民为中心的思想

23. 党的十九大指出,中国特色社会主义进入新时代,我国社会主要矛盾已经转化为(　　)。

　　A. 人民日益增长的美好生活需要和不平衡不充分的发展之间的矛盾

　　B. 人民日益增长的物质文化需要和不平衡不充分的发展之间的矛盾

　　C. 人民日益增长的美好生活需要和不平衡不发达的发展之间的矛盾

　　D. 人民日益增长的需要和不充分的发展之间的矛盾

24. 习近平总书记强调要结合时代特点,大力弘扬红船精神,下列不属于这一精神内涵的是(　　)。

　　A. 坚定理想,百折不挠的奋斗精神　　　B. 立党为公,忠诚为民的奉献精神

　　C. 忠于职守,精益求精的敬业精神　　　D. 开天辟地,敢为人先的首创精神

25. 决定当代中国命运的关键抉择,实现中华民族伟大复兴的关键一招是(　　)。

　　A. 从严治党　　　B. 改革开放　　　C. 依法治国　　　D. 科技创新

26. 改革开放以来,我国对外开放取得新突破,形成的对外开放格局是(　　)。

　　A. 全方位、多层次、宽领域　　　　B. 五位一体

　　C. 全方位、多层次、立体化　　　　D. 四个全面

27. 第一个以中国城市命名的国际组织是(　　)。

　　A. 上海合作组织　　　　　　　B. 世界贸易组织

　　C. 亚太经合组织　　　　　　　D. 深圳合作组织

28. 中国特色社会主义的伟大实践的根本保障是(　　)。

　　A. 中国特色社会主义道路　　　　B. 中国特色社会主义制度

C. 中国特色社会主义文化　　　　　D. 中国特色社会主义理论体系

29. 党和人民历经千辛万苦,付出巨大代价取得的根本成就是(　　)。

A. 中国特色社会主义道路　　　　　B. 中国特色社会主义理论体系

C. 中国特色社会主义制度　　　　　D. 中国特色社会主义

30. 改革开放以来,社会主义市场经济体制日益完善,其具体表现不包括(　　)。

A. 市场在资源配置中的作用显著增强

B. 新的宏观调控体系框架初具规模

C. 中国特色社会主义法治体系日益完善

D. 更具活力、更加开放的经济体系正在形成

31. 2013 年 3 月,习近平在莫斯科国际关系学院发表演讲,首次提出(　　)。

A. 人类命运共同体理念　　　　　　B. "一带一路"建议

C. 中欧合作 2020 战略规划　　　　D. 推动共建丝绸之路经济带

32. 2018 年 11 月,作为世界上第一个以进口为主题的国家级展览会,首届中国国际进口博览会的举办地是在(　　)。

A. 深圳　　　　B. 北京　　　　C. 上海　　　　D. 广州

33. 习近平总书记在庆祝中国共产党成立 100 周年大会上的讲话中指出,一百年来中国共产党团结带领人民进行的一切奋斗、一切牺牲、一切创造,归结起来就是一个主题(　　)。

A. 实现中华民族伟大复兴　　　　　B. 实现社会主义现代化

C. 走自己的路　　　　　　　　　　D. 推进马克思主义中国化

34. 全面从严治党首先从作风问题抓起。党的十八大之后制定的第一部重要党内法规,也是改进工作作风的一个切入点是(　　)。

A. 政治建设　　　　B. 八项规定　　　　C. 问责机制　　　　D. 巡视制度

参考答案:

1. B　2. A　3. C　4. A　5. A　6. A　7. C　8. D　9. A　10. B　11. B
12. C　13. A　14. A　15. B　16. B　17. A　18. B　19. A　20. B　21. D
22. C　23. A　24. C　25. B　26. A　27. A　28. B　29. D　30. C　31. A
32. C　33. A　34. B

(二) 多项选择题

1. 党的十九大之所以要把党的政治建设摆在首位,是因为(　　)。

A. 坚定政治立场是党的根本宗旨

B. 政治属性是政党的第一属性

C. 政治建设是党的根本性建设，决定党的建设方向和效果

D. 旗帜鲜明讲政治，是我们党作为马克思主义政党的根本要求

2. 习近平总书记阐述的中国梦的本质是（　　）。

A. 国家富强　　　B. 民族振兴　　　C. 人民幸福　　　D. 家庭美满

3. 实现中华民族伟大复兴，就是中华民族近代以来最伟大的梦想。实现中国梦必须（　　）。

A. 走中国道路　　　　　　　　B. 弘扬中国精神

C. 凝聚中国力量　　　　　　　D. 依靠国际支援

4. 党的十九大的主要贡献有（　　）。

A. 确立习近平新时代中国特色社会主义思想的历史地位

B. 作出中国特色社会主义进入新时代，我国社会主要矛盾发生新变化的重大政治论断

C. 确定决胜全面建成小康社会，开启全面建设社会主义现代化国家新征程的目标

D. 对新时代推进中国特色社会主义伟大事业和党的建设伟大工程作出全面部署

5. 党的十九大把习近平新时代中国特色社会主义思想训练为党的指导思想。习近平新时代中国特色社会主义思想是（　　）。

A. 马克思主义中国化最新成果

B. 党和人民实践经验和集体智慧的结晶

C. 中国特色社会主义理论体系的重要组成部分

D. 全党全国人民为实现中华民族伟大复兴而奋斗的行动指南

6. "四个全面"战略布局是一个整体，既包括战略目标，又包括战略举措。其中推动实现战略目标被比喻为"鸟字两翼"或"车子双轮"的是（　　）。

A. 全面建成小康社会　　　　　　B. 全面深化改革

C. 全面依法治国　　　　　　　　D. 全面从严治党

7. 全面建成小康社会是（　　）。

A. "四个全面"战略布局的战略目标

B. 实现中华民族伟大复兴中国梦的"关键一步"

C. 实现中国梦的"关键一招"

D. 实现中国梦的保障和重要基石

8. 全面深化改革的总目标是(　　)。

A. 完善和发展社会主义市场经济体制

B. 坚持和发展中国特色社会主义基本经济制度

C. 推进国家治理体系和治理能力现代化

D. 完善和发展中国特色社会主义制度

9. 全面推进依法治国总目标是(　　)。

A. 完善和发展中国特色社会主义制度

B. 建设中国特色社会主义法治体系

C. 推进国家治理体系和治理能力现代化

D. 建设社会主义法治国家

10. 党的十九大报告指出,我国社会主要矛盾的变化(　　)。

A. 没有改变我国对社会主义所处历史阶段的判断

B. 没有改变我国仍处于并将长期处于社会主义初级阶段的基本国情

C. 没有改变我国是世界最大发展中国家的国际地位

D. 没有改变此前我们对我国所处历史方位的判断

参考答案:

1. BCD　2. ABC　3. ABC　4. ABCD　5. ABCD　6. BC　7. AB　8. CD

9. BD　10. AB

(三) 简答题

1. 简述中国梦内涵及其实现途径。

2. 简述"五位一体"总体布局。

3. 简述"四个全面"战略布局。

4. 简述党的十八大后的五年,党和国家事业的历史性成就和历史性变革。

5. 简述习近平新时代中国特色社会主义思想的核心内容。

6. 简述全面建成小康社会,开启全面建设社会主义现代化国家新征程的目标。

7. 简述 2018 年通过的《中华人民共和国宪法修正案》的主要内容。

8. 简述我国改革开放 40 年生态文明建设的显著成就。

9. 简述党的十八届五中全会提出的全面建成小康社会新的目标要求。

参考答案:

1. 答:实现中华民族伟大复兴的中国梦,就是要实现国家富强、民族振兴、人民幸福。实现中国梦必须走中国道路,即中国特色社会主义道路;实现中国梦必须弘扬中国精神;实现中国梦必须凝聚中国力量。

2. 答:"五位一体"总体布局包括主动适应和引领经济发展新常态、发展社会主义民主政治、发展中国特色社会主义文化、在发展中保障和改善民生、建设美丽中国。

3. 答:"四个全面"战略布局包括推进全面深化改革、推进全面依法治国、推进全面建成小康社会、推进全面从严治党。

4. 答:党的十八大后的五年,党和国家事业的历史性成就和历史性变革主要是经济建设取得重大成就、全面深化改革取得重大突破、民主法治建设迈出重大步伐;思想文化建设取得重大进展、人民生活不断改善、生态文明建设成效显著、强军兴军开创新局面、港澳台工作取得新进展、全方位外交布局深入展开、全面从严治党成效显著。

5. 答:"八个明确"和"十四个坚持"有机融合、有机统一,是习近平新时代中国特色社会主义思想的核心内容。

6. 答:第一个阶段,从 2020 年到 2035 年,在全面建成小康社会的基础上,再奋斗 15 年,基本实现社会主义现代化。第二个阶段,从 2035 年到 21 世纪中叶,在基本实现现代化的基础上,再奋斗 15 年,把我国建成富强民主文明和谐美丽的社会主义现代化强国。

7. 答:确立科学发展观、习近平新时代中国特色社会主义思想同马克思列宁主义、毛泽东思想、邓小平理论、"三个代表"重要思想在国家政治和社会生活中的指导地位;调整充实中国特色社会主义事业总体布局和第二个百年奋斗目标的内容;完善依法治国和宪法实施举措;充实完善我国革命和建设发展历程的内容;充实完善爱国统一战线和社会主义民族关系的内容;充实和平外交政策方面的内容;充实坚持和加强中国共产党全面领导的内容;增强倡导社会主义核心价值观的内容;修改国家主席任职方面的有关规定;增加设区的市制定地方性法规的规定;增加有关监察委员会的各项规定。

8. 答:党和国家大力度推进生态文明建设,全党全国贯彻绿色发展理念的自觉性和主动性显著增强,忽视生态环境保护的状况明显改变。制定实施大气、水、土壤污染防治三个"十条"并取得扎实成效。单位国内生产总值能耗、水耗明显下降,主要污染物排放量持续下降;森林面积大幅度增加,沙化土地面积逐年缩减,绿色发展呈现可喜局面。生态文明制度体系加快形成,全面节约资源有效推进,重大生态保护和修复工程进展顺利,生态环境治理明显加强,环境状况得到改善。引导应对气候变化国际合作,成为全球生态文明建设的重要参与者、贡献者、引领者。

9.答:党的十八届五中全会强调实现"十三五"时期发展目标,破解发展难题,厚植发展优势,必须牢固树立并切实贯彻创新、协调、绿色、开放、共享的发展理念;必须坚持以人民为中心的发展思想,坚持发展为了人民、发展依靠人民、发展成果由人民共享。

(四) 论述题

1. 我国为发展中国特色社会主义文化开展了哪些工作?
2. 试述党的十八大后五年的成就和变革的重大意义。
3. 试述深化党和国家机构改革的目标和主要任务。
4. 试述中国特色精兵之路。
5. 试述改革开放以来全面推进党的建设的巨大成就。
6. 改革开放 40 年取得了哪些成就?
7. 中国共产党如何肩负起实现中华民族伟大复兴的历史使命?

参考答案:

1. 答:(1) 坚持和巩固党对意识形态工作的领导。中共中央先后召开全国宣传思想工作会议、文艺工作座谈会、党的新闻舆论工作座谈会、网络安全和信息化工作座谈会、哲学社会科学工作座谈会等,明确提出巩固马克思主义在意识形态领域的指导地位、巩固全党全国人民团结奋斗的共同思想基础的根本任务。

(2)培育和践行社会主义核心价值观。2013 年 12 月,中共中央办公厅印发《关于培育和践行社会主义核心价值观的意见》,大力加强理想信念教育,弘扬中华优秀传统文化、革命文化、社会主义先进文化。

(3) 为了牢记历史,弘扬以爱国主义为核心的民族精神,2014 年 2 月,十二届全国人大常委会第七次会议决定,将 9 月 3 日确定为中国人民抗日战争胜利纪念日,将 12 月 13 日设立为南京大屠杀死难者国家公祭日。同年 8 月,十二届全国人大常委会第十次会议决定,将 9 月 30 日设立为烈士纪念日,并规定每年 9 月 30 日国家举行纪念烈士活动。2017 年 9 月,十二届全国人大常委会第二十九次会议表决通过《中华人民共和国国歌法》,维护国歌尊严,增强公民的国家观念。

(4) 推进文化体制改革,建设公共文化服务网络。强调把社会效益放在首位,实现社会效益和经济效益相统一;坚持"重心下移、共建共享",实现基本公共文化服务标准化均等化,建设覆盖城乡的国家、省、市、县、乡、村(社区)六级公共文化服务网络。

2. 答：党的十八大后五年的成就是全方位的、开创性的,变革是深层次的、根本性的。中共中央统筹推进改革发展稳定、内政外交国防、治党治国治军,提出了一系列新理念新思想新战略,出台了一系列重大方针政策,推出了一系列重大举措,推进了一系列重大工作,解决了许多长期想解决而没有解决的难题,办成了许多过去想办而没有办成的大事,推动党和国家事业发生历史性变革,为中国特色社会主义进入新时代作出了开创性贡献。这些历史性变革力度之大、程度之深、范围之广、成效之卓著,在党的历史上、在新中国历史上、在中华民族发展史上都具有极其重要的意义,必将对中国特色社会主义事业的发展产生全局性和根本性的影响。

（1）必须始终坚持用党的理论创新成果武装头脑、指导实践。习近平新时代中国特色社会主义思想是全党全国各族人民为实现中华民族伟大复兴而奋斗的行动指南,必须长期坚持。

（2）必须始终维护党中央和全党的核心。习近平总书记赢得全党全军全国各族人民的高度评价和衷心爱戴,成为党中央的核心、全党的核心。对这样的大国,中国共产党这样的大党,党中央有核心、全党有核心、全国各族人民有核心至关重要。

（3）必须始终坚持和加强党的全面领导。这是党和国家的根本所在、命脉所在,是全国各族人民的利益所在、幸福所在。只有坚持和加强党的全面领导、推进全面从严治党,我们才能更好实现中华民族伟大复兴的中国梦。

3. 答：（1）党的十九届三中全会提出,深化党和国家机构改革的目标是,构建系统完备、科学规范、运行高效的党和国家机构职能体系,形成总揽全局、协调各方的党的领导体系,职责明确、依法行政的政府治理体系,中国特色、世界一流的武装力量体系,联系广泛、服务群众的群团工作体系,推动人大、政府、政协、监察机关、审判机关、检察机关、人民团体、企事业单位、社会组织等在党的统一领导下协调行动、增强合力,全面提高国家治理能力和治理水平。

（2）党的十九届三中全会强调,深化党和国家机构改革的首要任务是,完善坚持党的全面领导的制度,加强党对各领域各方面工作领导,确保党的领导全覆盖,确保党的领导更加坚强有力。要建立健全党对重大工作的领导体制机制,强化党的组织在同级组织中的领导地位,更好发挥党的职能部门作用,统筹设置党政机构,推进党的纪律检查体制和国家监察体制改革。

4. 答：坚定不移走中国特色精兵之路,中国军队先后进行了四次大规模裁军,共裁减军队员额 200 万;通过裁减军队员额,进一步调整优化规模结构,构建中国特色现代军事力量体系。同时,致力于全面推进以军事信息系统和信息化主战武器系统建设为主体、以信息化基础设施建设为支撑和保障的军队信息化建设。特别是党的十八大以来,着眼于实现中国梦强军梦,制定新形势下军事战略方针,全力推进国防和军队现代化。坚持党对军队绝对领导的根本原则和制度,恢复和发扬我党我军光荣传统和优良作风,永葆人民军队的性质、本色和作风,人民军队政治生态得到有效治理。国防和军队改革取得历史性突破,形成军委管总、战区主战、军种主建新格局,人民军队组织架构和力量体系实现革命性重塑。加强练兵备战,有效遂行海上维权、反恐维稳、抢险救灾、国际维和、亚丁湾护航、人道主义救援等重大任务,武器装备加快发展,军事斗争准备取得重大进展。人民军队在中国特色强军之路上迈出坚定步伐。

5. 答:以改革的精神加强和改进党的建设,不断提高党的领导水平和执政水平,提高拒腐防变和抵御风险的能力;以加强党的执政能力建设和先进性建设为重点,全面推进党的思想建设、组织建设、作风建设、制度建设和反腐倡廉建设。特别是党的十八大以来,全面加强党的领导和党的建设,坚决改变管党治党宽松软状况,全面从严治党成效卓著。推动全党尊崇党章,增强政治意识、大局意识、核心意识、看齐意识,坚决维护党中央权威和集中统一领导,严明党的政治纪律和政治规矩,层层落实管党治党政治责任。推进学习教育常态化制度化,全党理想信念更加坚定、党性更加坚强。贯彻新时期好干部标准,选人用人状况和风气明显好转。党的建设制度改革深入推进,党内法规制度体系不断完善。把纪律挺在前面,着力解决人民群众反映最强烈、对党的执政基础威胁最大的突出问题。出台中央八项规定,严厉整治形式主义、官僚主义、享乐主义和奢靡之风,坚决反对特权。巡视利剑作用彰显,实现中央和省级党委巡视全覆盖。坚持反腐败无禁区、全覆盖、零容忍,反腐败斗争压倒性态势已经形成并得到巩固和发展。

6. 答:改革开放是中国共产党在新的历史条件下带领全国各族人民进行的新的伟大革命,是决定当代中国命运的关键抉择,也是实现中华民族伟大复兴的关键一招。40年的改革开放,推动中国发生了翻天覆地的变化。①极大解放和发展了中国社会生产力,国民经济保持持续快速健康发展,现代化建设事业稳步推进,综合国力和国际竞争力显著提高。②社会主义市场经济体制不断完善,各项改革事业取得重大进展,对外开放取得新突破。③社会主义民主法治建设迈出重大步伐,取得重要进展。④社会主义文化建设成效显著。⑤人民生活不断改善。⑥生态文明建设成效显著。⑦强军兴军开创新局面。⑧坚持"一国两制",推进祖国统一。⑨深入展开全方位外交。⑩全面推进党的建设新的伟大工程。

7. 答:(1)中国共产党一经成立,就把实现共产主义作为党的最高理想和最终目标,义无反顾肩负起实现中华民族伟大复兴的历史使命,中国共产党团结带领人民找到了一条以农村包围城市的道路。武装夺取政权的正确革命道路,进行了28

年浴血奋战,完成了新民主主义革命,1949 年建立了中华人民共和国,实现了中国从几千年封建专制政治向人民民主的伟大飞跃。

(2) 新中国成立后,中国共产党团结带领人民完成社会主义革命,确立社会主义基本制度,推进社会主义建设,完成了中华民族有史以来最为广泛而深刻的社会变革,为当代中国一切发展进步奠定了根本政治前提和制度基础,实现了中华民族由近代不断衰落到根本扭转命运、持续走向繁荣富强的伟大飞跃。

(3) 党的十一届三中全会以来,中国共产党团结带领人民进行改革开放新的伟大革命,破除阻碍国家和民族发展的一切思想和体制障碍,开辟了中国特色社会主义道路,使中国大踏步赶上时代。中国特色社会主义是改革开放以来党的全部理论和实践的主题,是党和人民历尽千辛万苦、付出巨大代价取得的根本成就。中国特色社会主义道路是实现途径,中国特色社会主义理论体系是行动指南,中国特色社会主义制度是根本保障。中国特色社会主义文化是精神力量,必须坚定中国特色社会主义道路自信、理论自信、制度自信、文化自信,四者统一于中国特色社会主义伟大实践。

(4) 经过长期努力,中国特色社会主义进入了新时代,这是我国发展新的历史方位。中国特色社会主义进入新时代,在中华人民共和国发展史上、中华民族发展史上具有重大意义,在世界社会主义发展史上、人类社会发展史上也具有重大意义。中国特色社会主义进入新时代,意味着近代以来久经磨难的中华民族迎来了从站起来、富起来到强起来的伟大飞跃,迎来了实现中华民族伟大复兴的光明前景;意味着科学社会主义在 21 世纪的中国焕发出强大生机活力,在世界上高高举起了中国特色社会主义伟大旗帜;意味着中国特色社会主义道路理论、制度、文化不断发展,拓展了发展中国家走向现代化的途径,给世界上那些既希望加快发展又希望保持自身独立性的国家和民族提供了全新选择。为解决人类问题贡献了中国智慧和中国方案。

(5) 今天,我们前所未有地走近世界舞台中心,前所未有地接近实现中华民族伟大复兴的中国梦,前所未有地具有实现这个目标的能力和信心。我们一定要牢记中国近现代的历史及其基本经验,继承先辈们的优良传统,自觉地承担起时代赋予我们的历史使命,锐意进取,埋头苦干,为实现推进现代化建设、完成祖国统一、维护世界和平与促进共同发展三大历史任务,为决胜全面建成小康社会、夺取新时代中国特色社会主义伟大胜利、实现中华民族伟大复兴的中国梦、实现人民对美好生活的向往贡献自己的聪明才智。

（五）材料分析题

材料分析题一

中国共产党关于"五位一体"总体布局的形成过程如下表所示。

从党的十二大到十五大	党一直强调建设社会主义物质文明、精神文明
党的十六大	提出了社会主义政治文明
党的十七大	首次提出生态文明
党的十八大	推进中国特色社会主义事业作出"五位一体"的总体布局
党的十九大	统筹推进"五位一体"总体布局

请回答：

1. 结合材料，分析中国共产党关于"五位一体"总体布局的形成过程。
2. 分析"五位一体"的地位和作用。

材料分析题二

两会期间，中国外交再次成为国际舆论关注热点。"人类命运共同体理念回答了世界应如何应对各种挑战""中国正在为国际关系赋予新意义和新内涵"……国际舆论作出积极评价。中国外交以持之以恒的坚守与笃行，知行合一的理念与实践，赢得越来越多国际共鸣与赞誉。

在解决地区热点问题时，中国外交始终坚持从事情本身的是非曲直出发，坚持从地区人民根本利益出发。中国坚定站在国际法和国际道义一边，在坚持不干涉内政、尊重国家主权与平等的前提下，为妥善处理各种国际热点、难点问题提出中国方案，贡献中国智慧，承担了应尽的大国责任，展现了"铁肩担道义"的风范。联合国秘书长古特雷斯称赞，中国"对构建一个更加平等、和谐的世界发挥积极作用"。

不断扩大开放，见证了中国追求与各国实现合作共赢的诚意。在保护主义、单边主义不断抬头的关键时刻，"中国开放的大门不会关闭，只会越开越大"的庄严承诺，为世界注入信心；从创办中国国际进口博览会到发布新版外商投资负面清单，中国扩大开放的系列举措让世界得到实惠。

在国际舞台上，中国外交鲜明地印刻着"和平"二字。尽管中国是发展中国家，但已成为联合国维和摊款第二大出资国、安理会常任理事国中派出维和人员最多国家，被国际社会誉为"维和行动的关键因素和关键力量"。在争端与分歧面前，中国始

257

终坚持推动通过政治方式解决争端,通过和平协商弥合分歧,坚定做和平的建设者。

中国外交的坚守和笃行,为世界持续带来正能量,中国贡献得到多方肯定。联合国日内瓦办事处总干事迈克尔·穆勒说,中国在加强国际社会团结协作、实现发展目标方面发挥引领作用。美国《福布斯》杂志网站刊文说,"一带一路"倡议"开启了前所未有的机遇"。西班牙亚洲问题专家乔治娜·伊格拉斯认为,中国提出的构建一个更包容、民主、开放、创新和高效的多边世界的理念在全球范围内得到广泛响应,"这样的理念一旦付诸行动,人类就迈出了一大步"。

——新华网,2019 年 3 月 12 日

请回答:

1. 结合材料,分析改革开放以来中国外交的基本经验。
2. 新时代,如何发挥中国外交的大国特色?

材料分析题三

材料1

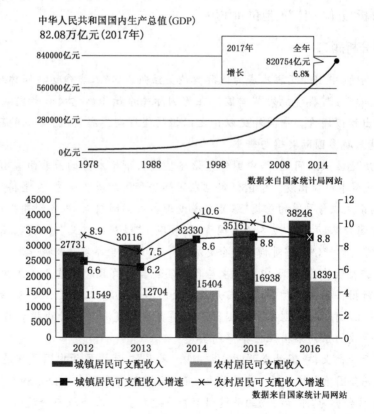

中华人民共和国国内生产总值(GDP)
82.08万亿元(2017年)

	2017年	全年
		820754亿元
增长		6.8%

数据来自国家统计局网站

城镇居民可支配收入　　农村居民可支配收入
城镇居民可支配收入增速　　农村居民可支配收入增速

数据来自国家统计局网站

材料 2

从党的十九大到二十大,是"两个一百年"奋斗目标的历史交汇期。我们既要全面建成小康社会、实现第一个百年奋斗目标,又要乘势而上开启全面建设社会主义现代化国家新征程,向第二个百年奋斗目标进军。

——《中国共产党第十九次全国代表大会关于十八届中央委员会报告的决议》,新华网,2017 年 10 月 24 日

请回答:

1. 结合材料一,分析我国经济建设取得的成就。

2. 结合材料二,谈谈我国全面建成小康社会的过程中应注意什么。

参考答案:

材料分析题一

1. 答:以往的提法主要是"经济现代化",从党的十二大到十五大一直强调建设社会主义物质文明、精神文明;党的十六大报告提的是"三位一体"(经济建设、政治建设、文化建设);到了党的十七大提出了"四位一体"(经济建设、政治建设、文化建设和社会建设);党的十八大进一步拓展到"五位一体"(经济建设、政治建设、文化建设、社会建设、生态文明建设)。"五位一体"大大丰富了"现代化"的理论体系,这个总体布局意味着中国进入 21 世纪后,从局部现代化到全面现代化,从不断协调的现代化到全面协调的现代化;站在新的历史方位,党的十九大对我国社会主义现代化建设作出新的战略部署,并明确以"五位一体"的总体布局推进中国特色社会主义事业,从经济、政治、文化、社会、生态文明五个方面,制定了新时代统筹推进"五位一体"总体布局的战略目标。

2. 答:(1)"五位一体"是党的十八大报告的"新提法"之一。经济建设、政治建设、文化建设、社会建设、生态文明建设——着眼于全面建成小康社会、实现社会主义现代化和中华民族伟大复兴,党的十八大报告对推进中国特色社会主义事业作出"五位一体"总体布局。

(2)"五位一体"总体布局,是中国共产党对"实现什么样的发展、怎样发展"这一重大战略问题的科学回答,为用中国特色社会主义理论体系武装头脑、指导实践、推动工作,提供了强大思想武器。

(3)"五位一体"总体布局是一个有机整体,其中经济建设是根本,政治建设是保证,文化建设是灵魂,社会建设是条件,生态文明建设是基础。只有坚持"五位一体"建设全面推进、协调发展,才能形成经济富裕、政治民主、文化繁荣、社会公平、生态良好的发展格局,把我国建设成为富强民主文明和谐的社会主义现代化国家。

材料分析题二

1. 答:(1) 全面推进中国特色大国外交,形成全方位、多层次、立体化的外交布局,2001年6月正式成立的上海合作组织是第一以中国城市命名的国际组织,它进一步加强了中国与周边国家的关系。截至2018年8月,中国已同178个国家建立了外交关系,为我国发展营造了良好外部条件。中国还积极参与应对国际金融危机、气候变化等全球性问题的国际合作,积极开展公共外交。

(2) 特别是党的十八大以来,全方位外交布局深展开,实施共建"一带一路"倡议,发起创办亚洲基础设施投资银行,设立丝路基金,举办首届"一带一路"国际合作高峰论坛、亚太经合组织领导人非正式会议、二十国集团领导人杭州峰会、金砖国家领导人厦门会晤、亚信峰会等。倡导构建人类命运共同体,促进全球治理体系变革。我国国际影响力、感召力、塑造力进一步提高,为世界和平与发展作出新的重大贡献。

2. 答:(1) 坚持推动构建人类命运共同体。中国人民的梦想同各国人民的梦想息息相通,实现中国梦离不开和平的国际环境和稳定的国际秩序。必须统筹国内国际两个大局,始终不渝走和平发展道路、奉行互利共赢的开放战略,坚持正确义利观,树立共同、综合、合作、可持续的新安全观,谋求开放创新、包容互惠的发展前景,促进和而不同、兼收并蓄的文明交流,构筑尊崇自然、绿色发展的生态体系,始终做世界和平的建设者、全球发展的贡献者、国际秩序的维护者。

(2) 推动形成全面开放新格局。开放带来进步,封闭必然落后。中国开放的大门不会关闭,只会越开越大。要以"一带一路"建设为重点,坚持引进来和走出去并重,遵循共商共建共享原则,加强创新能力开放合作,形成陆海内外联动、东西双向互济的开放格局。拓展对外贸易,培育贸易新业态新模式,推进贸易强国建设。实行高水平的贸易和投资自由化便利化政策,全面实行准入前国民待遇加负面清单管理制度,大幅度放宽市场准入,扩大服务业对外开放,保护外商投资合法权益。凡是在我国境内注册的企业,都要一视同仁、平等对待。优化区域开放布局,加大西部开放力度。赋予自由贸易试验区更大改革自主权,探索建设自由贸易港。创新对外投资方式,促进国际产能合作,形成面向全球的贸易、投融资、生产、服务网络,加快培育国际经济合作和竞争新优势。

(3) 中国将高举和平、发展、合作、共赢的旗帜,恪守维护世界和平、促进共同发展的外交政策宗旨,坚定不移在和平共处五项原则基础上发展同各国的友好合作,推动建设相互尊重、公平正义、合作共赢的新型国际关系。中国坚定奉行独立自主的和平外交政策,尊重各国人民自主选择发展道路的权利,维护国际公平正义,反对把自己的意志强加于人,反对干涉别国内政,反对以强凌弱。中国决不会以牺牲别国利益为代价来发展自己,也决不放弃自己的正当权益,任何人不要幻想让中国吞下损害自身利益的苦果。中国奉行防御性的国防政策。中国发展不对任何国家构成威胁。中国无论发展到什么程度,永远不称霸,永远不搞扩张。中国积极发展全球伙伴关系,扩大同各国的利益交汇点,推进大国协调和合作,构建总体稳定、均衡发展的大国关系框架,按照"亲诚惠容"理念和"与邻为善、以邻为伴"周边外交方针深化同周边国家关系,秉持正确义利观和真实亲诚理念加强同发展中国家团结合作。加强同各国政党和政治组织的交流合作,推进人大、政协、军队、地方、人民团体等的对外交往。中国坚持对外开放的基本国策,坚持打开国门搞建设,积极促进"一带一路"国际合作,努力实现政策沟通、设施联通、贸易畅通、资金融通、民心相通,打造国际合作新平台,增添共同发展新动力。加大对发展中国家特别是最不发达国家援助力度,促进缩小南北发展差距。中国支持多边贸易体制,促进自由贸易区建设,推动建设开放型世界经济。中国秉持共商共建共享的全球治理观,倡导国际关系民主化,坚持国家不分大小、强弱、贫富,一律平等,支持联合国发挥积极作用,支持扩大发展中国家在国际事务中的代表性和发言权。中国将继续发挥负责任大国作用,积极参与全球治理体系改革和建设,不断贡献中国智慧和力量。

材料分析题三

1. 答:极大解放和发展了中国社会生产力,国民经济保持持续快速健康发展,现代化建设事业稳步推进,综合国力和国际竞争力显著提高。从 1978 年到 2017 年,中国国内生产总值 3 645 亿元增长到 82.7 万亿元,中国已经成为世界第二大经济体、第一大工业国、第一大货物贸易国、第一大外汇储备国。40 年来,按照可比价格计算,中国国内生产总值年均增长约 9.5%;以美元计算,中国对外贸易额年均增长 14.5%。中国为应对亚洲金融危机和国际金融危机作出重大贡献,连续多年对世界经济增长贡献率超过 30%,成为世界经济增长的主要稳定器和动力源。中国依靠自己的力量稳定解决了 13 亿人口的吃饭问题。中国主要农产品和工业品产量已居世界第一。基础设施建设突飞猛进地发展,国家发展经济和抵御各种风险的物质技术基础大大增强。国家先后启动了东部地区率先发展战略、西部大开发战略、东北等老工业基地振兴战略、中部地区崛起战略以及"一带一路"建设、京津冀协同发展和长江经济带发展战略,激发了各大经济区域的发展活力,取得显著成效。通过积极推进城镇化,城镇化率逐步提高,城乡结构发生了历史性变化,2017 年城镇化率达到 58.5%。在可持续发展战略、科教兴国战略、人才强国战略特别是创新驱动发展战略的大力推动下,国家创新体系、科技基础设施和自主创新能力建设得到加强,创新型国家建设成果丰硕。

2. 答：(1) 2015 年 10 月，党的十八届五中全会审议通过《中共中央关于制定国民经济和社会发展第十三个五年规划的建议》。全会提出了全面建成小康社会新的目标要求。全会强调实现"十三五"时期发展目标破解发展难题，厚植发展优势，必须牢固树立并切实贯彻创新、协调、绿色、开放、共享的发展理念；必须坚持以人民为中心的发展思想，坚持发展为了人民、发展依靠人民、发展成果由人民共享。2016 年 3 月，十二届全国人大四次会议通过"十三五"规划纲要，明确了 2016 年至 2020 年经济社会发展宏伟目标、主要任务和重大举措。全面建成小康社会，最艰巨最繁重的任务在农村、特别是在贫困地区。2015 年 11 月，中共中央召开扶贫开发工作会议，提出坚持精准扶贫、精准脱贫，坚决打赢脱贫攻坚战，确保到 2020 年所有贫困地区和贫困人口同全国人民一道迈入全面小康社会。党的十八大报告首次正式提出全面建成小康社会。2017 年 10 月 18 日，习近平总书记指出，我们既要全面建成小康社会、实现第一个百年奋斗目标，又要乘势而上开启全面建设社会主义现代化国家新征程，向第二个百年奋斗目标进军。2019 年 3 月 5 日，国务院总理李克强在政府工作报告中提出，对标全面建成小康社会任务，扎实推进脱贫攻坚和乡村振兴。坚持农业农村优先发展，加强脱贫攻坚与乡村振兴统筹衔接，确保如期实现脱贫攻坚目标、农民生活达到全面小康水平。

(2) 从现在到 2020 年，是全面建成小康社会的决胜期。要按照党的十六大、十七大、十八大提出的全面建成小康社会的各项要求，紧扣我国社会主要矛盾变化，统筹推进经济建设、政治建设、文化建设、社会建设、生态文明建设，坚定实施科教兴国战略、人才强国战略、创新驱动发展战略、乡村振兴战略、区域协调发展战略、可持续发展战略、军民融合发展战略，突出抓重点、补短板、强弱项，特别是要坚决打好防范化解重大风险、精准脱贫、污染防治的攻坚战，使全面建成小康社会得到人民认可、经得起历史检验。从党的十九大到二十大，是"两个一百年"奋斗目标的历史交汇期。我们既要全面建成小康社会、实现第一个百年奋斗目标，又要乘势而上开启全面建设社会主义现代化国家新征程，向第二个百年奋斗目标进军。要贯彻新发展理念，建设现代化经济体系；健全人民当家作主制度体系，发展社会主义民主政治；坚定文化自信，推动社会主义文化繁荣兴盛；提高保障和改善民生水平，加强和创新社会治理；加快生态文明体制改革，建设美丽中国；坚持走中国特色强军之路，全面推进国防和军队现代化；坚持"一国两制"，推进祖国统一；坚持和平发展道路，推动构建人类命运共同体；坚定不移全面从严治党，不断提高党的执政能力和领导水平。

五、实践教学

（一）实践内容

1. 课堂讨论：如何理解中国共产党百年奋斗的伟大成就？
2. 视频鉴赏：《百年潮·中国梦》《焦裕禄》《居安思危——苏共亡党的历史教训》。
3. 主题演讲：中国梦与世界。
4. 文献选读：(1)《毫不动摇坚持和发展中国特色社会主义》，见《习近平谈治国理政》，外文出版社，2014 年版，第 21 页。
   (2)《为建设美丽中国创造更好生态条件》，见《习近平谈治国理政》，外文出版社，2014 年版，第 207 页。

（二）实践方案

1. 将学生分为多个小组，以小组为单位各自进行主题演讲准备。围绕选题，小组成员根据自己特长、兴趣及活动要求进行分工，进行合作探究，查阅有关文献和网络资源，开展小组讨论并形成书面、PPT 或视频成果，各小组代表通过研讨成果向大家进行主题演讲。
2. 学生围绕文献选读自主探究，形成学习体会，进行课堂交流互动，引发学生对历史问题的深度思考。
3. 组织学生进行视频鉴赏，激发学习兴趣，提高思想觉悟，加深学生对历史进程的了解。

（三）实践成果

以 PPT、视频或文字成果展示。

（四）实践评价

教师根据学生实践成果完成的态度、完成的水平进行考核，记录平时成绩。

六、推荐阅读

（一）著作

1. 《习近平谈治国理政》，外文出版社，2014 年版。

2. 《习近平谈治国理政》（第二卷），外文出版社，2017 年版。

3. 《习近平谈治国理政》（第三卷），外文出版社，2020 年版。

4. 中共中央文献研究室：《十八大以来重要文献选编》（上、中、下），中央文献出版社，2014 年版、2016 年版、2018 年版。

5. 中共中央宣传部：《习近平总书记系列重要讲话读本》，学习出版社、人民出版社，2016 年版。

6. 中共中央宣传部：《习近平新时代中国特色社会主义思想三十讲》，学习出版社，2018 版。

6. 《党的十九大报告辅导读本》，人民出版社，2017 年版。

8. 中共中央党史研究室：《中国共产党的九十年》（上、中、下），中共党史出版社、党建出版社，2016 年版。

9. 《中国共产党简史》，人民出版社、中共党史出版社，2021 版。

10. 《习近平论中国共产党历史》，中央文献出版社，2021 版。

11. 中共中央党史和文献研究院：《毛泽东邓小平江泽民胡锦涛关于中国共产党历史论述摘编》，中央文献出版社，2021 年版。

12. 吕延勤、赵金飞：《红船精神》，中共党史出版社，2017 年版。

13. 顾海良：《中国特色社会主义理论与实践研究》，高等教育出版社，2014 年版。

14. 金冲及：《生死关头——中国共产党的道路抉择》，生活·读书·新知三联书店，2016 年版。

15. 胡鞍钢：《中国国家治理现代化》，中国人民大学出版社，2014 年版。

16. 胡鞍钢、王绍光：《人间正道》，中国人民大学出版社，2013 年版。

17. 郭德宏：《中国马克思主义发展史》，中共中央党校出版社，2010 年版。

18. 侯惠勤：《中国道路和中国模式》，社会科学文献出版社，2015 版。

19. 艾四林：《新发展理念与全面建成小康社会》，中国文史出版社，2017 年版。

20. 陈宝生：《全面建成小康社会——凝聚全民最大公约数》，党建读物出版社,2016年版。

21. 陈金龙:《改革开放与民族精神》,广东教育出版社,2008年版。

22. 张蕴岭:《百年大变局:世界与中国》,中共中央党校出版社,2019年版。

23. 王炳林:《大国追梦》,人民出版社,2020年版。

(二)论文

1. 王怀超:《谱写中国特色社会主义理论的新篇章——中共十八大以来中国特色社会主义理论的丰富和发展》,载《当代世界与社会主义》,2015年第6期。

2. 杨宜勇,黄燕芬:《十八大以来中国社会建设的新思路、新成就》,载《社会学研究》,2017年第6期。

3. 刘汉峰:《全面从严治党的思考》,载《中国特色社会主义研究》,2015年第1期。

4. 蔡昉:《践行五大发展理念　全面建成小康社会》,载《光明日报》,2015年11月5日。

5. 朱宗友、孙健:《党的十八大以来"中国道路研究综述"》,载《观察与思考》,2017年第10期。

6. 马文起:《国内学术界关于"全面建成小康社会"的研究述评》,载《沈阳干部学刊》,2018年第1期。

7. 陈金龙:《深化马克思主义中国化研究的若干思考》,载《教学与研究》,2006年第2期。

后　记

　　重视历史的学习与研究,注意总结和汲取历史经验,这是中国的一个优良传统。毛泽东讲过,"历史的经验值得注意"。他还多次发出过"学一点历史"的号召。邓小平指出,"要懂得些中国历史,这是中国发展的一个精神动力"。江泽民提出,要"坚持不懈地进行中国近代史、现代史及国情的教育"。胡锦涛也说过,要"更加注重用中国历史特别是中国革命史来教育党员干部和人民"。习近平强调,"历史是一个民族、一个国家形成、发展及其盛衰兴亡的真实记录,是前人各种知识、经验和智慧的总汇""要注重学习鸦片战争以来的中国近现代历史,深刻了解我们伟大祖国经历的刻骨铭心的磨难、我们伟大民族进行的感天动地的奋斗、我们伟大民族创造的彪炳史册的伟业,深刻认识近现代中国国情和中国社会发展规律"。"中国近现代史纲要"课程教学的目的,就是为了帮助大学生把握中国近现代历史的主题主线,把握中国近现代历史发展的基本走向和基本规律,树立正确的历史观和方法论,帮助当代大学生了解国史、国情,深刻领会历史和人民怎样选择了马克思主义、选择了中国共产党、选择了社会主义道路、选择了改革开放。

　　为实现课程的教学目的,各高校都在进行旨在提高课程教学实效性和亲和力的教学改革,扬州大学推行的研究性教学就是教学改革的新探索。为了通过研究性教学提高"中国近现代史纲要"课程教学的效果和学生自主学习的积极性,我们编写了《中国近现代史纲要研究性教学导引》一书。该书主要作为学生自主学习的参考用书,也可供教师作为教学研究用书。

　　该书由扬州大学马克思主义学院中国近现代史纲要教研部编写完成。参加该书 2017 年版编写的有曹峻、张树新、杨慧、杨乔萍、储伊宁、申长秀、黄翠红、王泽京、王维佳、周慧珺以及党史硕士研究生吕东洋、沙婷婷。曹峻、张树新设计了编著大纲,并对全书统改、定稿。

　　本书在 2019 年修改过程中,参考并吸收了学术界诸多学者的相关研究成果,在此表示衷心的感谢。参加该书 2019 年版修订的有曹峻、张树新、储伊宁、李军全、王维佳、王燕红以及党史硕士研究生韩诚。在 2021 年修改过程中，紧扣《中国近现代史纲要》教材，结合《中国近现代史纲要》课程教学新特点新趋势，对本书作了适当修改。参加该书 2021 年版修订的有曹峻、储伊宁。南京大学出版社给予了大力支持，在此一并表示诚挚的谢意！

由于我们的视野还不够宽广，能力有限，书中难免存在疏漏和不足之处，敬请各位同仁、专家和同学们批评指正。

编 者